Figurentheater

Ingrid Ramm-Bonwitt

Figurentheater

Lebendige Tradition des Puppen- und Schattenspiels in Asien

Belser Verlag

STUTTGART

ZÜRICH

Die Deutsche Bibliothek – CIP-Einheitsaufnahme
Ramm-Bonwitt, Ingrid:
Figurentheater : lebendige Tradition des Puppen- und Schattenspiels in Asien /
Ingrid Ramm-Bonwitt. – Stuttgart ;
Zürich : Belser, 1991
ISBN 3-7630-1219-2
NE: HST

Anschrift: Chr. Belser Verlag, Falkertstraße 73, D-7000 Stuttgart 1

Redaktion: Christoph Wetzel
Layout: Hermann Kießling, Schwaikheim
Satz: Steffen Hahn FotoSatzEtc., Kornwestheim
Reproduktionen: Gerd Preis, Gerlingen
Druck: Stuttgarter Druckerei
Buchbinderische Verarbeitung: C. Fikutscher, Darmstadt
Printed in Germany
ISBN 3-7630-1219-2

Inhalt

Das Figurentheater – Ein Spiel mit Vergangenheit und Zukunft

1976 erweiterte Claus Peymann das Ensemble des Stuttgarter Staatstheaters durch riesige Figuren, um den „Mummenschanz“ im zweiten Teil von Goethes „Faust“ wirkungsvoll in Szene zu setzen. Zuvor hatte das Pariser „Théâtre du Soleil“ unter Leitung von Ariane Mnouchkine einzelne Auftritte des Revolutionsstücks „1789“ – etwa die Rückkehr des auf der Flucht gefangenen Königspaares nach Paris – mit Hilfe von Stabpuppen gestaltet. Peymanns Maskenspektakel und Mnouchkines Groteske verdeutlichen das Interesse des „Personen-Theaters“ an den Darstellungsmitteln des „Figuren-Theaters“, die „durch ihre naive Sinnlichkeit die Sprache des ‚großen Theaters‘ kräftigen und erweitern. Eine Sprache, die durch den Purismus des bürgerlichen Deklamationstheaters dürr und schwachbrüstig geworden ist“ (Schedler, Melchior: Was vermag das Figurentheater?, in: Theater heute, 10/1971).

Das Figurentheater besitzt in der Tat im Gegensatz zum „großen Theater“ weitreichendere Möglichkeiten, das Unwirkliche, Traumhafte, Absurde, Phantastische und Metaphysische auszudrücken. Eine Figur vermag das Unwirkliche überzeugender darzustellen als ein Schauspieler, da sie selbst unwirklich und kein menschliches Geschöpf ist. Vor allem ist sie frei von der individuellen Persönlichkeit des Schauspielers, die jegliche Illusion der Welt des Scheins zerstört. Sie ist in gewisser Weise der Idealschauspieler, der die geforderte Maske nicht nur trägt, sondern diese selbst verkörpert.

Impression aus einer Aufführung eines javanischen Stabpuppenspiels. Als Spielmeister bedient der Dalang nicht nur die als Wayang-Golek bezeichneten Stabpuppen, sondern er spricht oder singt auch den Text zur Handlung. Er ist Dramaturg, Sänger, Kapellmeister, Improvisator und Rollenvortragender in einer Person. Ein guter Dalang versteht es, jeder Figur ihre eigene persönliche Gebärde und Beweglichkeit zu verleihen, und er charakterisiert sie durch erstaunliche Variation seiner Stimme.

Schon zu Beginn des 19. Jahrhunderts provozierte Heinrich von Kleist die Theaterwelt mit seiner Behauptung, die Verkörperung vollkommener Anmut sei dem Schauspieler aus Fleisch und Blut versagt und dem (mechanischen) „Gliedermann“ vorbehalten. Im Dialog „Über das Marionettentheater“ (1810) läßt Kleist einen Tänzer über das durch geziertes Gehabe verunstaltete Spiel renommierter Kollegen urteilen: „Sehen Sie nur die P... an, wenn sie die Daphne spielt, und sich, vom Apoll verfolgt, nach ihm umsieht; die Seele sitzt ihr in den Wirbeln des Kreuzes. (...) Sehen Sie den jungen F... an, wenn er, als Paris, unter den drei Göttinnen steht, und der Venus den Apfel überreicht: die Seele sitzt ihm gar (es ist ein Schrecken, es zu sehen) im Ellenbogen.“ Veranlaßt wird das Gespräch über die Vorzüge des „Figuren-Theaters“ gegenüber dem „Personen-Theater“ durch Kleists Verwunderung über das offenkundige Interesse jenes Tänzers an einem Marionettentheater, „das auf dem Markte zusammengezimmert worden war, und den Pöbel, durch kleine dramatische Burlesken, mit Gesang und Tanz durchwebt, belustigte.“

Das Figurentheater dient als Bühne, auf der sich die kollektive Erfahrung der Menschen spielerisch wiederholt. Wie die Figuren des Märchens sind die Charaktere, die die Puppen verkörpern, Bilder aus dem ältesten Erfahrungsschatz der Menschheit. In diesen Archetypen, den Urbildern, erscheint all das bildhaft, was die Psyche der Menschheit im Laufe ihrer Entwicklung erfahren hat. Die Figuren und ihre Handlungen besitzen den Charakter eines archetypischen Symbols, das den Menschen in seinen geheimsten Tiefen anspricht.

Heute ist das Figurentheater mit seinen Hand- und Stabpuppen, Marionetten und Schattenfiguren vor allem in Osteuropa ein bedeutender Teil der Theaterlandschaft. Mit einem Stab von 300 Mitarbeitern führte Sergej Obraszow das „Zentrale Moskauer Puppentheater“; Budapest und Bukarest besitzen ihre großen staatlichen Puppenbühnen, und in Danzig vereint das „Miniatura“ Schauspieler und Puppen.

Auf vielfältige Weise wird hier verwirklicht, was der große französische Theatermann Gaston Baty in dem Satz zusammengefaßt hat: „Puppen können Dinge ausdrücken, die ein Schauspieler nicht darzustellen vermag, denn dessen menschliche Gegenwart wirkt als Filter, der den Traum verdunkelt" (Gaston Baty, zitiert nach: Purschke, Hans R.: Über das Puppenspiel und seine Geschichte, S. 32).

Die Poesie des Puppenspiels wird im westeuropäischen Figurentheater vielfach durch seine Form des pädagogischen „Zwecktheaters" unterdrückt. Unter dem Vorwand des „fröhlichen Lernens" müssen das Kasperle und seine Gefährten dazu herhalten, Maßregeln zu erteilen. Zugleich stehen sie unter dem Konkurrenzdruck von Medienstars wie den Figuren der „Sesamstraße". „Reines" Figurentheater, wie es in Stuttgart Albrecht Roser, der „Paganini der Marionette" (Hans R. Purschke), kultiviert hat, bildet noch immer die Ausnahme angesichts der Vielzahl von Klein- und Kleinstunternehmen am Rande des Theaterlebens. Ihr Traditionsbewußtsein wurzelt in der scheinbar zwangsläufigen Existenz als Außenseiter, wie sie Theodor Storm in seiner 1874 erschienenen Novelle „Pole Poppenspäler" (Paul Puppenspieler) geschildert hat.

Ein vollkommen anderes Bild bietet der asiatische Raum. Von Istanbul bis Taiwan gehört das in unerschöpflicher Fülle ausgebildete Figurentheater zum alltäglichen Leben. Dies gilt sowohl für die vom Hinduismus als auch für die buddhistisch oder islamisch geprägten Kulturen des Kontinents. Figurentheater ist in Asien Familientheater. Erwachsene und Kinder besuchen gemeinsam das Puppenspiel, um sich verzaubern zu lassen, um einzutauchen in eine „Welt des schönen Scheins mit der magischen Faszination des Traums, rührend in ihrer Vergänglichkeit, aber gerade deswegen so eindrucksvoll" (Mayer, Fred: Das Schattentheater, S. 11).

In Indien, dem Land mit der ältesteten Puppenspiel-Tradition, sind in den verschiedenen Bundesstaaten sämtliche Formen des Figurentheaters bekannt: Schattenfiguren (Tamil Nadu, Kerala, Orissa, Andhra Pradesh, Karnataka), Handpuppen (Orissa, Kerala), Marionetten (Tamil Nadu, Karnataka, Orissa, Rajasthan, Andhra Pradesh) und Stabpuppen (Orissa, Westbengalen).

Das erst vor rund 100 Jahren entstandene Figurentheater auf Sri Lanka verwendet Fadenpuppen. Als Vorbilder dienen das einheimische Kolam- und Nadagama-Volkstheater. Indonesien – insbesondere Java

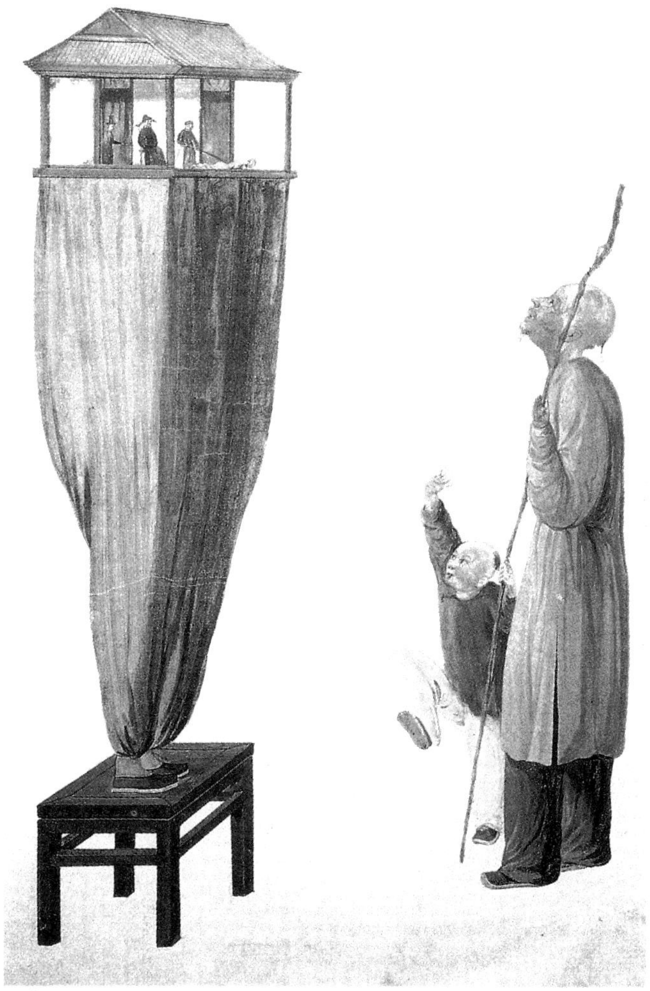

Chinesisches Handpuppentheater (Stich um 1825, England). Das Handpuppenspiel wird in der Provinz Fujian und auf der Insel Taiwan auf transportablen Bühnen gespielt. Vorbild für das Handpuppenspiel ist die chinesische Oper. Nicht nur in Fragen des Repertoires und der musikalischen Begleitung, sondern auch in der Gestaltung der Kostüme folgen die Spieler ihrem Vorbild.

– zeichnet sich sowohl durch sein Schattentheater als auch durch das Spiel mit dreidimensionalen Stabpuppen (Wayang-Golek) aus. Das Spiel mit reliefartigen Flachfiguren (Wayang-Klitik) ist in Ostjava beheimatet. Das Schattentheater in Thailand gliedert sich in zwei Typen: Im Norden finden wir die großen Nang-yai-Figuren, in der südlichen Provinz Pattalung die kleineren Nang-talung-Figuren.

Das Zentrum des malaysischen Schattenspiels ist die nördliche Provinz Kelantan an der Grenze zu Thailand. Der hier verbreitete Wayang-Kult hat seinen Ursprung in Siam und Java. In Burma konzentriert sich das Puppenspiel auf Rangun und Mandalay. Das ursprünglich höfische burmesische Marionettentheater bietet Episoden aus dem Leben Buddhas, die sog. „Jatakas“. In China sind ähnlich wie in Indien sämtliche Arten des Figurentheaters verbreitet. Zentren des chinesischen Fadenpuppenspiels sind die südöstlichen Provinzen von Fujian und Guangdong. Stabpuppen, deren Größe auf die regionalen Unterschiede hinweist, sind in fast allen Provinzen Chinas anzutreffen. Das Handpuppenspiel wird in der Provinz Fujian auf transportablen Bühnen gespielt. Im bunten Reigen der chinesischen Figurenspiele nimmt das Schattenspiel einen wichtigen Platz ein. Die Ausführung der Figuren und die Spieltechnik sind von hoher Verfeinerung. Im Darstellungsstil gibt es zeitliche und örtliche Unterschiede.

Als das bedeutendste Figurentheater Japans gilt das Bunraku mit seinen fast lebensgroßen Puppen, die jeweils von drei Spielern geführt werden. Zur Szene gehören ein Schamisen-Spieler und ein Sänger-Rezitator (Tayu), der die Vielfalt menschlicher Affekte nuanciert zum Ausdruck bringt. Die Bunraku-Spieler unterstehen heute einer halbstaatlichen Gesellschaft mit Hauptsitz in Osaka.

Szene aus einem Bunraku-za (Literatur-Vergnügungshaus) in Tokyo (Farbholzschnitt von Andô Hiroshige, 1868). Die Bezeichnung Bunraku, unter der das japanische Puppenspiel heute im allgemeinen bekannt ist, geht zurück auf den Künstlernamen eines Puppenspielers namens Uemura Bunrakuken.

Eine Besonderheit unter den verschiedenen Arten des fernöstlichen Figurentheaters stellt das kunstvolle Spiel mit Wasserpuppen dar, das sich bis heute in Vietnam erhalten hat.

Die Türkei kennt wie Indien und China Hand-, Stab-, Fadenpuppen und Schattenfiguren. Das türkische Schattenspiel, nach der Leitfigur Karagöz benannt, erfreute sich im Osmanischen Reich ebenso großer Beliebtheit wie das Kasperletheater in Deutschland, England und Frankreich. Durch die Herrschaft der Türken im Nahen Osten, in Nordafrika und auf dem Balkan gelangte das Karagöz-Spiel auch nach Syrien, Ägypten, Tunesien, Algerien und Griechenland.

Worin wurzeln Tradition und Faszination des asiatischen Figurentheaters? Lange bevor sich die Kunst des Lesens und Schreibens verbreitete, stand es im Dienst religiöser Unterweisung und kultischer Riten. Sowohl das Herstellen als auch die Handhabung der Puppen war und ist ein religiöser Akt, wobei dem Spieler oft eine priesterähnliche Rolle zukommt. Den Marionetten werden auch heute noch geheimnisvolle magische Kräfte zugesprochen, mit deren Hilfe sie in der Lage sind, z.B. böse Geister zu bannen, den ersehnten Regen herbeizurufen, mit den Göttern in Verbindung zu treten oder diese sogar selbst im Diesseits auftreten zu lassen.

Das Schattentheater, das in vielen Ländern Asiens als ein Medium betrachtet wird, um die Abgeschiedenen wieder in Erscheinung zu bringen, bildet zusammen mit dem begleitenden Orchester, den mythologischen Geschichten, den graziösen, genau vorgeschriebenen Bewegungen der Figuren ein zusammenhängendes Ganzes, in dessen Rhythmen die Geheimnisse der ganzen Welt, der sichtbaren und der unsichtbaren, zum Ausdruck gebracht werden. Die Schatten sind für die Orientalen Erscheinungen der übersinnlichen Welt, die den Menschen daran erinnern sollen, daß er ein Abbild des Transzendenten ist. Die Irrealität der phantastisch im Licht tanzenden farbigen Gestalten soll den Zuschauer entrücken, damit er sich des erscheinungshaften Charakters der sinnlich wahrnehmbaren Welt bewußt wird.

Das Wesen des asiatischen Figurentheaters verdeutlicht die Bezeichnung der Marionette als „Geschenk der Götter". „Der Europäer mag vielleicht lächeln über dies in ein so mythisches Gewand gekleidete und für unsere Begriffe ein wenig pathetische Wort, doch wird ihm das darin erhaltene Körnchen Wahrheit verständlich werden, sobald er einen Blick auf die Geschichte des Puppenspiels wirft. Unwillkürlich wird er sich fragen, wie es denn möglich war, daß diese bescheidene Volkskunst – im Gegensatz zu vielen anderen – Kriege, Pest, Hungersnöte und ganze Zeitumbrüche überdauern konnte und jung und frisch blieb wie am ersten Tag, daß sie sich aus niederen Regionen zu einer dem großen Theater fast ebenbürtigen Kunstgattung emporschwingen konnte. Und er wird begreifen, daß mit dem 'Segen der Götter' die urtümliche Kraft des Puppenspiels gemeint ist, das tief im Volkstum wurzelt, genährt vom lebenserhaltenden Quell eines immerwährenden schöpferischen Gestaltungstriebs und Ausdruckswillens, der zur Darstellung drängt und immerzu liebenswerte Blätter und Blüten hervorbringt" (Purschke, S. 27).

Die Kunst des asiatischen Puppenspielers symbolisiert die Schaffung der Welt im Mikrokosmos. So wie Gott die Menschen nach seinem Bilde erschuf und ihnen eine Seele verlieh, erschafft der Puppenspieler seine Puppen nach seinem eigenen Bild oder dem der Götter und Dämonen. Indem er seine Puppen mit Leben erfüllt, wiederholt er die göttliche Handlung: „Im Herzen aller Wesen drin wohnet der Herr, O Arjuna! Er bewegt wie im Puppenspiel die Wesen alle wunderbar!" (*Bhagavadgita* XVIII, 61)

Traditionelle chinesische Fadenpuppen-Vorführung (Chinesischer Farbholzschnitt, 1640). Zwei Spieler, verdeckt durch eine bemalte Kulisse, führen jeweils vier Fäden in der einen und einen Faden in der anderen Hand und dirigieren auf diese Weise die Bewegungsabläufe der Marionetten.

Türkische Schattenspiel-Vorführung. Während der Dauer des Fastenmonats Ramadan fanden in den Kaffehäusern allabendlich nach der Gebetsstunde Schattenspiele statt; sie wurden nur von Männern besucht.

Indien und die Anfänge des Figurentheaters

Die Formen des indischen Puppenspiels

Die Marionette, ein „Geschenk der Götter"

In Indien, dem Land mit einer der ältesten Puppenspiel-Traditionen, gilt nicht nur die Herkunft des Puppenspiels als göttlich, sondern auch seine Thematik entstammt dem religiösen Bereich. Aufgeführt werden Szenen aus den großen mythologischen Epen *Ramayana* und dem *Mahabharata* sowie Episoden aus den *Puranas*, die als Quelle der indischen Mythologie, der Götter- und Heldenepen angesehen werden. Der älteste Hinweis auf eine Marionette namens Citrangada findet sich im ersten Buch des *Mahabharata*, dessen Entstehung auf das 5. Jahrhundert v. Chr. zurückgeht. Eine genauere Auskunft über die Herkunft der Marionette bzw. Fadenpuppe bieten uns die Sanskrit-Grammatiker Panini (4. Jh. v. Chr.) und Pantanjali (2. Jh. v. Chr.). Sie erwähnen das *Natyashastra*, das als ein Lehrbuch für die verschiedenen Künste wie Drama, Pantomime, Tanz und Musik gilt. In diesem Lehrbuch wird der Theaterdirektor als Sutradhar (Fadenhalter) bezeichnet. Obwohl in den Texten nicht von Marionetten die Rede ist, weist jener Begriff darauf hin, daß der Theaterdirektor ursprünglich ein Puppenspieler war.

Die indische Dichtung belegt, daß das Puppenspiel im alten Indien eine beliebte Kunst war. Der Puppenspieler selbst wird oft mit dem allmächtigen Gott verglichen, der wie in dem metaphysischen Gedicht *Srimad Bhagavata* die Geschöpfe mit den drei Fäden – Sattva (Reinheit), Rajas (Aktivität) und Tamas (Trägheit) – lenkt, die nach der Samkhya-Philosophie die drei Grundeigenschaften der Natur bilden.

Zeitgenössische Fadenpuppen aus dem Marionettentheater von Karnataka, das auf dem Tanzdrama Yakshagana basiert. Um die tänzerischen Bewegungen des Tanzmädchens (rechts) nachzuahmen, benutzt der Spieler zwei Stäbe, die an den Händen der Figur befestigt werden.

Eine Legende führt die Marionetten, die im Sanskrit als Puttalika (kleine Söhne) bezeichnet werden, auf Brahma, den Gott der Schöpfung, zurück: Um seine Frau Sarasvati zu erfreuen, ließ er durch seinen Atemhauch den ersten Puppenspieler entstehen. Beim zweiten Atemhauch erschuf er die Marionette, mit deren Hilfe der Spieler Sarasvati unterhalten und betören sollte. Dem Künstler (Nata) gelang es, sie so sehr zu faszinieren, daß der eifersüchtige Brahma ihn wieder von der Erde verbannte.

Eine andere Legende bezieht sich auf eine Puppe, die Parvati, der Ehefrau des Gottes Shiva, gehörte. Diese Puppe soll so lebendig gewirkt haben, daß Parvati sie vor ihrem argwöhnischen Ehemann versteckt hielt. Eines Tages jedoch bekam Shiva die Puppe zu Gesicht und erweckte sie, bezaubert von ihrer Schönheit, zum Leben.

Bommalattam-Marionetten: Vermutlich existierten die ersten Fadenpuppen bzw. Marionetten, die heute unter der Bezeichnung „Bommalattam" bekannt sind, in Tamil Nadu bereits im 2. Jahrhundert v. Chr. Die Handhabung dieser Figuren ist einzigartig: Die Fäden der Puppe sind an einem Eisenring befestigt, den der Hauptspieler wie eine Krone auf seinem Turban trägt. Durch die Bewegungen seines Kopfes und Körpers setzt er die Puppe ihrerseits in Bewegung. Für die Führung der Arme dienen dem Spieler Stäbe, die an den Händen der Puppe angebracht sind.

Die Bewegungen der Bommalattam-Marionetten ähneln denen der Tänzer des Bharata-Natyam-Tanztheaters. Von allen Tänzen Indiens gilt der Bharata-Natyam als der älteste. Dieser Tanz, von dem die Inder glauben, daß er göttlichen Ursprungs sei, verfügt über eine genau festgelegte Zahl von Gebärden. Der Bharata-Natyam-Tänzer betrachtet den Tanz als eine Möglichkeit, die Grenzen seines Menschseins zu überwinden: Der Tanz ist der irdische Versuch, zu göttlicher Ausgeglichenheit zu gelangen. Er soll der Erfüllung des göttlichen Gesetzes dienen, worunter besonders die religiösen Verpflichtungen (*dharma*) zu verstehen sind. Der erzieherische Charakter des Tanzes ergibt sich daraus, daß jede Weisheit, jedes Wissen, jede Kunst und jedes Handeln im Tanzdrama zum Ausdruck kommen. Dieses Drama bildet im Grunde genommen eine Darstellung der verschiedenen Lebenssituationen, der Taten und Empfindungen des Menschen.

Der Auftritt der tanzenden Puppen stellt an das spielerische Können der Artisten große Anforderungen. Die Spieler müssen selbst gute Tänzer sein, um die Bewegungen ihrer Marionetten naturgetreu gestalten zu können. Wesentlichen Anteil an einer gelungenen Tanzdarbietung haben auch die Sänger und Musikanten, die ihre musikalische Begleitung präzise auf die Bewegungen der Figur abstimmen. Die indischen Künste sind derart ineinander verwoben, daß die eine die andere ergänzt. Dies schließt das isolierte Studium einer dieser Künste aus.

Die Puppen, deren Köpfe aus Holz geschnitzt sind, tragen herrliche Gewänder, die denen der Tänzer von Teru Koothu ähneln. Das Repertoire des Bommalattam-Theaters beruht auf dem lyrischen Drama *Harish-chandra*, das von dem Dichter Thandasakia Pillai geschaffen wurde. Außerdem dienen den Spielern Episoden aus dem *Mahabharata* und den Geschichten der *Puranas* als Grundlage ihrer Aufführungen. Niemals werden jedoch Auszüge aus dem *Ramayana* aufgeführt: Die Spieler sind davon überzeugt, daß die Schattenfiguren der Region Gombai, die dem Gott Rama gewidmet sind, dieser Aufgabe in höherem Maße entsprechen. Der Typ der Bommalattam-Marionette findet sich außer in Tamil Nadu noch in Andhra Pradesh und Karnataka.

Gombe-atta-Marionetten: Neben der Bommalattam-Marionette kennt man in Karnataka die rundlichen aus Holz geschnitzten Fadenpuppen, die Gelenkverbindungen an Schultern, Ellenbogen, Hüften, Knien und manchmal sogar an den Füßen besitzen. Dieses Marionettentheater basiert ebenfalls auf einem rituellen Tanzdrama, dem Yakshagana. Zu dessen beliebtesten Themen gehören Episoden aus dem *Ramayana* und dem *Mahabharata*.

Kathputli-Marionetten: In Rajasthan sollen die Fadenpuppen, die als Kathputli bezeichnet werden, auf den König Vikramaditiya (8. Jh.) zurückgehen. Er litt an Schlaflosigkeit und fand sein einziges Vergnügen darin, sich von 32 Puppen unterhalten zu lassen. Im 15. Jahrhundert erhielt dieses Theater neuen Antrieb durch den Rajputen Amar Sing Rathor, der

Doppelköpfige Marionette aus Rajasthan (20. Jh., Höhe 70 cm). Durch eine Drehbewegung vermag der Spieler in Sekundenschnelle die männliche Figur in eine weibliche zu verwandeln.

Die Drehpupppe hat sich in einen Mann verwandelt.

Die Drehpuppe als Frau.

Fadenpuppen gehören zu einer der ältesten Formen des indischen Figurenspiels.

Rechte Seite: Marionetten aus Rajasthan (20. Jh., Höhe 60 cm). Die Stücke des Marionettentheaters von Rajasthan basieren auf den legendären Heldentaten des Rajputen-Herrschers Amar Sing Rathor, einem Vasall des mächtigen Mogul-Königs Shah Jahahn.

von den Spielern als ihr „Herr" angesehen wurde und dessen Leben und Heldentaten zur Grundlage ihrer Theaterstücke wurde. Amar Sing Rathor galt als mächtiger Herrscher der Rajputen, der die Herrschaft der Mogul-Kaiser erschütterte.

Das Rathor-Spiel, das bis heute überlebt hat, gibt dem Puppenspieler die Möglichkeit, all seine Fähigkeiten unter Beweis zu stellen. Es finden nicht nur Kämpfe unter den Puppen statt, sondern der Spieler läßt galoppierende Pferde, Kamele, Elefanten, Sänger, Akrobaten, Tanzmädchen, Zauberer etc. auftreten.

Als großer Förderer des Puppenspiels galt der Mogul- Herrscher Akbar (1556-1605), der sich selbst als „Akbar der Große" bezeichnete. Eine Legende berichtet, daß er seine Hofdichter mit einem Theaterstück beauftragte, in dem er und seine Herrschaft ruhmreich dargestellt werden sollten. Die Künstler schufen nach seinem Ebenbild Marionetten, die die Heldentaten Akbars und das Leben am Hof naturgetreu wiedergaben. Akbar war so begeistert von den tanzenden Puppen, daß die Marionettisten den Status als „königliche Hofspieler" erhielten.

Die Hersteller und Spieler der Kathputli-Marionetten heißen Bhat. Sie führen ihre Abstammung auf jene Bhat zurück, die am Hof der Rajputen-Könige ihre Puppenspielaufführungen darboten. Der Name selbst wird hergeleitet von Bharata, der als Verfasser des *Natyashastra*, des ältesten und einzigen Tanzlehrbuches auf der ganzen Welt gilt; es dient auch heute noch den indischen Tänzern als Lehrbuch.

Welch tiefe Verehrung die Bhats ihren Puppen, von denen sie annehmen, daß sie himmlische Wesen seien, entgegenbringen, zeigt sich darin, daß sie abgenutzte Puppen niemals verkaufen oder wegwerfen. Die abgespielten Marionetten werden, von einem Ritual begleitet, im heiligen Fluß Indiens beigesetzt. Alle gut erhaltenen Marionetten werden von Generation zu Generation vererbt. Die Anzahl der Generationen, durch die eine Puppe gegangen ist, gibt die Zahl ihrer Röcke zu erkennen. Erhielt der Sohn von seinem Vater eine Marionette, so stülpte er ihr einen neuen Rock über. An der Qualität der Stoffe lassen sich die armen oder reichen Perioden im Leben der Puppenspieler-Generationen ablesen.

Die Kathputli besitzen nur zwei Fäden. Der eine führt vom Kopf über den Rücken zur Taille und der andere von einer Hand zur anderen. Mit Hilfe dieser beiden Fäden vermag der Spieler seine Puppen auf vielfältigste Weise zu bewegen. So gestikuliert der Krieger wild mit seinem Schwert, und das Tanzmädchen hebt mit Anmut den Saum seines Kleides hoch. Der Kopf ist aus einem massiven Stück Holz, meist Mango, geschnitzt. Der Körper und die Arme sind aus Tuch genäht und mit Stoffresten ausgestopft; dies verleiht der Puppe eine große Beweglichkeit und dem Spieler mehr Darstellungsfreiheit. Bei manchen Kathputli-Figuren besteht auch der Rumpf aus einem Stück Holz. Beine besitzen die Kathputli nicht. Ihre Kleidung folgt dem Vorbild der mittelalterlichen Kostüme Rajasthans.

Die Rajasthan-Truppe besteht im allgemeinen aus einem Puppenspieler (Sutradhar), seinem Assistenten, dem Sänger (Bhagavat), einigen Musikern und der Frau des Puppenspielers, die singt, spricht oder das Harmonium spielt. Die Bhats bedienen sich ferner eines Vibrators aus Bambus, mit dem man sehr hohe Töne zu erzeugen vermag. Dieses Geräusch stellt die Stimme der Puppe dar. Es ist eine „göttliche" Stimme, im Unterschied zur rauhen Stimme der Frau des Puppenspielers, die den Dialog der Puppen in die Sprache des Publikums übersetzt.

Sakhi-kundhei-Marionetten: Die Fadenpuppen Sakhi-kundhei aus Orissa zeichnen sich durch ihre fein geschnitzten Köpfe aus. Ihre mondförmigen Gesichter ähneln häufig den Tempelfiguren des Jagennath, einer Gottheit, die hauptsächlich in Orissa verehrt wird. Sowohl der Körper, als auch die Arme, Beine und Füße dieser Puppen sind aus Holz geschnitzt. Ihre farbenprächtigen Gewänder gleichen denen des regionalen Volkstheaters. Die meisten Stücke des Orissa- Puppentheaters, das sich durch seinen operettenhaften Charakter auszeichnet, basieren auf der Krishna- Legende.

Von allen Puppenarten vermag die Marionette am ehesten den Anschein zu erwecken, selbst ein lebendes Wesen zu sein, da der Spieler, der sie führt, sich in einer durch die Fäden überbrückten Distanz zu ihr befindet. „Marionettentheater ist ein Spiel der Puppe. Sie ist etwas absolut Selbständiges, ein Ding mit eigenem Körper, ein Instrument. Der Spieler kann ihr nicht selbst seine eigenen Bewegungen geben, nicht selbst in ihr zum Ausdruck kommen und sie beseelen. Sie hat eine eigene Seele. Er kann ihr nur von außen, mittelbar also, die in ihrem toten Körper schlummernden Bewegungen geben und aufzwingen, muß aber seinen eigenen künstlerischen Ausdruck, indem er sich ganz in sie hineinfühlt, finden und auslösen. Er kann nur sie spielen, und wie sie es will, das heißt zuläßt, denn sie diktiert ihm ihre künstlerischen Gesetze" (Purschke, S. 13).

Stabpuppen

Die Stabpuppe besitzt das subtile Eigenleben der Marionette, hat aber auch viel von der Erdverbundenheit und Vitalität der Handpuppe. Stabpuppen sind in Andhra Pradesh, Orissa und Westbengalen verbreitet. Zu der berühmtesten Art dieses Figurenspiels gehören die bengalischen „tanzenden Puppen", die als Putul-nach bezeichnet werden. Diese 1,50–1,60 m hohen Figuren sind an einem Stab befestigt, der in einem Bambusfutteral an der Hüfte des Spielers steckt. Mit der einen Hand hält der Spieler die Figur am Griff des Stabes in die Höhe und mit der anderen dirigiert er mit Hilfe von Führungsstäben, die sich an den Ellbogen der Figuren befinden, die Bewegungen der Stabpuppe.

Die Themen des westbengalischen Puppentheaters basieren auf den Episoden des *Mahabharata* und auf den Liebesgeschichten zwischen Krishna und Radha. Die Geschichten bzw. die Gedichte schildern den wechselvollen Verlauf ihrer gegenseitigen Zuneigung und die Qualen der verliebten Radha, die auf den geliebten Krishna wartet, während er sich mit anderen Hirtinnen vergnügt.

Die 30–45 cm großen Stabpuppen (Natya-guda) aus Orissa führen Stücke von der Geburt des Shri Jagennath auf, der eine Baumgottheit gewesen sein soll und zugleich eine Art Schöpfergott, eine Manifestation der höchsten Naturkraft. Dies ist wohl auch der Grund dafür, daß noch heute sein Bild aus Holz hergestellt wird. Als sich die Religion des Jainismus in Orissa verbreitete, wurde Shri Jagennath zu einem der jainistischen religiösen Lehrer (Tirthankaras). Dann herrschte der Buddhismus, und der Gott wurde zu einer Inkarnation Buddhas erklärt. Als der Brahmanismus neu belebt wurde, identifizierte man Shri Jagennath mit der brahmanischen Gottheit Purushottama. Im Vishnuismus erhielt er den Namen Nilamdhava, der blaue Krishna. Shri Jagennath gilt heute in Orissa als ein Symbol der großen Synthesen sämtlicher Religionen.

Handpuppen

In Orissa kennt man neben Fadenpuppen (Sakhi-kundhei) und Stabpuppen (Natya-guda) auch die seltenen Handpuppen (Kundhei-nacha), mit denen früher umherziehende Priester und Bettler Vorführungen gaben. Das Orissa-Handpuppenspiel, das seinen Stoff ausschließlich aus der Krishna-Legende entnimmt, bestand ursprünglich aus zwei Puppen, Krishna und Radha. Die Liebe zwischen dem populären Hirtengott Indiens und seiner geliebten Hirtin wird von den krishnatischen Sekten vielfach allegorisch interpretiert. Die geheime, illegitime Liebe, die sich über alle Schranken der weltlichen Ordnung hinwegsetzt, wird zum Symbol der Vereinigung mit der Gottheit. Die Liebe der Hirtin zu Krishna ist der Ausdruck der menschlichen Liebe zu Gott.

Kathakali-Handpuppe. Das Kathakali-Handpuppenspiel ist ein genaues Abbild des Kathakali-Tanzdramas.

Kathakali-Tänzer. Eine wesentliche Rolle in der Sinnvermittlung spielt die Kunst der Maskierung und Bemalung.

Das Handpuppenspiel ist ein Spiel des Spielers durch die Puppe. Handpuppe und Spieler sind eins, seine Bewegungen sind auch die ihren. „Die Handpuppe sitzt auf der Hand des Spielers, ist also selbst seine quicklebendige, blutdurchpulste Hand und dadurch mit ihm unmittelbar verbunden. Sie ist ein Teil von ihm, seine Seele ist in ihr und strömt aus ihr heraus" (Purschke, S. 13).

Die am höchsten entwickelte Form dieses Spiels, das ein Abbild des Kathakali-Tanzdramas bildet, findet man in Kerala. Die Themen sind wie beim Kathakali dem *Ramayana, Mahabharata* und den *Puranas* entnommen. Musik, Kostümierung und Gesichtsbemalung der Handpuppen (Pava-kathakali) entsprechen denen des Kathakali-Tanzdramas, das auch als das „sakrale Tanzdrama Malabars" bezeichnet wird. Das Auffallendste an der Kostümierung der Kathakali-Darsteller sind der enorme Rock und die übermäßig große Kopfbedeckung, durch die die Größe der Götter zum Ausdruck gebracht wird. Eine wesentliche Rolle in der Kathakali- Sinnvermittlung spielt die Kunst der Maskierung und Bemalung. Sie soll dazu beitragen, daß sich der Schauspieler/Tänzer in die drei Welten der altindischen Mythologie zu versetzen vermag: in die obere Welt der Götter (*devas*), die mittlere der Menschen und die untere der Dämonen (*asuras*). „Jede Stufe der Bemalung und des Beschminkens erweckt in ihm die entsprechenden psychologischen Haltungen bzw. Stimmungen, die das Sich-Versetzen in die andere Welt bereiten. Wenn er am Ende der Bemalung seine Augen auf die heilige Lampe (Symbol der Anwesenheit Gottes) richtet, seine Kopfbedeckung aufsetzt, fühlt er sich nicht mehr wie ein Sterblicher, sondern in den mythologischen Helden verwandelt "(Sequeira, Ronald: Klassische indische Tanzkunst und christliche Verkündigung, S. 163). Der Kathakali-Tanz symbolisiert den mystischen Aufstieg der Seele zu Gott.

Links: Marionette aus Andhra Pradesh (20. Jh., Höhe 93 cm). Sie besitzt Gelenkverbindungen im Nacken, in den Schultern und Ellenbogen.

Rechts: Schlangenbeschwörer (Marionette aus Rajasthan, 20. Jh.). Er übernimmt im Stück Amar Sing Rathor die Rolle des Unterhalters am Hof.

Marionetten aus Orissa (20. Jh., Höhe 45 cm). Die meisten traditionellen Puppenspiele von Orissa basieren auf dem Leben des populären Hirtengottes Krishna.

Reiter auf seinem Kamel (Marionette aus Rajasthan, 20. Jh.).

Das Puppenspiel auf Sri Lanka

Puppenspiel als dramatische Kunst, wie sie heute auf Sri Lanka bekannt ist, entstand hier nach Ansicht lokaler Forscher erst vor etwa 100 Jahren. Dies mag darauf zurückzuführen sein, daß auf Ceylon, dem heutigen Sri Lanka, seit dem 3. Jahrhundert v. Chr. die Singhalesen die Herrschaft ausübten. Ihre Religion ist der Hinayana-Buddhismus, die „Alte Weisheitsschule", die nach Alter und Tradition am ehesten der tatsächlichen Lehre Gautama Buddhas entspricht und die den Götterkult und die damit verbundenen Rituale und dramatischen Künste ablehnt.

Aus diesem Grunde konnte sich insbesondere das in den Kult eingebettete Schattenspiel, das in Indien und anderen asiatischen Ländern als bevorzugtes Medium dient, Wesen aus einer anderen Welt sichtbar zu machen, auf Sri Lanka nicht entwickeln. Im Laufe der Jahrhunderte wurden die Rituale, bedingt durch den Hang des einfachen Volkes zum Götterkult, wieder eingeführt. Die mannigfaltigen Rituale, aus denen sich verschiedene Formen des Volkstheaters entwickelten, bildeten ein farbiges Gemisch aus Maskentänzen, Gesängen und Verkörperungen der Götter und Dämonen. Sogar puppenartige Figuren sollen in diesen Ritualen aufgetreten sein. Keine dieser Puppen hatte jedoch etwas mit Puppenspiel, geschweige denn mit Puppentheater, zu tun. Das Puppenspiel (Rudaka) im eigentlichen Sinne basiert auf der mit Abstand kunstvollsten Form des singhalesischen Volksdramas, dem Nadagama, das eng mit den südindischen Volksdramen verwandt ist.

Diese hochentwickelte Volkskunst weist eine starke Affinität zu anderen Formen fernöstlichen Theaters auf, beispielsweise zur Peking-Oper und zum japanischen Nô und Kabuki. Es besitzt jedoch, vielleicht, weil es seine Wurzeln im Volkstheater hat, eine größere Vitalität als irgendeine der genannten Theaterformen. Das Nadagama hat seine eigene Musik, Bühnenregie und seinen eigenen literarischen Stil. Bühnenausstattung und Requisiten sind nur in geringem Maß erlaubt, da das Theater als „Tanz" verstanden wird und man den Tänzern eine möglichst große Bewegungsfreiheit geben möchte.

Eine wichtige Aufgabe hat im Nadagama der Erzähler, der nicht nur die einleitenden Beschwörungen singt, sondern auch auf der Bühne erscheint, um dem Publikum bestimmte Erläuterungen zu geben. Außerdem dirigiert er das Orchester und hat insgesamt die Leitung der Aufführung in der Hand.

Puppenspiel als hochentwickelte Volksopernkunst: Marionette von Sri Lanka (Anfang 20. Jh., hergestellt von Chalis Silva in Ambalangoda). Die „Miniatur-Figuren" (Rudaka) führen Stücke aus dem singhalesischen Volksdrama Nadagama auf.

Auch das mit Marionetten gestaltete Puppenspiel, ein getreues Abbild des Nadagama, beginnt mit den Worten des Erzählers, der die Charaktere, die im Verlauf der Einführung nacheinander auf der Bühne erscheinen, vorstellt. Der erste Charakter ist ein singender Clown. Ihm folgen die männliche Hauptperson, ein Tanzmädchen und der König Sri Wickrama Rajasingha, begleitet von seinem Hofstaat. Eine Truppe besteht aus zehn Spielern, von denen fünf die Puppen bedienen und die Dialoge sprechen und die anderen das Spiel musikalisch begleiten.

Nicht nur die Texte und die Musik des Nadagama wurden durch das Puppenspiel übernommen, sondern auch die Schauspieler selbst, die als Marionettisten auftraten. Nach dem allmählichen Niedergang des Nadagama blieb den in beiden dramatischen Formen ausgebildeten Schauspielern wenigstens das Puppentheater zur Ausübung ihrer Kunst und als Quelle des Gelderwerbs erhalten. Das Zentrum des Nadagama- Puppenspiels ist heute der Badeort Ambalangoda im Süden Sri Lankas, zugleich Sitz einer Ausbildungsstätte für Puppenspieler.

Das indische Schattenspiel

Die Welt der Schatten

„Auf dem blanken Schirm Deines Tages bewegen sich die Schatten der Menschen. Ich sehe sie und weiß, daß sie es nicht sind. Ich beschaue mich selbst, mein Antlitz und meine Hände, und ich weiß, daß ich es nicht bin. Auf dem weißen Tuch dieser unruhigen Welt bewegen sich die Menschen wie Schatten: sie lieben sich und tragen Liebe, sie hassen und verachten sich; doch all ihr Streben ist das Streben von Schatten und müßige Eitelkeit. Wir sind die Schatten auf dem Schirm Deiner Zeit: aber Du hältst uns in Deiner Hand im Licht Deiner Ewigkeit. Wir sprechen von Streiten und Leiden, von Überwindung, von Ende und Schmerz. Aber in Deinem Licht heißt alles Liebe, und darum ist das ganze Leben ein sehnsüchtiges Warten, um durch Deine Hand im Glanz Deines flammenden Lichtes auf dem weißen Schirm Deiner unruhigen Welt bewegt zu werden“ (Soeroto Noto u. Veltheim-Ostrau: Göttliches Schattenspiel, S. 18 f.).

Der Schatten hat zu allen Zeiten und bei allen Völkern eine geheimnisvolle Rolle gespielt. Der Schattenspieler galt als ein Magier, der Gestalten und Ereignisse einer imaginären Welt vor die Augen zu zaubern wußte. Die klassischen Schattenspiele stellen aus diesem Grunde „nie die nüchterne Alltäglichkeit dar, sondern beschwören – dem inneren Gesetz des Schattens gemäß – die Welt des Unsichtbaren, der Götter, Geister, Dämonen des Himmels und der Unterwelt. Das bedingt in oft jähem Szenenwechsel so tolle Verwandlungen, wie sie sich nicht einmal der Film leisten kann. Dadurch wird der Zuschauer mehr als in anderen Spielen und Vorführungen in das imaginative Bewußtsein versetzt“ (Soeroto Veltheim-Ostrau, S. 86).

Die Schatten sind für den Orientalen Erscheinungen der übersinnlichen Welt, die den Zuschauer daran erinnern sollen, daß er ein Abbild des Transzendenten ist. „Im flackernden Licht der Kerzen oder Öllampen bewegen sich diese Gestalten aus einer entrückten Welt auf dem weißen Wandschirm in einer entfremdeten Form, die genügend Realität gewinnt, um die Phantasie zu beleben, aber nicht die Schwere der irdischen Materie annimmt, die den Geist versklavte. Der Zuschauer, selbst im Dunkel, blickt durch den Wandschirm hindurch in die Vergangenheit, wie in die Tiefe des eigenen Unbewußten, aus dem die Archetypen Gestalt gewinnen. Die Irrealität des Schattens ist ein wesentlicher Faktor für die kultische Form dieses Theaters. Das Überirdische bleibt 'fernher nahe' nach dem unübertrefflichen Hölderlin-Wort“ (Mayer, S. 14 f.).

In der Lichtlosigkeit des Schattens öffnet sich das geistige Auge, und es erkennt, daß alles Sinnliche Schatten eines Übersinnlichen ist. Im Schattenspiel verwirklicht sich das metaphysische Weltverständnis. Die Leinwand wird der Welt gleichgesetzt, auf der das Schicksal von einem unsichtbaren Schöpfer gelenkt wird. Die Zuschauer sollen sich des erscheinungshaften Charakters der sinnlich wahrnehmbaren Welt bewußt werden und Lehren für ihr irdisches Dasein ziehen, das so vergänglich ist wie der Schatten auf der Leinwand.

Die Vergänglichkeit und Scheinhaftigkeit alles Irdischen wird in der hinduistischen und buddhistischen Philosophie als *Maya* (Illusion) bezeichnet. „Die ganze Welt der Dinge, sämtliche Phänomene der Außenwelt, haben keine wirkliche Existenz, sondern sind nur 'Darzustellendes' auf dem Wandschirm der Illusion. Sie sind Maya“ (Mayer, S. 13).

In der europäischen Philosophie kommt das Höhlengleichnis Platons, in dem er die menschliche Existenz als eine Art Schattenwelt beschreibt, dem Begriff der Maya am nächsten. Das Höhlengleichnis versinnbildlicht den Weg des Menschen aus der „Höhle", unserem alltäglichen Erfahrungsbereich, in das Reich des Lichts, der Ideen. Dieses Gleichnis ist ein Bild für die Ideenlehre, die in den Ideen die eigentliche Wirklichkeit sieht. Nur derjenige vermag die Wirklichkeit zu erkennen, der die sinnliche Welt zugunsten einer ideellen, geistigen Welt entwertet. Solange wir dem Sinnlichen verhaftet sind, gleicht unser Dasein einem Gefängnis. Bildung (padeia), wie sie Platon im Höhlengleichnis vorstellt, ist ein den ganzen Menschen umfassendes Geschehen, wodurch der Mensch lernt, von den Schatten der Dinge weg auf die Urbilder zu blicken. Diese Bildung ist eine Umwandlung des ganzen Menschen, die so langsam und schmerzvoll geschieht, wie sich das Auge nur langsam an die Helligkeit gewöhnt. Umwandlung heißt soviel wie Abwendung von den Schatten, den vergänglichen Dingen, und Zuwendung zu den unvergänglichen Urbildern, den Ideen.

Es ist interessant, daß in Indien ein Höhlentheater entdeckt wurde, das weitgehend der Beschreibung Platons entspricht. In dieses Theater, das etwa für 30 Personen Plätze enthält, dringt vom Eingang her Licht ein, das durch einen Wandschirm leicht abgewendet werden kann. Eine Inschrift in dieser erstmals im Jahre 1903 von Th. Bloch beschriebenen Sitabenga-Höhle in Surguja im Nordosten von Madhya Pradesh deutet auf ihre Entstehung im 2. Jahrhundert v. Chr. hin. Diese von Paul Thieme übersetzte Inschrift bietet für die Geschichte und das Wesen des Schattentheaters eine wichtige Quelle: „Die Dichter (deren Verse von den Vorführern zur Begleitung des Schattenspiels vorgetragen werden), lassen in leuchtende Erscheinung treten das durch seine ihm eigentümlichen Gefühle gewichtige, edle Herz des Helden (während die Vorführer seine leibliche Gestalt, die durch ihre eigentümliche Natur gewichtig ist, auf dem Vorhang in leuchtende Erscheinung treten lassen)" (Zitiert nach Mayer, S. 14).

Die Entführung Sitas (Schattenfigur aus Karnataka). Auf seinem fliegenden Wagen entführt der Dämonenfürst Ravana die Gemahlin Ramas nach Sri Lanka, wo er sie gefangen hält. Er versucht vergeblich, ihre Liebe zu gewinnen. Sita widersteht seinen Verlockungen und bleibt ihrem Gemahl treu.

Dieser wichtige Text weist daraufhin, daß Schattenfiguren dazu dienten, die epischen Rezitationen der alten Mythen zu erläutern. Daraus läßt sich schließen, daß das Schattentheater eine Urform des Dramas darstellt. Menschliche Schauspieler sind wahrscheinlich erst auf einer späteren Entwicklungsstufe in mythischen Szenen aufgetreten.

Viele Forscher betrachten Indien als das Ursprungsland des Schattentheaters, das zusammen mit den indischen Epen *Mahabharata* und *Ramayana* nach Indonesien und Südostasien gelangte.

Die Schattenfiguren

Das Schattentheater in Indien beschränkt sich heute hauptsächlich auf die südlichen Bundesstaaten. Im Nordosten, in Orissa, findet sich noch eine Art des Schattenspiels mit dem Namen „Schatten Ramas" (Ravanachaya), dessen Spielstücke ausschließlich auf dem *Ramayana* basieren.

Schattenspiele (Chayanataka) sind in Andhra Pradesh und in Tamil Nadu als Tholu-Bommalattam (tholu = Leder, bommalattam = Puppentanz), in Karnataka als Togalu Gombe-atta (togalu = Leder, gombe-atta = Puppentanz) und in Kerala als Thol Pava-kuthu (thol = Leder, pava = Puppe, kuthu = Tanz) bekannt.

Im Aussehen und im Aufbau gleichen sich die Schattenfiguren der verschiedenen Staaten Indiens. Fast alle Figuren besitzen einen gedrungenen, kräftigen Körper und breite, stark vereinfachte Gliedmaßen. Kopf, Beine und Füße werden im Profil, der Oberkörper in der Frontalansicht gezeigt. Die Schattenfiguren von Kerala und Karnataka erhalten eine besondere Prägung durch die Behandlung der Augenpartie. Die Figuren besitzen, obwohl auch sie Profilköpfe haben, ein Augenpaar, das ihnen einen übernatürlichen Ausdruck verleiht. Im allgemeinen sind die Figuren 60–90 cm groß. Eine Ausnahme bildet der Tholu-Bommalattam in Andhra Pradesh, der Heimat des Schattenspiels. Hier erreichen einige Figuren Lebensgröße, und dementsprechend hat die Leinwand eine Höhe von 3 m und eine Breite von 6 m.

Während man ursprünglich für die Herstellung der Figuren Wildhäute verwendete und dem Rang der Figuren entsprechend die Art und Qualität des Leders einteilte, benützt man heute überwiegend die Haut von Haustieren wie Ziegen, Büffeln und Schafen. Nur für die Fertigung von heiligen Figuren dient noch kostbare Antilopenhaut.

Die Figuren werden entweder von den Schattenspielern selbst oder auch in Zentren angefertigt, die für die Herstellung dieser Figuren bekannt sind. Zuerst wird die Tierhaut drei bis vier Tage in Kalk gebeizt oder gewässert. Dann wird die Haut gespannt, und die Haare werden sorgfältig abgeschabt. Damit das Pergament die nötige Transparenz erhält, wird die Haut erneut drei Tage lang gewässert und anschließend gespannt und getrocknet.

Eine alte, zerspielte Figur dient als Vorlage für die Umrisse, die auf die präparierte Haut übertragen werden. Wenn alle Teile der Figur aufgezeichnet sind, werden die Umrisse mit scharfen Messern ausgeschnitten und anschließend die feinen Zierformen mit Sticheln ausgestanzt. Nach dem Ausschneiden färbt man die verschiedenen Teile der Figuren ein. In Kerala verwendet man die Farben Grün, Blau, Gelb, Rot, Schwarz und Weiß und aus diesen hergestellte Mischfarben. Bei der Bemalung erhält jede Figur die Farbe, die ihren Charakter symbolisiert: So werden der Gott Rama dunkelblau, seine Frau Sita golden, Krishna blau, Lakshmi blau-grün, Hanuman schwarz, Ravana rot, die Dämonen gewöhnlich schwarz und die Affen rot oder schwarz gefärbt. Obwohl die Figuren aus Kerala bemalt sind, können sie keine farbigen Schatten werfen, da sie aus lichtundurchlässiger Büffelhaut geschnitten werden. Während man früher die Farben aus Pflanzenrohstoffen gewann, finden heute ausschließlich synthetisch hergestellte Farben Verwendung.

In Andhra Pradesh und in Karnataka werden nur drei Farben - Rot, Grün, Schwarz - zur Bemalung der Figuren verwendet. Die Figuren sind durchsichtig und werfen daher farbige Schatten. Die aus Hirschhaut bestehenden undurchsichtigen Figuren aus Orissa sind unbemalt.

Nach der Bemalung werden die Figuren mit Kokosöl imprägniert, um die Transparenz zu erhöhen und um sie wasserfest zu machen. Rumpf und Gliedmaßen werden mit Schnüren fest verbunden. Um den montierten Figuren die zum Spielen notwendige Stabilität zu verleihen, werden sie in ihrer gesamten Längsachse in einem teilweise gespaltenen Holzstab eingeklemmt, dessen ungespaltener Teil als Haltegriff dient. An den Händen und Armen werden Führungsstäbe angebracht, mit denen der Spieler die Bewegungen der Figuren lenkt.

Die beweglichen Körperteile, wie Arme und Beine, sind oft überdimensional groß. Der Grund dafür ist, daß diese Glieder am ehesten zerschleißen und er-

„Der Tanz der großen Häute", Roter Fürst (Schattenfigur, 19. Jh., Madras) aus dem Tholu-Bommalattam. Viele der mitunter lebengroßen Figuren dieser Art von Schattenspiel besitzen bewegliche Arme, Beine, Füße und einen Kopf, der so befestigt ist, daß er um 180 Grad gedreht werden kann.

Das Bild der schemenhaften Schattenfigur verbindet den fernöstlichen Ahnenkult mit Platons Höhlengleichnis und dem türkischen Schattenspiel, das vom islamischen Bilderverbot verschont blieb. Was die Schattenfigur an handgreiflicher „Realität" vermissen läßt, erhöht von jeher ihre Faszination.

setzt werden müssen. Hierbei dienen die auszutauschenden Glieder als Schablonen für die neu zu fertigenden. Die Konturen werden am äußeren Rand nachgezogen, was zur Folge hat, daß Arme und Beine mit jedem Erneuern immer größere Ausmaße annehmen. Die Herstellung der Schattenfiguren wird zeremoniell umrahmt. So begeben sich z.B. die Spieler von Andhra Pradesh und Karnataka, bevor sie mit der Anfertigung einer heiligen Figur beginnen, in Klausur, um sich auf ihre Arbeit vorzubereiten. Besondere Bedeutung wird der Ausarbeitung der Augen, der Nase und des Mundes beigemessen. Diese Arbeiten wurden früher von einer Zeremonie begleitet, da man annahm, daß die Figuren durch Mund und Nase den Atem des Lebens aufnehmen und mit den Augen alles um sie herum Geschehende wahrnehmen könnten. Sind alle Arbeiten beendet, wird wiederum eine Zeremonie abgehalten, bei der Bananen, Kokosnüsse, Blumen, Betel etc. geopfert werden.

Neben den Hauptfiguren, die in verschiedener Gestalt auftreten können, spielen die Spaßmacher eine große Rolle im indischen Schattenspiel. Sie gelten als Vermittler zwischen der himmlischen Welt und den Menschen, denen sie die Botschaften der Götter überbringen. Die Figur des Possenreißers, die auf altindische Vorbilder zurückgeht, wird stets als untersetzte, gnomenhafte Figur mit mächtiger Nase, einer dunklen Haarlocke auf dem kahlen Kopf und einem übergroßen Phallus dargestellt. Seine Auftritte werden oft von obszönen Reden begleitet. In Kerala sind es der lustig-derbe Sukha und der raffiniertlistige Caranan, die durch ihre Späße das Publikum zum Lachen bringen. Sie sind Gefolgsleute des Ravanas aus dem *Ramayana*. Die beiden treten stets zusammen auf und werden als die „Unzertrennlichen“ (Ottam) bezeichnet. In Karnataka und Andhra Pradesh treten drei Figuren, zwei männliche (Vidusaka) und eine weibliche (Vidusaki), als Spaßmacher auf. Parallelen zu der Spaßmacherfigur gibt es im indonesischen, südostasiatischen und türkischen Puppenspiel.

Die Rolle der weiblichen Figur (Vidusaka, Nakalisundari oder Bangarakka) ist sehr vielseitig: Sie tritt als Ehefrau des Spaßmachers, als dessen Schwiegermutter, Schwägerin oder ältere Schwester auf, aber auch als Tanzmädchen, was zugleich Prostituierte bedeutet. Beim Auftritt als Tanzmädchen wird sie ganz in die erotischen Abenteuer der Spaßmacher einbezogen, wobei ihre Sprache an Obszönität keineswegs jener der männlichen Partner nachsteht.

In Indien gelten Schattenspielfiguren als Vermögenswerte, die sogar beliehen werden können. Die Figuren sind oft auch Bestandteil der Mitgift. Es wird als ein Vergehen betrachtet, die Figuren zu veräußern oder an Außenstehende zu verschenken. Erst in jüngster Zeit ist es üblich geworden, zerspielte Figuren an Touristen zu verkaufen.

Der Schattenspieler

Der Beruf des Schattenspielers wird meistens vom Vater an seine Söhne durch mündliche Überlieferung weitergegeben. Durch Beobachtung lernt der Schüler, wie die Figuren angeordnet und bewegt werden und welche Vorschriften dabei zu beachten sind. In den meisten Fällen gehören die Schattenspieler wie auch die Puppenspieler zu der untersten Kaste (Shudras) der vier Hauptkasten oder aber auch zu den Kastenlosen (Harijans), da der Umgang mit Leder als unrein angesehen wird. Die soziale Stellung der Spieler innerhalb einer Dorfgemeinschaft richtet sich jedoch nicht nur nach ihrer Herkunft, sondern auch nach der Bewertung ihres Könnens.

„Die Aufgaben der Spieler sind ähnlich denen des Dalang (Einzelspieler des javanischen Schattenspiels), nur auf mehrere Personen verteilt. Sie geben religiöse Unterweisung, astronomischen Unterricht, da sich die Heroen nach den Sternen richten, medizinische Ratschläge – gegen die im Spiel angewendeten Gifte werden Gegengifte genannt – und informieren über anstehende Probleme und ihre Lösungen. Den Spielern wurde von ihren Vorvätern die Technik der Figurenherstellung, ihrer Farbsymbolik und Ausdrucksformen überliefert, sie haben die Texte gelernt und vor allem den religiösen Kontext – verankert in Mythologie und Tradition – übernommen. Sie berücksichtigen bestimmte Rituale bei der Behandlung ihrer Pergamentgestalten und halten die damit verbundenen religiösen Praktiken ein, wobei sie in Mysore an einem festen Wochentag den Manifestationen ihrer Heroengestalten Opfer darbringen“ (Wilpert, Clara B.: Schattentheater, S. 47 f.).

Die Spielergruppen bieten entweder umherziehend ihre Dienste an, oder sie werden fest engagiert, um bei einer bestimmten Gelegenheit aufzutreten. Es gibt auch Gruppen, die institutionell an einen Tempel gebunden sind und sich verpflichten, während der Hauptfeste (zur Aussaat im Frühjahr bzw. zur Ernte im Herbst) für die kultischen Aufführungen von ihren Tourneen zurückzukehren.

Die Spielergruppe besitzt meistens ihr eigenes Orchester, das mit bestimmten Musikstücken (Ragas) die Aufführung begleitet. Dabei handelt es sich um festgelegte Tonfolgen, die beim Zuhörer eine bestimmte Gefühlsregung auslösen sollen. Die wichtigsten Instrumente sind Oboe, Harmonium und Trommeln. Die Musiker schlagen entweder die sanduhrförmige Doppeltrommel Mridanga oder die einseitige Handtrommel Tabla. In Kerala verwendet man nur Trommeln und kleine Metallglöckchen, die man an die beweglichen Teile der Schattenfiguren anbringt und durch das Spiel zum Klingen bringt.

Die Schattenspiel-Bühne

Während es in Kerala neben provisorischen Bühnen fest eingerichtete Schattenspielhäuser (Kuttu madam) gibt, die in der Nähe von Mahakali-Tempeln liegen und zusammen mit dem Tempel einen heiligen Bezirk bilden, werden die Bühnen in Mysore (Karnataka) und Andhra Pradesh von den Spielern und Dorfbewohnern vor dem Spiel gemeinsam aufgebaut. Ein viereckiger Platz wird mit einem stoff- oder mattenbespannten Holzgerüst abgegrenzt. Die Vorderseite dieses Vierecks bildet eine etwa 5 m breite und 2 m hohe Leinwand, die meistens aus zwei Dhoti (Beinkleider für Männer) gefertigt wird. Um die Beine der Spieler zu verbergen, wird vom Boden bis zum unteren Rand der Leinwand ein Stück Stoff angebracht. Der Raum hinter der Leinwand, der im allgemeinen 2–4 m tief ist, wird an den drei übrigen Seiten mit Jute oder Zeltbahnen verhängt. Innerhalb dieses Bühnenraums versammeln sich nicht nur die Spieler und Musiker, sondern hier befinden sich auch die geflochtenen Kisten mit den Figuren. Während man bis in die zweite Hälfte unseres Jahrhunderts Fackeln oder Öllampen als Lichtquelle verwendete, werden heute Petromax oder elektrische Glühbirnen benutzt, die, um eine gute Ausleuchtung zu erzielen, ca. 70 cm – und zwar möglichst hoch – von der Leinwand entfernt montiert werden müssen.

Die beiden Seiten einer indischen Schattenbühne mit der Rückansicht der beleuchteten Projektionsfläche und die Vorderansicht der Bühne.

Schattenspiel und Ritual

Seinem Ursprung und Wesen nach besitzt das indische Schattenspiel religiösen Charakter. Aufgeführt werden Auszüge aus den *Puranas*, der *Krishna-Legende* und den großen mythologischen Epen *Ramayana* und *Mahabharata*, die von religiösen Zeremonien umrahmt werden. Besonders beliebt

Auf Java war der Anblick der bemalten Figuren ursprünglich den Männern vorbehalten. Die Frauen mußten sich – zu ihrem Schutz vor magischer Ausstrahlung – jenseits des Schirmes mit dem Anblick der Schatten begnügen.

sind Aufführungen mit Episoden aus dem *Ramayana*, die zwischen sieben und 41 Nächte dauern können. Heute ist man jedoch dazu übergegangen, nur noch die wichtigsten Ereignisse des „Ramayana“ darzustellen. Die meisten Aufführungen finden während der religiösen Feste in der Trockenzeit anläßlich der Aussaat und im Herbst anläßlich der Ernte statt. Vielfach befürchten die Bauern, die Regenzeit könnte ausbleiben, wenn nicht mindestens eine Schattenspiel- Aufführung in ihrem Dorf stattfindet. Den Figuren wird die Macht zugeschrieben, böse Geister und Epidemien zu bannen, Land fruchtbar zu machen, Unwetter abzuwehren, den ersehnten Regen herbeizuführen und mit den Göttern in Verbindung zu treten.

Die enge Verflechtung zwischen Schattenspiel und Ritual verdeutlichen z. B. die Zeremonien, die in Kerala am ersten und letzten Spieltag vor jeder Aufführung einer Episode aus dem *Ramayana* zelebriert werden: Opfer werden dargebracht und die Götter zur Teilnahme an der Vorstellung eingeladen. Vor der Aufführung erscheinen die guten Charaktere auf der rechten Seite (vom Spieler aus gesehen) der Leinwand, die Gegenfiguren auf der linken. Auch während der Vorstellung ist man bemüht, diese Einteilung beizubehalten. Die Köpfe der rechten Figuren werden mit frischem Laub geschmückt. „Während der ersten Anrufung werden Weihrauch, geschälte Bananen, Reis, Kampfer, Blüten, Betelblätter, Areka- und Kokosnüsse als Opfergaben dargebracht. Das Aufschlagen der Kokosnüsse wird nochmals von einer Zeremonie begleitet. In einer besonderen Lampe wurde ursprünglich aus dem Tempel Feuer geholt, um die einundvierzig Öllampen zur Beleuchtung der Leinwand zu entzünden. Auf die Lichter wurden Weihrauchkörner gestreut. Nach Abschluß der Anrufungen, Lobpreisungen und Einladungen an die Götter werden die aufgestellten Figuren von der Leinwand genommen, und das eigentliche Spiel beginnt“ (Dunkel, Peter F.: Schattenfiguren, Schattenspiel, S. 41).

Die Götter auf der Erde: Altindische Epen als Spielvorlagen

Das Mahabharata

Hauptquellen für die Stoffe des indischen Figurentheaters sind die altindisch-hinduistischen Epen *Ramayana* und *Mahabharata*, deren Inhalt das Figurentheater einem meist leseunkundigen Publikum näherbringen soll.

Das *Mahabharata*, dessen Entstehung zwischen dem 5. Jahrhundert v. Chr. und dem 5. Jahrhundert n. Chr. angesetzt wird, gilt mit 100 000 Doppelversen als das längste Versepos der Weltliteratur. Als Verfasser dieses Epos, das von der Geschichte der fünf edlen Pandava-Brüder und ihrer Gegenspieler und Vettern, den Kauravas, handelt, gelten der heilige Vyasa und der elefantenköpfige Gott Ganesha.

Wie das *Mahabharata* erzählt, war die Krone des Kuru-Reiches dem blinden König Dhritarashtra, Vater von hundert Söhnen, zugefallen, der seines Leidens wegen zugunsten seines Bruders Pandu auf die vererbte Königswürde verzichtete. Dem König Pandu, der impotent war, gebaren seine beiden Frauen, Kunti und Madri, fünf Söhne, die sie von Göttern empfangen hatten: Yudhisthira, Sohn des Yama, Bima, Sohn des Windgottes Vayu, Arjuna, Sohn des Götterkönigs Indra, und die Zwillinge Sahadera und Nakula, die Söhne der pferdeköpfigen himmlischen Zwillinge Ashvin. Die fünf Pandavas und auch die hundert Kauravas werden gemeinsam von dem raffinierten Lehrer Drona erzogen. Die Verwicklungen beginnen mit dem Heranwachsen der zwei ältesten Söhne der beiden Brüder. Als der alternde König seinem Sohn Yudisthira, der dem Gesetz nach Thronerbe ist, die Königswürde überträgt, kommt der unterschwellige Haß der Kauravas gegen ihre Vettern offen zum Ausbruch. Dem ältesten Sohn der Kauravas gelingt es, die Pandavas zu vertreiben und sich selbst als Thronfolger einzusetzen. In ihrem Versteck erfahren die fünf vertriebenen Pandavas, daß die schöne Draupadi, die Tochter des Königs Panchal, zu heiraten beabsichtigt. Als bester Bogenschütze vermag Arjuna Draupadi für sich und seine Brüder als gemeinsame Gattin zu gewinnen. Dhritarashtra, der den Streit der verfeindeten Vettern beendet, teilt das Reich zwischen seinen Söhnen und den fünf Pandavas auf. Durch ein Falschspiel beim Würfeln gewinnen die Kauravas den Pandavas das ihnen zugesprochene Reich sowie Draupadi wieder ab. Der älteste Sohn der Kauravas erklärt sich jedoch einverstanden, den Thron nach dreizehn Jahren wieder Yudhisthira zu überlassen. Als die dreizehn Jahre vergangen sind und Yudhisthira die Krone zurückfordert, kommt es erneut zum Kampf zwischen den beiden Fürstengeschlechtern. Der älteste der Kauravas, der den Reiz der Macht kennengelernt hat, bricht sein Versprechen, Yudhisthira den Königsthron zu übergeben. Yudhisthira und seine Brüder erklären ihm widerstrebend den Krieg, da sie den Frieden lieben und mit ihren Vettern ein Leben lang befreundet waren. In einer achtzehntägigen erbitterten Schlacht gelingt es den Pandavas gemeinsam mit dem Gott Krishna als Verbündetem, die Kauravas zu schlagen. Unglücklich über den Tod ihrer Vettern, begeben sich die fünf Sieger zusammen mit ihrer Frau Draupadi und einem Hund auf eine Pilgerreise, um ihre Sünden zu sühnen. Außer Yudhisthira, dem Erstgeborenen, sterben alle anderen an den Strapazen der Reise. Somit erreicht nur einer der tapferen und edlen Pandavas das Himmelstor, in das er von seinem Vater, dem Himmelskönig Indra, zusammen mit seinem treuen Hund eingelassen wird.

In die düstere Sage sind Fabeln, Parabeln, Liebesgeschichten und ein philosophisches Lehrgedicht, die *Bhagavadgita* (Gesang des Erhabenen), eingefügt. In diesem epischen Gedicht entwickelt der Gott Krishna in 18 Gesängen dem Arjuna seine ganze Welt- und Lebensanschauung. Es geschah aus Mitgefühl mit dem entrechteten Königssohn, daß Krishna auf der Erde erschienen ist und in der allegorischen Rolle des Wagenlenkers Arjunas Ratgeber wird. Krishna will jedoch nicht nur seinem Freund als geistiger Berater dienen, sondern benutzt seinen Abstieg auf die Erde dazu, um der ganzen Menschheit seine Lehre von der Rettung der Welt zu verkünden. Nach hinduistischer Auffassung vollzieht sich die Herabkunft der Götter in den Kampf der Welt als periodisch wiederkehrendes Ereignis, das mit dem Ablauf des Weltalters zusammenhängt. Der Gott kommt herab als Ausgleich gegen die Macht des Bösen, immer dann, wenn die Welt vom Verfall bedroht ist.

Die zentrale Lehre der *Bhagavadgita* ist die des Karma-Yoga, der als Yoga des selbstlosen Handelns bekannt ist. Dieser Yoga fordert von dem Individuum, die Pflichten und Tätigkeiten des Alltagslebens im Hinblick auf die Früchte seines Handelns mit einer vollkommen neuen Einstellung zu erfüllen und auszuüben. Der zu erwartende Erfolg soll nie Grund des Tuns sein – die Tat und tapferes Handeln allein sollen als Grundlage allen Wirkens dienen. Leitmotiv dieser Lehre ist, den ewigen heiligen Geboten der Moral folgend, tapfer Pflichten zu erfüllen und nicht danach zu fragen, welcher Erfolg dabei erblühen kann:

„Bemühe nur dich um die Tat, doch niemals
um Erfolg der Tat!
Nie sei Erfolg dir Grund des Tuns, – doch meid
auch Tatenlosigkeit!
In Andacht fest, tu deine Tat! Doch häng an
nichts, du Siegreicher!"
(*Bhagavadgita*, II, 47 f.)

Als Arjuna seine Verwandten, Freunde und Lehrer vor sich erblickt und zögert, gegen diese ihm nahestehenden Menschen vorzugehen, ermahnt Krishna ihn, solche Bedenken fallen zu lassen.

„Woher kommt dieser Kleinmut dir
im Augenblicke der Gefahr?
Unrühmlich und unwürdig ganz des edlen
Mannes, oh Arjuna!
Verbanne die Unmännlichkeit! Sie ziemt dir nicht,
oh Pritha-Sohn.
Die Schwäche, die erbärmlich ist, gib auf!
Erhebe dich, du Held!
(*Bhagavadgita*, II, 2 f.)

Den Rat Krishnas an Arjuna rechtfertigen
zwei Gründe:
1. Die Seele kann nicht erschlagen werden, da sie unsterblich ist. Arjuna kann also seine Verwandten nicht wirklich töten, sondern erweist ihnen vielmehr einen Dienst, da sie im Tode im Zyklus der Wiedergeburt das nächste Leben gewinnen.

„Es gibt kein Werden aus dem Nichts,
noch wird zu Nichts das Seiende!
Die Grenze beider ist erschaut von denen,
die die Wahrheit schaun.
Doch wisse, unvergänglich ist die Macht,
durch die das All gewirkt.
Des Ewigen Vernichtung kann bewirken
Niemand, wer's auch sei.
Vergänglich sind die Leiber nur, - in ihnen weilt
der ew'ge Geist."
(*Bhagavadgita*, II, 16-18)

Als Fürst und Angehöriger der Kriegerkaste hat Arjuna die Pflicht (*dharma*) zu kämpfen. Dharma bezeichnet die Pflicht, die einem durch Geburt, Kaste und Beruf auferlegt ist:

„Tat, die mit dir geboren ist, wenn sie auch
sündig ist, gib nicht auf!
Von Sünde ist doch alles Tun, wie das Feuer vom
Rauch umhüllt."
(*Bhagavadgita*, XVIII, 47)

Arjuna, der drittgeborene Pandava und Publikumsliebling aus dem Mahabharata bzw. aus der Bhagavadgita, in seinem Triumphwagen (Gobe-atta-Marionette aus Karnataka, Anfang 20. Jh.).

Das Sanskrit-Wort *Dharma* aus der Wurzel *dhri* (halten, tragen) bezieht sich auf die göttlich sittliche Ordnung, welche die soziale Struktur zusammenfügt und hält. Die höchste Tugend ist es, sich mit rückhaltloser Hingabe in die vorgeschriebene traditionelle Rolle einzufügen. Das Individuum muß sich darum bemühen, jedem Lebensproblem so zu begegnen, wie es seiner Rolle entspricht. „Im Gaukelspiel der Schöpfung, das unsere Welt ist, wird jedem sein Platz durch Geburt zugewiesen (*sva-dharma*), und es ist seine Pflicht, dazu zu stehen, demgemäß zu leben und durch sein Äußeres wie durch sein Handeln zum Ausdruck zu bringen, welche Rolle er im Schauspiel innehat“ (Zimmer, Heinrich: Philosophie und Religion Indiens, S. 148).

In anderen Passagen spricht die *Bhagvadgita* von der Sehnsucht der Hindus nach der Versöhnung aller Dinge im Eins. Durch die liebende Hingabe (*bhakti*) und durch das Handeln ohne Anhaften vermag der Gläubige seine Seele mit Gott zu vereinen.

Die *Bhagavadgita* hat auf den indischen Geist einen sehr großen Einfluß ausgeübt. Mahatma Gandhi bekannte, daß sie ihm immer eine Quelle des Trostes gewesen sei. Wenn er keinen Lichtstrahl mehr sah, dann schlug er die Gita auf und fand stets einen Vers, der ihn aufrichtete. Während die westlichen Kritiker zahlreiche Widersprüche in dem Lehrgedicht fanden, liegt für den indischen Geist gerade in diesen Widersprüchen, die sich leicht auflösen lassen in der Vorstellung, daß das Eine in allem ist, der Hauptwert. Höchstes Ziel ist das Einssein mit dem Absoluten.

Das Ramayana

Als Autor des *Ramayana*, das mit 24 000 Doppelversen nach dem *Mahabharata* als das zweitgrößte indische Epos gilt, wird der heilige Valmiki angenommen, der zwischen dem 4. vorchristlichen Jahrhundert und dem 2. Jahrhundert n. Chr. gelebt haben soll.

Das *Ramayana* beginnt mit der Schilderung eines

goldenen Zeitalters im Königreich von Koshala: „An den Ufern des Flusses Saraya lag einst ein großes und blühendes Land namens Koshala, und zufriedene Menschen lebten darin. (...) In dieser Stadt also lebte König Dasharatha aus dem Stamm des berühmten Herrschers Manu. Der König war in der Auslegung der Veden gelehrt, sein Wohlstand waren vortreffliche Wahrheitsliebe und Tugend. Niemals brach er ein Wort, stets war er klug und erhaben und bei seinen Untertanen beliebt. (...) Das Volk dieser Stadt war glücklich und tugendhaft, gelehrt und erfahren; jeglicher war zufrieden mit seinem Stand, jeder folgte aufrichtig und ohne Geiz seiner Berufung. Niemand war arm, keiner wohnte in schlechter Behausung. (...) Als tugendhafte und wahrheitsliebende Leute erreichten sie alle ein hohes Alter."

Nach langer kinderloser Ehe werden dem König Dasharatha von seinen drei Frauen vier prächtige Söhne geboren: Rama, Bharata und die Zwillinge Lashmana und Shatrughna. Rama ist der Augenstern sowohl seines Vaters als auch des ganzen Volkes: „An Schönheit, Tapferkeit und Ritterlichkeit war Rama unübertroffen; niemals sprach er schlecht von anderen; er hatte die Tugend seines berühmten Vaters geerbt. Fröhlich war er, sanft sprach er zu jedermann, auf Beleidigungen erwiderte er niemals ebenso; wer ihm Unrecht tat, dem verzieh und vergaß er es; den leisesten Wohltaten zeigte er sich dankbar, und in seinen Mußestunden widmete er sich Staatsgeschäften oder suchte die Freundschaft von Männern, die in Weisheit, Gelehrsamkeit, Alter und Lebenswandel hervorragten." Die schöne Sita, Tochter des Königs Videha, die Rama als Frau gewinnt, weil er als einziger den Bogen Shivas zu spannen versteht, ist ihrem Mann an Schönheit, Edelmut und Tugendsamkeit ebenbürtig.

Eine Wandlung zum Bösen tritt ein, als Rama den Thron des Vaters erben soll. Die Mutter von Ramas Halbbruder Bharata erinnert den König an sein Versprechen, ihr jede Gunst zu gewähren. Sie bittet darum, daß ihr eigener Sohn zum König gekrönt und Rama für vierzehn Jahre in die Verbannung geschickt wird. Ohne ein Wort des Vorwurfs zieht sich Rama zusammen mit seinem Bruder Lashmana in die Wälder zurück. Als Bharata von den Intrigen seiner Mutter erfährt und Rama bittet, den Königsthron an seiner Stelle zu übernehmen, zieht sich dieser noch tiefer in die Wälder zurück und beginnt das Leben eines meditierenden Asketen. Er unterbricht seine Meditation nur hin und wieder, um Dämonen zu erschlagen, die in ungeheuer großer Zahl im Walde ihr Unwesen treiben.

Surpanakha, die Schwester des Dämonenkönigs Ravana, verliebt sich in Rama. Ihre Liebe bleibt jedoch unerwidert. Sie sinnt auf Rache, und es gelingt ihr, ihren Bruder Ravana zu überreden, die schöne Sita, die Frau Ramas, zu rauben. Ravana bringt Sita nach Sri Lanka in sein Schloß. Er versucht vergeblich, ihre Zuneigung zu gewinnen. Sita widersteht allen Verlockungen und bleibt ihrem Gatten treu: „So sprach die tugendhafte Sita zu Ravana, und sie kehrte ihm den Rücken zu und fuhr fort: "Es wäre unschicklich, deine Frau zu werden, denn ich gehöre einem anderen. Tue deine Pflicht und folge den Gesetzen, die die Frommen aufgestellt haben. Die Frauen Fremder verdienen Schutz wie deine eigenen, oh du Unsteter der Nacht. Gib ein gutes Beispiel und freue dich deiner eigenen Frauen.„

Unterdessen hat Rama mit Hilfe der Götter ein Heer von Kriegern und heiligen Affen aufgestellt. Das Affenheer mit seinem Oberbefehlshaber Hanuman an der Spitze baut innerhalb von fünf Tagen eine Brücke über die Meerenge nach Sri Lanka. In einem schrecklichen Endkampf gelingt es Rama schließlich, Ravana zu besiegen und Sita in Sicherheit zu bringen. Er kann sie jedoch nicht wieder bei sich aufnehmen, da ein heiliges Gesetz vorschreibt, daß Frauen, die eine Zeitlang unter dem Dach eines anderen Mannes gelebt haben, nie wieder zu ihrem früheren Gemahl zurückkehren dürfen.

„Ich habe getan, was ein Mann tun muß, um eine Schmach zu löschen, ich habe Ravana getötet, denn meine Ehre hüte ich eifersüchtig! Ich habe dich wiedergewonnen, wie der unschuldige Agastya einst die keinem Menschen betretbaren Regionen des Südens durch sein Fasten wiedergewann. Sei glücklich und wisse, daß dieser glühende Feldzug, den ich mit dem Beistand meiner Freunde so ruhmreich beendet habe, nicht gänzlich um deinetwillen geschah. Tilgen wollte ich nur die Schande und rächen die Beleidigung an meinem berühmten Haus. Aber dein Tun und Lassen sind mir verdächtig geworden, und deine Gegenwart schmerzt mich, wie die Lampe das kranke Auge schmerzt! Daher, oh Janakas Tochter, gehe, wohin du willst. Ich lasse dich frei. Oh du Liebliche, offen stehen die zehn Regionen für dich, ich habe mit dir nichts mehr zu schaffen! Welcher Ehrenmann würde sich seiner Leidenschaft so unterwerfen und eine Frau zurücknehmen, die im Hause eines anderen gelebt hat? Auf seinen Schoß hat dich Ravana gesetzt,

Rama und Sita (Schattenfiguren aus Andhra Pradesh). Rama gilt als vorbildlicher König, Sohn und Bruder, und seine Gemahlin Sita als Inbegriff der idealen Frauengestalt Indiens.

lüsterne Blicke hat er auf dich geworfen; wie kann ich, aus berühmtem Geschlecht, dich wieder begehren? Was ich mit deiner Befreiung begehrte, habe ich nun; nicht länger fühle ich dir mich verbunden, geh nur, wohin du magst! So also denke ich, du Liebliche! Wende dich zu Lakshmana, oder zu Bharata, oder Shatrughna Sugriva oder selbst zum Dämon Bibishana; wähle dir jenen, oh Sita, der dir am besten gefällt. Unmöglich konnte Ravana beim Anblick deiner entzückenden, himmlischen Schönheit dich unberührt bei sich wohnen lassen."

Sita tut, was ihr Dharma verlangt, und unterzieht sich einer Feuerprobe, um ihre Unschuld zu beweisen. Da sie schuldlos ist, weigert sich der Feuergott, sie als Opfer anzunehmen, und somit kann das Feuer ihr nichts anhaben: „Da sprach der Zeuge der ganzen Welt, der Feuergott, zu Rama und sagte: ‚Hier, oh Rama, ist Sita, es ist keine Sünde an ihr! Weder mit Worten noch mit Empfindungen oder Blicken hat sich deine liebliche Gemahlin deiner edlen Art unwert erzeigt. Von dir wurde sie wider Willen getrennt und im einsamen Wald von Ravana entführt, den der Stolz über seine Kraft ermannt hat. Eingeschlossen und streng von Dämoninnen bewacht, lebte sie in den inneren Gemächern, aber du warst immer das Herz ihres Denkens und ihrer höchsten Hoffnung.'" Auf dem Zauberwagen Ravanas kehren Rama und Sita in ihre Heimat zurück. Rama besteigt den Thron, nachdem sein Halbbruder großmütig zu seinen Gunsten abgedankt hat.

Nach und nach beginnt man im Volk über Sita zu munkeln und fragt sich, ob die Gemahlin Ramas, die bei einem fremden Mann gelebt hat, wirklich Königin sein dürfe. Rama, dessen vornehmste Pflicht es ist, seine Untertanen zufriedenzustellen, verstößt seine Frau, obwohl sie von ihm schwanger ist. In der Einsiedelei gebiert sie zwei Söhne, Kusa und Lava. Die Kinder wachsen unter der Obhut des heiligen

Draupadi (Schattenfigur aus Karnataka). Arjuna, der Hauptheld des Mahabharata, gewinnt als bester Bogenschütze die für ihre Schönheit gerühmte Draupadi für sich. Einem Gelöbnis der Brüder zufolge, alles miteinander zu teilen, wird Draupadi Gattin der fünf Pandavas.

Valmiki auf, der die Taten ihres Vaters in einem langen Epos besingt. Bei einem Opferfest, das Rama eines Tages veranstaltet, trägt Valmiki in Begleitung der beiden Jungen das Epos vor. Rama erfährt, daß dies seine Söhne sind, nimmt sie zu sich und läßt Sita an den Hof zurückbringen. Diese legt vor allem Volk Zeugnis von ihrer Reinheit ab, will aber nicht mit Rama weiterleben, sondern bittet die Göttin der Erde, sie aufzunehmen. Die Erde öffnet sich, und Sita entschwindet für immer Ramas Blicken. So verbringt Rama, der überall als Held verehrt wird, da er uneigennützig sein Dharma erfüllt, den Rest seines Lebens in trauriger Einsamkeit, bis auch er in den Götterhimmel zurückkehrt.

Bhava und Rasa: Die Erweckung des archetypischen Gefühls

Das indische Figurenspiel will wie das „wirkliche" Schauspiel den Zuschauer zu einer genußvollen, aber leidenschaftslosen Betrachtung des Lebens anregen. Die Hauptinstrumente, mit denen das Theater diesen Genuß hervorruft, werden durch die Begriffe *Bhava* und *Rasa* bezeichnet, die sich nicht unmittelbar übersetzen, sondern nur umschreiben lassen:

„Bhava ist die Stimmung bzw. die Gefühlsregung, die von der Tänzerin dargestellt und ausgedrückt wird. Rasa heißt Geschmack und bezieht sich auf die Erfahrung des Zuschauers. Er nimmt mit seinen Sinnen die dargestellten Bhavas auf und erfährt in sich eine entsprechende Gefühlsregung. Diese wird Rasa genannt und als eigentliche Erfahrung der Kunst bezeichnet. (...) Rasa ist mit anderen Worten das persönliche Erlebnis jener Emotion, die vom darstellenden Künstler übertragen wird und mit der sich der Zuschauer bzw. Zuhörer identifiziert. Bhava ist die mimische Darstellung dieser Emotionen durch den Künstler und wird durch die Körpergestik (Gesicht, Hände, Haltung) von ihm geformt. Bhava ist also das Kommunikationsmittel, durch das der Zuschauer, unterstützt von Musik, Gesang und Tanz, in die Szene transportiert wird. Dadurch wird dem Zuschauer ermöglicht, die Gegenwart zu transzendieren und sich vollends in den dargestellten Charakter hineinzuleben, dessen Stimmung und Gefühle wirklich mitzuerleben" (Rao, Vijaya: Abbild des Göttlichen, S. 127).

Im Unterschied zur im Westen vorherrschenden Schauspieltechnik, bei der sich der Darsteller mit der Person, die er verkörpert, identifiziert, geht es dem indischen Schauspieler darum, distanziert zu bleiben, damit er in der Lage ist, in kürzester Zeit von einer Stimmung in die andere zu wechseln. Die Erfahrung der inneren Losgelöstheit wird verglichen mit dem Erlebnis eines Menschen, der den Zustand der Erleuchtung erlangt hat. Nicht der Schauspieler soll die Emotionen erleben, sondern der Betrachter.

Die einzelnen Rasas werden mit Hilfe der Bewegungen des Gesichts, der Hände und des Körpers hervorgerufen. Es gibt neun klassische Rasas, die bereits im *Ramayana* beschrieben werden:

1. Liebe (*Shringara*)
2. Humor (*Hasya*)
3. Mitgefühl (*Karuna*)
4. Wut (*Raudra*)
5. Kühnheit, Heldenmut (*Vira*)
6. Angst (*Bhayanaka*)
7. Abneigung, Verachtung (*Bibhatsa*)
8. Verwunderung (*Adbhuta*)
9. Seligkeit (*Shanta*)

Neben diesen neun sog. „stabilen" Rasas gibt es nicht weniger als 33 „unstabile" Verfeinerungen, die von Entmutigung und Unruhe bis zu Freude und Sicherheit reichen. Jedes dieser 33 Rasas kann im Verlauf des Stückes auftauchen und wieder verschwinden.

Es versteht sich, daß die Bhava-Rasa-Theorie auf die Figuren nur begrenzt anzuwenden ist, da diese nicht wie menschliche Darsteller die Fähigkeit besitzen, mit Hilfe ihrer Mimik, Gestik und Körpersprache eine bestimmte Gefühlsbewegung hervorzurufen. Es hängt weitgehend vom Spieler ab, ob es ihm gelingt, durch seine Figuren archetypische Gefühle wie Freude, Angst, Staunen und Mitgefühl in dem Zuschauer zu erwecken. Letzten Endes entscheiden das schauspielerische Können des Spielers, sein Gestaltungsvermögen, seine Einfühlungsgabe und Interpretationskunst, ob er der Figur Leben einzuhauchen vermag. Dann glaubt der Zuschauer, wahrzunehmen, wie sich auf dem Antlitz der Figuren eine Vielzahl von Gemütsbewegungen widerspiegelt. Er sieht sie lachen und weinen und vergißt für einen Moment, daß es sich um „leblose" Figuren aus Holz oder Leder handelt. Gelingt es dem Spieler, die Figuren mit Leben zu erfüllen, so vermag er die Zuschauer völlig in seinen Bann zu ziehen.

Indonesien: Das mystische Spiel

Das Schattenspiel Wayang-Kulit

Die Geschichte des Schattenspiels

„Herr, laß mich ein Schattenspiel in Deinen Händen sein! Ich kann ein Held oder ein Dämon sein, ein König oder ein niederer Mann, ein Baum, eine Pflanze, ein Tier (...) aber laß mich ein Schattenbild in Deiner Hand sein. Dann kann ich, sei es, daß ich groß bin im Geheul des Streites oder klein wie ein spielendes Kind unter den Waringins, Deine Sprache sprechen.
Dieses mein irdisches Leben ist voll Mühe und Kampf, und meine Feinde, deren viele sind, lachen über mich. Ihr Hohn schießt schneller nach dem Ziel als gefiederte Pfeile; ihre Worte schneiden schärfer als Dolche.
Mein Streit ist noch nicht ausgestritten. Und bald wirst Du mich wegnehmen; ich werde mich zu den anderen niederlegen, deren Spiel bereits vollbracht ist. Ich werde bei den Tausenden in der Dunkelheit sein. Und mein Kampf war noch nicht zu Ende; noch tanzen meine Feinde.
Herr, laß mich ein Schattenbild in Deinen Händen sein! Dann soll in hundert oder tausend Jahren Deine Hand mich wieder zum Tun bewegen.
Dann wirst Du mich einst, wenn meine Zeit in Deiner Ewigkeit gekommen ist, auf's neue erheben, und ich werde auf's neue sprechen und kämpfen.
Und einmal werden meine Feinde schweigen, und soll der Dämon darniederliegen.
Herr, laß mich ein Schattenbild in Deinen Händen sein!"
(Soeroto und Veltheim-Ostrau, S. 22 f.)

Tanzmädchen, Gambjongan (Stabpuppe aus Zentraljava, Anfang 20. Jh.). Das Tanzmädchen tritt vor oder nach der Spielhandlung allein oder mit anderen Frauenfiguren auf. Das Besondere an dieser Tanzfigur sind ihre doppelten Gelenkverbindungen an Unterarmen und Schultern.

Über die Entstehungsgeschichte des indonesischen Schattenspiels (Wayang-Kulit), das man auf Java, auf Bali, Lombok und überall dort findet, wo Javaner eine Kolonie bildeten, sind sich die Wissenschaftler bis heute noch uneinig. In dem Versepos von Arjuna Wiwaha aus der ersten Hälfte des 11. Jahrhunderts findet sich erstmals ein Hinweis auf das Schattenspiel. Es wird darin von Schattenspielaufführungen mit Lederfiguren, die sich großer Beliebtheit erfreuten und die Zuschauer in ihren Bann zogen, berichtet. Sicherlich muß ein noch früherer Beginn als das 11. Jahrhundert angenommen werden, da ein langer Prozeß notwendig war, bis eine Institution wie das indonesische Schattenspiel zum integralen Bestandteil einer Kultur werden konnte. Javanische Autoren führen die Tradition des Schattenspiels, das als Wayang-Kulit bezeichnet wird, sogar bis auf 1500 v. Chr. zurück. Sie betrachten das Schattenspiel als Keimzelle des religiösen Ahnenkults. In den alten Zeiten glaubte man, daß die Ahnengeister ihren Sitz tagsüber in großen Bäumen und Steinen oder auf hohen Bergen hätten, nachts aber ausschwärmten, um sich in den Schattenfiguren zu personifizieren. Sie verkörperten in den dargestellten Figuren für die Dauer der Aufführung die mythischen Ahnen und Vorfahren. Tatsächlich weist die Verwendung von Büffelhaut, aus der die Schattenfiguren noch heute meist hergestellt werden, auf den Glauben in der indonesischen Ahnenverehrung hin, daß Büffel die Geleiter der Totengeister in die Welt der Ahnen sind.

Im Laufe der Jahrhunderte haben verschiedene religiöse und kulturelle Einflüsse das Schattenspiel geprägt. Besonders der Hinduismus, der im 1. Jahrtausend durch indische Kaufleute und ins Land gebetene Priester und Gelehrte nach Indonesien gelangte, war für die Entwicklung des Schattenspiels von Bedeutung. Einige Forscher sind der Ansicht, daß das Schattentheater zusammen mit den mythologischen Epen von Indien nach Java gelangte.

Der Einfluß des indischen Gedankengutes zeigt sich am deutlichsten an der Übernahme der beiden indischen Epen *Ramayana* und *Mahabharata*, die javanische Dichter im 11. Jahrhundert unter der Regierung von König Erlangga in die damalige Sprache ihres Landes, ins Kawi, übertrugen. Man transponierte den Ort der Handlung nach Java, gab den Bergen und Flüssen der indischen Epen javanische Namen und betrachtete die eigenen Landesfürsten als die direkten Nachkommen des Pandava-Geschlechts, von dem das *Mahabharata* handelt. So wurde das javanische Pantheon der Götter allmählich von Hindu- Gottheiten verdrängt.

Farbgebung und Verzierungen an den Schattenfiguren der Nordküste Mittel- und Ostjavas weisen auch auf den Einfluß der Chinesen auf das Schattenspiel hin, die sich seit dem letzten vorchristlichen Jahrhundert in Indonesien niedergelassen haben.

Den nächsten großen Fremdeinfluß auf das indonesische Schattenspiel brachte die Ausbreitung des Islams auf Java im 13. Jahrhundert. Trotz des strengen Verbots der Menschendarstellung, wie es die muslimische Religion vorschreibt, behielten die islamischen Herrscher das Schattenspiel bei und benutzten es als religiöse Unterweisung für die Massen. „Islamische Dichter verwenden mit Vorliebe das Gleichnis vom Schattenspiel als Welttheater, wobei für sie weniger der Gesichtspunkt der Scheinhaftigkeit der Vorgänge relevant ist als vielmehr der Gedanke von der geheimnisvollen Schicksalshaftigkeit des Spiels in den Händen des Spielmeisters, der allein alle Figuren nach seinem Willensschluß bewegt" (Mayer, S. 16).

Das Schattenspiel ist demzufolge die mystische Darstellung der gesamten Welt. Der Wandschirm symbolisiert den Himmel, die Bühne die Erde; die Figuren stellen die Menschen dar, und der Spieler tritt an die Stelle Gottes, der durch seine Allmacht die Menschen mit Leben erfüllt.

Der seit dem 19. Jahrhundert einsetzende starke Einfluß durch die holländische Kolonialmacht auf Indonesien wirkte sich ebenso wie die im 20. Jahrhundert übernommene europäische Denkweise und Technologie auch auf das Schattenspiel aus. Die technischen Erneuerungen, wie Lautsprecher und elektrische Glühbirnen, die die alten Öllampen verdrängten, nahmen dem Spiel seinen geheimnisvollen Charakter. Die Verwendung von Lautsprechern erlaubt es dem Dalang (Spieler) zwar, heute viel mehr Menschen zu erreichen, aber sehen können das Spiel nur diejeni-

Javanisches Schattenspiel (Wajang-Kulit) ist religiöser Ahnendienst. Die Lederhaut-Figuren werden als personifizierte Ahnen betrachtet, deren Hilfe man sich zu bestimmten Anlässen versichert. Die Spieler halten das Gedenken an die Verstorbenen wach, indem sie ihre Schatten bewegen. Die abgebildete Figur vereinigt die Merkmale der edlen und kriegerischen Charaktere. Die edlen Gesichtszüge weisen auf die vornehme Herkunft hin, und die weite Schrittstellung offenbart den kriegerischen Charakter.

Die Nase verrät den Charakter – den edelsten kennzeichnet der gradlinige Übergang von der Stirn zum möglichst langen Nasenrücken. Je spitzer der Winkel, desto bedenklicher der Nasenbesitzer. Hinzu kommt die Bewegungsrichtung: Die „gute" Partei tritt – vom Dalang aus gesehen – stets von rechts auf, die „böse" von der Gegenseite.

gen, die sich in den ersten Reihen einen Sitzplatz gesichert haben. Es kommt vor, daß sich heute 500 und bei einigen besonderen Gelegenheiten sogar 1000 Menschen auf dem Dorfplatz versammeln, um dem Spiel wenigstens zuhören zu können.

In den größeren Städten werden acht- bis neunstündige Schattenspiel-Aufführungen heute nicht nur im Fernsehen übertragen, sondern es werden Tausende von Videokassetten mit den besten und bekanntesten Dalang angeboten. Diese Entwicklung läßt viele Dalang um ihre Existenz fürchten, denn statt wie bisher zu Festen einen Dalang zu rufen, begnügen sich die Gastgeber heute vielfach damit, ihren Gästen Schattenspiele per Videokassette vorzuführen. Es ist zu hoffen, daß sich das lebendige Schattenspiel dennoch gegen den Film als Konserve aus dem Kassettenschrank zu behaupten vermag.

Neben der Nutzung westlicher Kommunikationsmittel wie Fernsehen und Videokassette haben sich auch moderne Stilmittel in den Aufführungen durchgesetzt. So werden etwa umfangreiche langatmige Dialoge durch komische Einlagen belebt und moderne Gesangseinlagen, die dem Geschmack des Publikums entsprechen, eingefügt. Zu den westlichen Einflüssen gehören schließlich auch die Schattenspielerschulen, die sich in ihrer Ausbildung an europäischem und amerikanischem Muster ausrichten.

Die traditionelle Spielart des indonesischen Schattenspiels hat sich am stärksten auf der Insel Bali erhalten, die nie unter islamischen Einfluß geraten war. Im Gegensatz zu den javanischen Figuren sind die balinesischen kompakter und im Körperbau und in der Gesichtsform weniger stilisiert. Herstellung, Spieltechnik und Bühnenaufbau sind bis auf einige Abweichungen auf beiden Inseln gleich. Während es auf Java spezielle Schulen für angehende Spieler gibt, ist auf Bali der Beruf des Dalang noch eng an die Familie gebunden.

Die zentralen Themen

Die Themen des Schattenspiels (allgemein: Wayang-Kulit) basieren auf vorhinduistischen, hinduistischen, hindu-javanischen und islamischen Quellen.

Bei den vorhinduistischen Themen handelt es sich um Aufführungen aus der animistischen Periode, die bei magischen Ritualen gespielt werden.

Die Spiele hinduistischer Herkunft, die als Wayang-Purwa bezeichnet werden, entnehmen ihr Repertoire aus dem *Mahabharata* und dem *Ramayana*.

Die hindu-javanischen Zyklen greifen auf die Zeit der hinduistisch- javanischen Reiche zurück: Ein beliebtes Spiel dieser Epoche ist das *Wayang-Gedok*, das Ende des 15. Jahrhunderts eingeführt worden sein soll. Aufgeführt werden die Heldentaten und Liebesaffären des Prinzen Panji aus Janggata, einem kleinen Königreich im hinduistischen Java. Als Verbreitungsgebiet dieser Wayang-Art ist Ostjava anzusehen, gelegentlich auch Yogyakarta.

Dem *Wayang-Sasak*, benannt nach den Bewohnern der Insel Lombok, liegen islamische Geschichten zugrunde. Der Sagenkreis um den Serat Ménak (Ritter, Edelmann) ist das Hauptthema des Wayang-Sasak auf der Insel Lombok und in Ostbali.

Das *Wayang-Madja* handelt von Erzählungen des im 19. Jahrhundert lebenden Dichters Ranggawarsita. Die meisten Aufführungen basieren auf dem Leben des legendären Fürsten Djajabaja.

Das *Wayang-Cupak* erzählt von zwei Brüdern, einem guten und einem bösen, wobei am Ende der Gute gegen den Bösen siegt.

Das *Wayang-Adam-Ma'rifat* diente der gleichnamigen islamischen Sekte zur Propagierung ihrer Glaubensvorstellungen.

Das *Wayang-Calonarang*, das hauptsächlich im Süden Balis aufgeführt wird, handelt von der Hexe Calonarang, die nach erbitterten Kämpfen von dem Mann ihrer Tochter besiegt wird.

Seit dem letzten Jahrhundert hat es eine ganze Reihe Versuche gegeben, aktuelle, religiöse und politische Inhalte in das Wayang einzubauen:

So handelt das *Wayang-Java* von den Heldentaten des javanischen Freiheitskämpfers Diponegoro während des Java-Krieges 1825–1830.

Im *Wayang-Suluh*, das während des Kampfes der Indonesier gegen die holländische Herrschaft (1945–1949) entstand, wird die eigene Geschichte verherrlicht. Da Presse, Funk und Film damals in holländischer Hand waren, benutzten die Freiheitskämpfer das Spiel, um die Menschen in den Dörfern über die politische Situation aufzuklären.

Das *Wayang-Perucuangan*, dem Wayang-Suluh ähnlich, befaßt sich mit der holländischen und japanischen Besatzungsmacht, ist jedoch in der Auffassung humoristischer, und die Figuren sind nicht so realistisch typisiert.

Das *Wayang-Katolik* oder das *Wayang-Wahja* ist ein von der katholischen Kirche gepflegtes Schattenspiel, das Geschichten aus dem Alten und Neuen Testament zur Grundlage hat.

Javanische Schattenfiguren aus dem Palast des Sultan Pakubuwono (1870–1930) in Surakarta.

Links: Frauenfigur und edle Männergestalt.

Rechts: Figur, die einen kriegerischen aggressiven Charakter darstellt.

Das *Wayang-Kancil* ist ein Schattenspiel für Kinder, in dessen Mittelpunkt der für seine Schlauheit bekannte Zwerghirsch steht.

Das *Wayang-Pancasila* ist eine Spielform, die 1945 entstand. In diesem Spiel werden mit Hilfe der fünf modern gekleideten edlen Helden aus dem *Mahabharata* die fünf staatstragenden Prinzipien (Panacasila) Indonesiens erläutert. Die fünf Pandavas symbolisieren den Glauben an einen Gott, die Verpflichtung der Menschheit gegenüber, die Treue zur Nation, die Souveränität des Volkes und soziale Gerechtigkeit.

Der kultische Zusammenhang des Wayang-Kulit

Eine Aufführung findet meistens im Zusammenhang mit einer kultischen Zeremonie statt. Anlaß der meisten Darstellungen ist die Absicht, sich in schwierigen Situationen, vor lebenswichtigen Entscheidungen oder vor einem neuen Lebensabschnitt der göttlichen Ahnen zu versichern, um damit vor Mißgeschick geschützt zu sein.

Wenn es die finanzielle Lage des Veranstalters erlaubt, werden Schattenspieler zu allen wichtigen Familienereignissen eingeladen, bei denen sie mit ihren Figuren in der Spielsituation den Anlaß der Einladung aufgreifen.

Dazu zählen folgende Anlässe: der siebente Monat einer Erstschwangerschaft, das Abfallen der Nabelschnur, der einjährige Geburtstag eines Kindes, die Zahnabfeilung, die den Übergang von der Pubertät ins Erwachsenenalter markiert, die Beschneidung, eine Hochzeit, die Einäscherung eines Verstorbenen.

Nicht nur zu privaten Festen wird der Dalang gerufen, sondern auch zu bestimmten Anlässen des ganzen Dorfes. So werden z. B. das Einbringen der Reisernte, der Bau oder die Renovierung eines Tempels, die Bitte um Regen nach langer Trockenzeit mit einer Wayang-Vorführung verbunden.

Der religiöse Charakter des Wayang-Kulit zeigt sich insbesondere auf Bali beim *Wayang-Lemah*, der wohl ursprünglichsten Art des indonesischen Schattenspiels. Im Rahmen bestimmter Zeremonien agiert der Spieler ohne Publikum und ohne Schirm mit seinen Figuren, um den Segen der Gottheiten zu erbitten. „Dann bedarf es nicht der Leinwand mit der großen Öllampe, um die Schatten darauf zu zeigen: das Auge der Götter durchdringt alles, braucht kein Licht, um in der Dunkelheit zu sehen. Ein einfacher Faden wird gespannt, an dem die Figuren entlangtanzen im spärlichen Mondlicht; die Menschen haben den Tempel verlassen, nur die Götter sind unsichtbar anwesend und lauschen dem Spiel“ (Soeroto und Veltheim-Ostrau, S. 95).

Der Dalang – der Spieler

„Das ist das Lied von dem Dalang, das Dir von
Willen und Schicksal singen soll.
Spiegle Dich in meinem Spiel, von Schönheit verwirrt, angstgequält von Freude und überschäumend von Leid.
Denn wisse! Der Schatten Freude ist nicht meine Freude, und der Schatten Schmerz ist nicht mein Schmerz. Ich sehe Edle und Dämonen, Tapfere und Feige, Priester und Könige, Freunde und Verwandte.
Es ist das Gesetz dieses meines Spiels, daß ein jeder in der ihm zugesprochenen Stunde im Ring meines Lichtes erscheinen soll.
Es ist das Gesetz dieses meines Spiels, daß ein jeder in der ihm zugemessenen Zeit aus dem Ring meines Lichtes verschwinden muß.
Aber der Dämon soll nicht Edler und der Diener nicht König sein, solange die Schatten in meinen Händen tanzen.
Und im Schein meines Lichtes und im Jubel meiner Klänge sind Priester wie Könige, Edle und Dämonen nur Schatten, die in meinen Händen tanzen.
So spiegle Dich in meinem Spiel, oh Mensch, und erkenne Dich selbst.
Auch auf dem Schlachtfeld Deines eigenen Herzens soll der grimmige Streit zwischen Freunden und Verwandten ausbrechen.
Spiele nun den Dämon, wie es dem Dämon paßt, und spiele den Edlen,wie es dem Edlen zukommt!
Denn wisse! Der Schatten Freude ist nicht meine Freude, der Schatten Schmerz ist nicht mein Schmerz."
(Soeroto und Veltheim-Ostrau, S. 16 f.)

Der Dalang, der schon im Kindesalter die Grundbegriffe seines späteren Berufes durch Beobachtung der väterlichen Tätigkeiten erlernt, ist nicht nur ein universell begabter Künstler, sondern nimmt eine priesterähnliche Rolle ein. Wie andere Priester darf er die Reinigungsrituale zelebrieren und dabei heiliges Wasser, tirta, bereiten. „Hat ein balinesischer Dalang (Dalang djuru) ein bestimmtes Stadium der Einweisung durch den pedanda (Priester) erreicht, darf er sich amangku Dalang nennen und ist befähigt, bestimmte Zeremonien durchzuführen, hat also Priesterfunktion" (Wilpert, S. 35).

Obwohl theoretisch auch ein Mitglied der niederen sozialen Kasten ein Dalang werden kann, so zeigt die Praxis, daß zumindest ein amangku Dalang aus der höchsten, der Brahmanenkaste kommt. Priesterliche Funktion, spielerisches Können und Ausstrahlungskraft verleihen dem Dalang eine hervorragende Stellung im Leben einer Dorfgemeinschaft. „Er hat auf dieser Erde kein Gegenstück und kann in seiner umfassenden Erscheinung von uns kaum begriffen werden. Der Dalang stellt das echteste und ureigenste Produkt des orientalischen Lebens und der orientalischen Kunst dar, so etwas wie die Inkarnation des Orients überhaupt – ein Wesen, das auch im Lande selbst nur staunend verehrt und von hoch und niedrig mit höchster Gunst beschenkt wird. Er braucht sich um nichts Kleinliches zu kümmern. Das Volk unterhält und verwöhnt ihn. Er soll ausschließlich seiner Kunst leben und nur darauf achten, daß sie in ihrer ganzen Reinheit und Größe immerdar erhalten bleibt" (Soeroto und Veltheim-Ostrau, S. 87 f.).

Während in früherer Zeit der Beruf des Dalang meist vom Vater nur an seine Söhne weitergegeben wurde, kann heute auch eine Tochter in die Kunst des Schattenspiels eingeweiht werden. Der Vater entscheidet, ob sein Kind die nötige Begabung zum Beruf des Dalang mitbringt oder nicht. Der Wunsch der Eltern ist jedoch nicht allein ausschlaggebend. Der Rat eines Wahrsagers oder Priesters muß hinzugezogen werden, um sicher zu sein, daß das Kind wirklich dazu berufen ist, die Nachfolge des Vaters anzutreten. Wird die Berufung akzeptiert, muß der künftige Dalang entweder eine Lehrzeit bei seinem Vater oder einem anderen Lehrer durchlaufen. Er kann sich jedoch auch an einer der staatlichen Wayang-Schulen ausbilden lassen.

Unerläßlich ist für den Dalang die Mitgliedschaft in einer Dalang- Vereinigung, deren Aufgabe es ist, für die Qualität der Aufführungen zu sorgen. Aus diesem

Grund werden von diesen Vereinigungen Kurse veranstaltet, die neben traditioneller Schulung auch eine politische Ausbildung beinhalten. Genauso wie die javanischen Fürsten früher mit Hilfe des Schattenspiels für die Verbreitung hinduistischer und islamischer Ideen sorgten, soll der Schattenspieler heute als Volksaufklärer wirken und sich der Propagandawirkung des Schattenspiels bewußt sein. So vermag der Dalang Regierungsprogramme, wie z. B. die Geburtenkontrolle, im Volk zu verbreiten.

In den *Satra-Miruda* und *Serat-Centini*, den javanischen Handbüchern mit Vorschriften und Spielanleitungen, sind die Aufgaben und Gebote des Dalang schriftlich niedergelegt worden. Zu den wichtigsten Geboten gehören:

Die Kenntnis der Figuren und die fehlerlose Beherrschung ihrer typischen Bewegungen. Der Dalang muß die Figuren in graziöser Weise festhalten können. Er soll jeder Figur ihre eigene, persönliche Gebärde geben.

Die Kenntnis des Altjavanischen ist notwendig, um die Beinamen von Fürsten und Helden zu erklären.

Eine ausdrucksvolle und flexible Stimme, die männliche und weibliche Stimmlagen nachahmen und die unterschiedlichen Charaktere differenzieren kann. Der Dalang muß die Sprache der Vornehmen von der des gewöhnlichen Volkes zu unterscheiden wissen. Er muß den notwendigen Unterschied in der Redensart und Wortwahl jeder einzelnen Figur, die auf der Bühne erscheint, machen können. So bedienen sich eine Prinzessin oder ein Fürst anderer Ausdrücke als ein Dämon.

Vortrag und Spiel müssen Mitgefühl und Spannung hervorrufen. Der Dalang soll die Charaktere so lebhaft vorstellen, daß das Publikum mit jeder auftretenden Figur mitlebt.

Der Dalang muß Kenntnis von alten literarischen Manuskripten haben und wissen, in welcher Reihenfolge die Figuren auf der Bühne zu erscheinen haben.

Die Späße sollen wirkungsvoll sein und „ins Schwarze treffen". Der Dalang darf es sich erlauben, in der Gestalt des komischen Dieners Anspielungen auf das Dorfleben oder auf politische Ereignisse zu machen, die aber nie ins Obszöne ableiten dürfen.

Der Dalang muß erfahren und geübt sein in den Ton- und Singarten, die während der Vorstellung notwendig sind.

Der Dalang muß die reguläre Zeitspanne respektieren. Er hat dafür zu sorgen, daß die Zeit ausgefüllt wird. Außerdem muß er mit verschiedenen Klopfarten dem Orchester den Einsatz geben können, ohne sich dem Orchester zuzuwenden. Der Dalang ist Regisseur, Dirigent und Priester.

Neben derlei Geboten gibt es auch eine Anzahl von Verboten, die der Dalang zu respektieren hat:

Er darf keinesfalls die Texte, deren Inhalt und Länge genau festgelegt sind, kürzen oder abwandeln. (Heute gilt diese Regel nur noch begrenzt.) Der Ablauf des Stückes, der in den gebräuchlichen Handbüchern genau festgelegt ist, darf nicht verändert werden.

Der Dalang darf weder Vorliebe noch Abneigung hegen für jedwede Figur oder Geschichte. Keine Figur darf besonders hervorgehoben werden.

Der Dalang darf niemanden direkt ansprechen oder kränkende Anspielungen auf Personen machen, die sich im Publikum befinden.

„Darüber hinaus wird auch das tägliche Leben des Dalang von seiner besonderen Stellung bestimmt. So hat er – zumindest auf Bali – bestimmte Nahrungs- und Kleidungsvorschriften am Tage des Spiels einzuhalten. Festgelegte Gebete regulieren seine einzelnen Tätigkeiten vor dem Verlassen seines Hauses und vor dem Öffnen der Kiste. Im Spiel getötete Gestalten werden durch Segnungen wieder zum Leben erweckt, neue Puppen konsekriert und an bestimmten Tagen im Jahr, die den Wayang-Figuren geweiht sind, Rituale zelebriert" (Wilpert, S. 34).

Die Schattenfiguren und ihre Herstellung

Man kann die Wayang-Kulit-Figuren in zwei größere Gruppen aufteilen: die edlen und vornehmen Charaktere einerseits, die gewalttätigen und kriegerischen andererseits. Die Darstellung der verschiedenen Typen ist festen Regeln unterworfen. So sind die edlen Personen meist klein und von zierlicher Gestalt. Sie besitzen mandelförmige Augen, und ihre Nase ist schmal, wobei Nasenrücken und Stirn in einer Linie verlaufen. Die kriegerischen, gewalttätigen Figuren haben runde, oft weit aufgerissene Augen, knollenartige Nasen und einen kräftigen Körper. Dämonen und Riesen haben dicke Nasen, runde Augen, Hauerzähne und einen gewaltigen Körperbau. Die Beinstellung läßt ebenfalls auf den Charakter schließen. Eng zusammenstehende Beine sind kennzeichnend sowohl für Götter als auch für edle Charaktere, und weit auseinanderstehende Beine weisen auf einen aggressiven Charakter hin.

Außer den beiden Grundcharakteren gibt es auch Mischformen, die sowohl kriegerische als auch edle

Javanische Stabpuppen (Wayang-Golek), die eine Prinzessin und ein Tanzmädchen darstellen (Bagelên, Zentraljava, 19. Jh.).

Rechte Seite: Gambjongan, eine Tänzerin (Zentraljava, Anfang 20. Jh.), rechts außen eine edle Figur des Ménak-Zyklus (Bagelên, Zentraljava, Anfang 20. Jh.).

Adipati Karna

Kresna

Javanische Schattenspielfiguren (Wayang-Kulit). Die aus Büffelhaut hergestellten Figuren zeigen das Gesicht stets im Profil, den Oberkörper en face, die Beine in Seitenstellng, wobei die Füße meist in eine Richtung weisen.

Eigenschaften vereinen. So gibt es zum Beispiel Helden, deren edle Gesichtszüge die vornehme Herkunft erkennen lassen, deren weite Schrittstellung jedoch auf den kriegerischen Charakter hinweist.

Fast alle männlichen Figuren werden mit nacktem Oberkörper, der oft mit viel Schmuck bedeckt ist, dargestellt. Sie tragen meist knielange Hosen, über die ein Hüfttuch *(dodot)* geschlagen wird, dessen mehr oder weniger sorgfältige Bemalung den gesellschaftlichen Rang seiner Träger erkennen läßt. Schuhe und hemdartige Jacken dürfen nur von edlen Charakteren, Göttern, Weisen oder Priestern getragen werden.

Die weiblichen Figuren haben einen zierlichen Oberkörper, der von einem eng anliegenden Brusttuch umschlungen wird. Die Hüften zieren ein Sarong, der in einer Art Schleppe endet. Die Füße stehen immer eng beieinander.

Reich verzierter Schmuck an den Oberarmen und Handgelenken deutet auf einen hohen Status der Person hin.

Die Frisuren, beispielsweise der lange, nach hinten aufgebogene Zopf des Arjuna, zeigen nur teilweise charakteristische Merkmale. Oft sind die Haare unter einem Turban oder einer prächtigen goldenen Krone (etwa bei Kresna) verborgen.

Handwerker bei der Herstellung von Schattenfiguren. Mit großem Geschick formen die Künstler nacheinander Gestalt, Kleidung, Schmuck, Gesicht und Haartracht.

Semar

Gareng

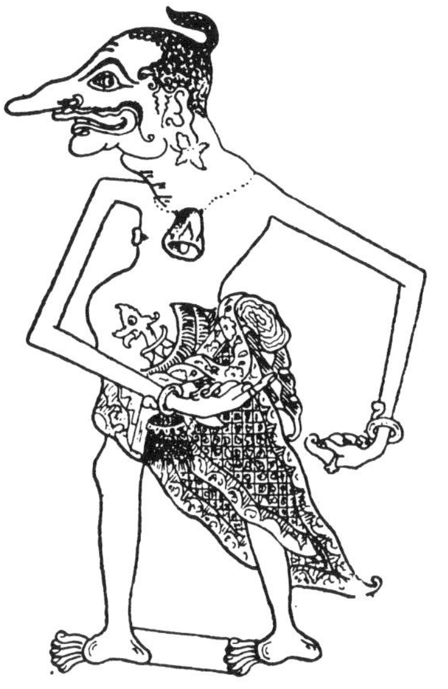
Petruk

Bagong

Spaßmacherfiguren des Wayang-Kulit. Charakteristisch für die Spaßmacher ist, mit welcher Hingabe die körperlichen Deformationen übertrieben und mitleidlos zur Schau gestellt werden.

Auch die Farben der Figuren bleiben nicht der Intuition des Künstlers überlassen, sondern unterliegen vorgegebenen Mustern. Dabei ist die Gesichtsfarbe, die auf den Charakter einer Person hinweist, signifikanter als die Körperfarbe. Körperfarbe und Gesichtsfarbe brauchen nicht miteinander identisch zu sein. Rot, Weiß, Gold und Schwarz (zu Schwarz werden auch Dunkelgrün und Dunkelblau gerechnet; es ist möglich, daß man diese Farben verwandte, um die Nuancierungen in den Charakteren zu zeigen) werden zur Charakterisierung des Gesichts benutzt. Weiß symbolisiert die Stärke, Reinheit und Ritterlichkeit. Schwarz weist auf die Besonnenheit des Alters, die geistige Konzentration und die asketische Haltung der Figur hin. Rot drückt Jähzorn und Aggressivität aus, Gold dagegen den Glanz der Jugend sowie Würde, Ruhe und Liebe.

Während einer Vorführung kann eine Schattenfigur mit unterschiedlicher Gesichtsfarbe auftreten. So erscheint Arjuna zu Beginn des Spiels als jugendlicher Held mit weißer Gesichtsfarbe und nach Mitternacht mit einem schwarzen Gesicht, um seine aus Erfahrung gewonnene Reife zu betonen.

Die Figuren zeigen stets das Gesicht im Profil, den Oberkörper frontal und die Beine in der Seitenansicht, wobei die Füße in dieselbe Richtung weisen.

Die Arme der Wayang-Kulit-Figuren sind sehr dünn und lang. Bei den balinesischen Figuren reichen sie bis knapp unterhalb des Knies und bei den javanischen sogar bis zu den Fersen. Während die javanischen Figuren nur bewegliche Arme besitzen, sind auf Bali einige Spaßmacher mit beweglichen Unterkiefern und Beinen ausgestattet.

Auf Bali, das nie islamisiert wurde, behielt man die ursprünglichen javanischen Formen der Schattenfiguren mit einigen Abweichungen bis heute bei. Obwohl die vom orthodoxen Islam verbotene Darstellung eines Menschen auf Java nie eine so strikte Beachtung fand, wurden die Figuren dennoch so stilisiert, daß sie nicht mehr realistische Abbildungen lebender Wesen waren, aber bei aller Stilisierung als solche erkennbar blieben. „Im Gegensatz zu den javanischen Figuren besitzen die balinesischen weder die schlanken, gedrehten Oberkörper noch die langen Hälse oder die spitzen, fast vogelartigen Gesichter der edlen Charaktere auf Java. Die balinesischen Figuren sind kompakter, haben nicht die ausladenden Schultern und sind in Körperbau und Gesichtsform weniger stilisiert. Die Verwandtschaft javanischer und balinesischer Figuren ist insgesamt doch so groß, daß sie oft nur bei genauem Hinschauen zu unterscheiden sind" (Dunkel, S. 72 f.)

Die Spaßmacher oder die sog. Dienerfiguren (jav. *panakawan*, auf Bali *parekan* bzw. *penasar*) unterscheiden sich ikonographisch beträchtlich von den anderen Figuren. Sie zeichnen sich durch ihre körperlichen Deformationen aus, wie zum Beispiel Mißbildungen der Wirbelsäule, Spitznase, Sattelnase, Schielauge, Zahnlosigkeit, Spitzfuß, zwergenhaften Wuchs mit Kurzbeinigkeit etc. Durch ihr komisch wirkendes Äußeres, ihre groteske Art, sich fortzubewegen, ihren Humor, Witz und die Beherrschung des Wortspiels reizen sie das Publikum stets zum Lachen oder Schmunzeln. Zu diesen Dienerfiguren gehören auch Dienerinnen, deren Körper zwar nicht in gleichem Ausmaß deformiert sind, jedoch an Skurrilität nichts zu wünschen übrig lassen (Abb. S. 47).

Die Spaßmacher, die bei ihren Auftritten nicht an tradierte Texte gebunden sind, bezwingen nicht nur Dämonen, sondern vermögen auch mit den Göttern zu kommunizieren. Ihre Herkunft aus göttlichen Bereichen und ihr Leben als Mensch in einem verkrüppelten Körper prägen ihre Funktion. So können sie sowohl Verkünder uralter Weisheiten als auch Verkörperungen menschlicher Schwächen sein.

Der bekannteste Spaßmacher ist Semar, den man an seiner Leibesfülle und seinem geschorenen Kopf mit einem stehengebliebenen Haarbüschel, der sog. Brahmanenlocke, erkennen kann. Gemäß dem *Manikmaya*, einer alten javanischen Kosmogonie aus dem 18. Jahrhundert, gilt Semar als der Bruder des Gottes Shiva. Da der Name Semar der altjavanischen, nicht der indischen Literatur entstammt, nimmt man an, daß es sich um eine altindonesische Figur handelt. Die phallischen Merkmale des Semar weisen ferner auf seinen javanischen Ursprung hin. Diese phallischen Elemente, die als Gegenstücke zu den weiblichen Komponenten Semars (Breithüftigkeit, feminine Brust) zu verstehen sind, treten manchmal versteckt als Gewandfaltung in Erscheinung oder dadurch, daß Semar ein Pfeil in Gestalt eines Phallus beigegeben wird, der die bösen Einflüsse vertreiben soll. Auch bei anderen Dienerfiguren läßt sich die sexuelle Komponente erkennen. Semar repräsentiert die göttliche Kraft mit sowohl männlichen als auch weiblichen Komponenten. „Diese Zwitterhaftigkeit stellt auch ein Charakteristikum des indonesischen Schamanentums dar, das einerseits hermaphroditisch Geborene, andererseits Männer in Frauenkleidern und mit weiblichen Allüren sowie Männer und auch Frauen als Schamanen kennt (z. B. in Borneo und Celebes)" (Seltmann, Friedrich; Wilhelm, Columba; Schwendner, Karin: Wayang- Puppenspiel auf Java und Bali, S. 19). Das Schamanentum läßt sich auch daran erkennen, daß einige alte Pankawan-Figuren mit Glöckchen ausgestattet sind, die als schamanische Attribute zu gelten haben.

Die sexuellen Merkmale der Dienerfiguren haben sicherlich auch etwas mit alten Kultgebräuchen zu tun, die später auch in die tantrischen Praktiken einmündeten. Der Tantrismus, der von Indien nach Java und Bali gelangte, betrachtet die Sexualität als eine Kraft, die schöpferische Fähigkeiten erweckt und den Menschen über den Horizont seines begrenzten Welt-Ichs in eine kosmische Weite hinaushebt. Der Glaube an die magische und schöpferische Kraft des Sexuellen muß auf Java sehr tief verwurzelt gewesen sein, denn er konnte selbst in den Geheimlehren des Islams Fuß fassen.

Von großer Bedeutung für das indonesische Schattenspiel ist das Pausenzeichen, das auf Java und Bali verschieden gestaltet wird. Das javanische Pausenzeichen Gunungan stellt einen Himmelsbaum oder Lebensbaum dar, der die Einheit des Alls symbolisiert. Im Geäst des Baumes tummeln sich Vögel, Affen, Tiger und andere Tiere. Am Stamm befindet sich oft ein Portal, das von zwei bewaffneten Riesen bewacht wird, um die dämonischen Kräfte fernzuhalten. Über dem Tor befinden sich entweder zwei Löwen oder zwei Stiere. Das balinesische Pausenzeichen Kayonan gleicht einem länglichen, oben abgerundeten Blatt. Statt der beiden Wächterfiguren befinden sich auf dem Tor zwei ineinander verschlungene Schlangen. Das Pausenzeichen, das wichtige Zäsuren im Spiel angibt, kann auch die Rollen von Requisiten, von denen das Wayang-Kulit nur wenig Gebrauch macht, übernehmen.

Der Gegenpol des Weltenbaumes ist in Bali der Unterweltenbaum (Pohon Kepuh), der den Friedhof symbolisiert. Dieses nur im südlichen Bali übliche Requisit wird verwendet, um die Höllenfahrt der Kauravas darzustellen, die im letzten Buch des *Mahabharata* geschildert wird.

Die 20 bis 100 cm großen Figuren, die man nach einer genau festgelegten Abfolge anfertigt, werden

Wayang-Klitik-Figur aus einem höfischen Spiel in Zentraljava. Die Figuren gleichen im Aussehen denen des Wayang-Kulit, jedoch sind die Körper in flachem Relief aus Holz gearbeitet, und an den Schultern sind Arme aus Pergament befestigt.

meistens aus der Haut von Büffeln geschnitten. Manchmal wird auch Rinderhaut verwendet, die allerdings bis zu einem Jahr getrocknet werden muß. Wird diese Zeit nicht eingehalten, so verfärbt sich die als Goldersatz aufgetragene Bronze grün. Die Hersteller bevorzugen aus diesem Grund die Büffelhaut, da diese eine kürzere Trockenzeit beansprucht. Nachdem die Haut gereinigt und getrocknet ist, wird die Oberfläche geglättet. Durch wiederholtes Einweichen, Schaben und Trocknen erreicht man schließlich die erforderliche Stärke. Als Vorlage dient dem Hersteller eine unbrauchbar gewordene Figur, deren Umrisse er mit einer Nadel auf das Leder überträgt. Auf diese Weise zeichnet er die Silhouette, Augen, Nase, Mund, Kleidung und den Schmuck.

Das Ausstanzen der Ornamente ist Aufgabe spezieller Künstler, von denen es heute sehr viele auf Java gibt. Hat der Schnitzer die Umrisse der Figur mit einem Messer und ihre Perforationen mit etwa 20 verschiedenen Stanzinstrumenten herausgearbeitet, so wird die Figur zu einem für die Bemalung zuständigen Spezialisten gebracht. Während der Maler früher die Farben selbst aus Naturstoffen herstellte, kauft er sie heute beim Händler.

Auch die Reihenfolge beim Bemalen ist genau festgelegt. Als erstes wird die ganze Figur weiß grundiert und anschließend die Bemalung mit Schwarz fortgesetzt; zuerst werden am Kopf die Haare und Augenpartien geschwärzt, bei einigen Figuren auch Gesicht und Körper und Teile der Kleidung. Mit besonderer Sorgfalt müssen die Partien zwischen den Perforationen schwarz abgedeckt werden, weil diese Stellen, wenn während der Vorstellung Licht darauf fällt, leicht grau erscheinen. Dann folgt der Auftrag von Gold (Blattgold oder Bronzefarbe) auf Kleidung und Schmuck. Goldfarbe am Körper folgt später. Schließlich kommen Rot, Gelb, Blau und Grün zur Anwendung. Der Künstler muß beim Farbauftrag darauf achten, daß Rot nicht an Blau, sondern an Grün grenzt; Gelb darf neben Blau gesetzt werden, aber nicht neben Grün. Beide Seiten der Figuren sind identisch bemalt. Durch den Farbauftrag wird das Pergament lichtundurchlässig.

Nach dem Bemalen werden die gesondert angefertigten Arme mit Hilfe von Gelenken aus Leder oder Horn an den Schultern der Figur befestigt. Zum Schluß wird der Haltestab eingesetzt, und die Führungsstäbe werden mit den Händen verbunden.

Die Figuren sind fast immer Eigentum des Spielers, die er von seinem Vater geerbt hat. Er besitzt bis zu hundert Figuren, von denen er ungefähr fünfundzwanzig für eine Vorführung benötigt. Die Figuren werden in einer verschließbaren, rechteckigen Holzkiste (Kotak) aufbewahrt. Zuunterst befinden sich die halbgöttlichen Affen, auf sie folgen die Dämonen und Riesen der bösen Partei, die Götter, die Dämonen der guten Seite, die Dienergestalten, die Soldaten, die Tiere, die Frauen, die Helden beider Parteien aus dem *Mahabharata*; ganz oben liegt der Lebensbaum.

Die Aufführung

Die traditionellen Schattenspielvorführungen beginnen auf Java nach Sonnenuntergang und enden mit der Morgendämmerung. Schon vor der Ankunft des Dalang beginnen die Helfer mit dem Aufbau der Bühne. Sie wird je nach Auftraggeber oder Anlaß entweder in einem öffentlichen Festsaal, in einem besonderen Raum für das Wayang- Kulit-Spiel im Fürstenpalast, in einer Hütte oder unter freiem Himmel errichtet und ist recht einfach: Ein weißes transparentes Stück Stoff, das rot oder schwarz umrandet ist, wird in einen Holz- oder Bambusrahmen gespannt. Auf der dem Dalang zugewandten Seite liegen parallel zur Unterkante des Schirmes zwei Bananenstämme, in die die Figuren eingesteckt werden. Die Figuren der guten Partei befinden sich auf der rechten (vom Dalang aus gesehen), die der bösen auf der linken Seite. Etwa zwanzig Zentimeter vom Bildschirm entfernt hängt eine Lampe, die früher häufig eine metallene Öllampe (Belengtjong) in Gestalt des Göttervogels Garuda war. Heute wird sie meistens durch elektrische Glühlampen ersetzt.

Das Publikum sitzt entweder zu beiden Seiten oder nur auf einer Seite des Bildschirms. Während früher an den Fürstenhöfen die Männer mit dem Orchester hinter der Projektionsfläche saßen und die Frauen davor, wird heute keine genaue Anordnung mehr vorgenommen. Die Trennung der Zuschauerplätze nach dem Geschlecht war üblich, da man annahm, daß die Figuren als Manifestation der Ahnengeister magische Kräfte ausstrahlen, deren Wirkung nicht jeder in gleicher Weise ertragen kann. Aus diesem Grund saßen die Männer, die nach Ansicht der Javaner eher in der Lage waren, sich diesen magischen Kräften auszusetzen als die Frauen, auf der Seite des Dalang. Dies hatte zur Folge, daß nur die Männer die farbige Bemalung der Figuren wahrnehmen konnten, während die Frauen lediglich die dunklen Schatten zu Gesicht bekamen.

Javanische Schattenspiel-Aufführung. Auf der dem Dalang zugewandten Seite befinden sich parallel zur Unterkante des Schirms zwei Bananenstämme, in denen die Figuren stecken: rechts die der guten und links die der bösen Partei. Von rückwärts beleuchtet, lassen die Figuren auf der Vorderseite des Schirms einen farbigen Reflex erscheinen.

Oft fangen die Vorstellungen mit einem zweistündigen Vorspiel des Gamelan-Orchesters an. Die eigentliche Aufführung beginnt der Dalang mit der Rezitation magischer Formeln (Mantras) und einem Opfer an die Götter oder die lokalen Schutzgeister.

Für den Aufbau des Stückes gilt ein althergebrachtes dreigliedriges Schema:

1. Der Dalang eröffnet die Aufführung mit einer Lobrede auf den Fürsten, in dessen Reich das Stück spielt. Aus einem Gespräch zwischen dem Fürsten und seinen Getreuen geht dann die Problematik des Stückes hervor, z. B. die Vorbereitung einer Heirat, eine Entführung, ein bevorstehender Angriff usw.. Dann wird die Gegenpartei dargestellt und der Konflikt aus ihrer Sicht geschildert. Gesandtschaften beider Parteien treffen nun aufeinander. Ein erster Kampf ohne Entscheidung weist darauf hin, welche Personen auf welcher Seite kämpfen.
2. Kurz nach Mitternacht tritt der Hauptheld zusammen mit seinen Dienern auf. Der Held, der wegen des bevorstehenden Kampfes deprimiert ist, wird von seinen Dienern mit Späßen aufgeheitert. Es kommt zu Kämpfen und Intrigen, die den Fortgang der Handlung bestimmen.
3. Kurz nach 3 Uhr morgens findet die Entscheidungsschlacht statt, in der die Anhänger der bösen Partei vernichtend geschlagen werden. Das Stück wird meistens mit einem abschließenden Festgelage am Hof der Sieger oder der Feier der hart umkämpften Hochzeit beendet.

Zwischen dem ersten und dem zweiten „Akt" tritt der Lebensbaum in Erscheinung. Voraus geht der Auftritt einer vollplastischen Wayang-Golek-Figur, die zur Meditation über den Gehalt des Stückes anregen soll. Die dreiteilige Vorführung kann als Symbol des Lebens betrachtet werden. Der erste Teil stellt die Jugend und ihre eigene Impulsivität dar, der zweite Teil die Entwicklung von Reife und Überlegung und der dritte die aus Lebenserfahrung resultierende Einsicht und die Weisheit.

Die folgende Schilderung einer Vorstellung stammt von G. Spitzing: „Der Dalang kann wirklich etwas, ist sehr geschickt. Zu Beginn reichen ihm seine Helfer links und rechts die Figuren an. Im Gegensatz zu anderen, wesentlich unbeholfeneren Dalang steckt er die Figuren selbst in den Bananenstamm. Das Ordnen geht ihm schnell von der Hand. Er spielt ungeheuer flott mit tänzerisch anmutenden Bewegungen. Interessant auch, wie er die Münder der lustigen Typen, der Penasar, mit Hilfe einer Schnurschlaufe bewegt. Wie alle Dalang darf er allein die Figuren führen. Oft spielt er gleichzeitig mit zweien, eine in jeder Hand. Auf der Spielfläche befinden sich mehrere Figuren, manchmal sogar fünf oder sechs. Alle die, die er nicht in den Händen halten kann, stecken im Bananenstamm. Wenn eine von ihnen etwas zu sagen hat, bewegt er ihren Arm oder, wenn es sich um einen Penasar handelt, auch ihren Mund. So entsteht wirklich ganz überzeugend der Eindruck, daß alle fünf oder sechs Figuren gleichzeitig am Spielgeschehen beteiligt sind. Manchmal dämpft er das Licht der Kokosleuchte, die von seiner Stirn baumelt. Dann läßt er die Flammen wieder hell aufstrahlen. Ein Helfer gießt ab und zu aus einer Flasche Öl nach. Die Vorlage für das Spiel entstammt dem Bharata-Yudha. Es gibt also eine Menge Kampfszenen, und die sind offenbar auch die Stärke des Dalang. Die sich schlagenden Figuren klatschen an sich schon geräuschvoll gegeneinander. Aber der Dalang unterstreicht jeden Hieb des Kampfgeschehens dadurch, daß er mit dem Cempala, dem Holzklöppel, zwischen den Zehen seines rechten Fußes, gegen die Figurenkiste trommelt. Ich bin erstaunt, daß gut die Hälfte der Zeit von den Späßen des Penasar ausgefüllt wird. Erstaunlich, wie dieser Dalang seine Stimme verstellen und an die unterschiedlichen Charaktere anpassen kann. Er benutzt ein Mikrophon, um die gespannt lauschende Menschenmenge, die jeden Witz ausgiebig belacht, zu erreichen. Unmittelbar nach dem letzten Auftritt der Penasar brechen die Zuschauer ganz plötzlich auf. Die Schlußszene mit den Heroen der heilbringenden Partei und das abschließende Aufpflanzen des Gunungan findet vor leerem Tempelhof statt. Nur zwei Stunden hat das eindrucksvolle Spiel gedauert" (Spitzing, G.: Das indonesische Schattenspiel, S. 48 f.).

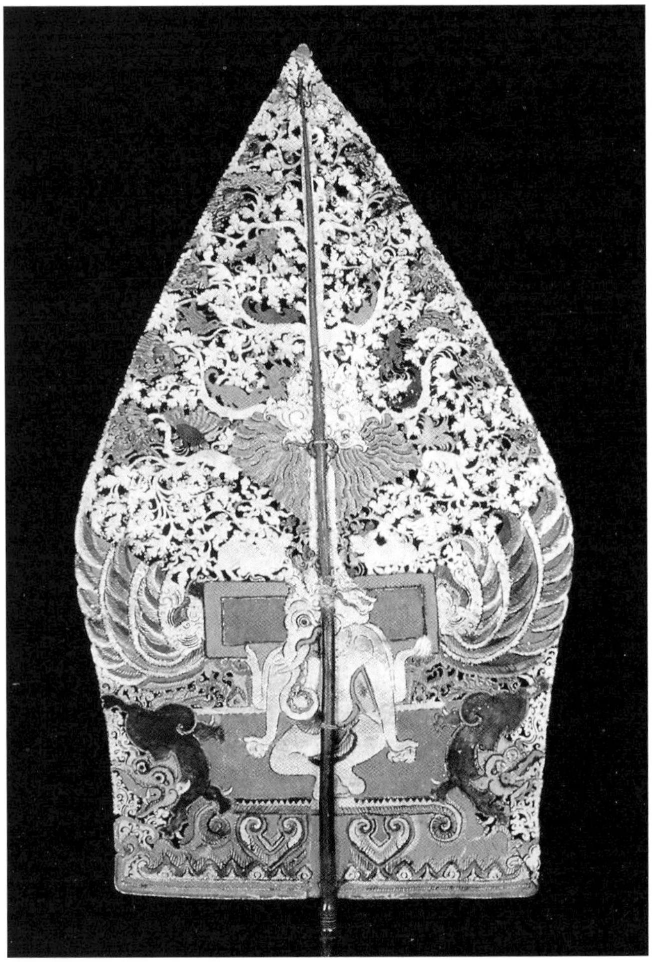

Gunungan, das Pausenzeichen, stellt als Weltenbaum die Einheit des Alls dar. Es gilt als ein magisches Instrument, das die Ahnengeister veranlaßt, während des Spiels in die Schattenfiguren einzugehen.

Öllampe (Belengtjong) des javanischen Schattenspiels in Gestalt des Göttervogels Garuda.

Das Orchester

Jede Aufführung wird durch das traditionelle Gamelan-Orchester begleitet. Fast jede Dorfgemeinschaft Javas oder Balis besitzt ein oder mehrere Ensembles, die bei den zahlreichen Festlichkeiten auftreten. Die kostbaren Instrumente sind meistens nicht Eigentum der einzelnen Musiker, sondern gehören der Dorfgemeinschaft.

Die verschiedenen Instrumente eines Gamelan-Orchesters lassen sich entsprechend ihrer Funktion in fünf Gruppen einteilen:

1. Freimelodische Instrumente, die klanglich über der schweren Hauptmasse des Gamelan-Orchesters schweben, sind die Spaltflöte und die zweisaitige Geige (Rebab).

2. Die melodieführenden Instrumente, die für die Kernmelodie bestimmt sind, sind die Metallophone, die aus schwebend aufgehängten Bronzestäben über Bambus-Resonanzkörpern bestehen, und das Reong, ein Gongspiel.

3. Umspielende Instrumente sind die Sarons und manchmal ein Gambang, das Ähnlichkeit mit dem Xylophon besitzt.

4. Die akzentuierenden Instrumente, die durch kräftige Schläge zu den Schlußtönen der einzelnen Abschnitte die Gliederung hervorheben, sind die Gongs und Gongkessel.

5. Rhythmus-Instrumente sind die Kendangs, die länglichen Trommeln, die rhythmisch mit den Fingern geschlagen werden.

Die Gamelan-Musik, die eine urwüchsige Lebenskraft besitzt, wird auf Bali und Java als ein Element des Lebens aufgefaßt, als geistige Ordnung in Form von Klängen.

Die Begleitung durch das Gamelan spielt beim Wayang eine große Rolle. Jede Figur besitzt ihre charakteristische Musik, damit es dem Zuschauer möglich ist, bereits beim Einsatz des Orchesters die auftretende Person zu erkennen. Zu dem Orchester kommen noch 1–3 weibliche Stimmen (Pesinden) und ein kleiner Männerchor (Gerong) hinzu. In fast allen Szenen ist das lyrische Suluk, ein besinnliches Rezitativ des Dalang, der als einziger Solist auftritt, eingestreut. Die Gesänge der Frauen werden von Streichinstrumenten begleitet, die immer dann ertönen, wenn neue Figuren erscheinen.

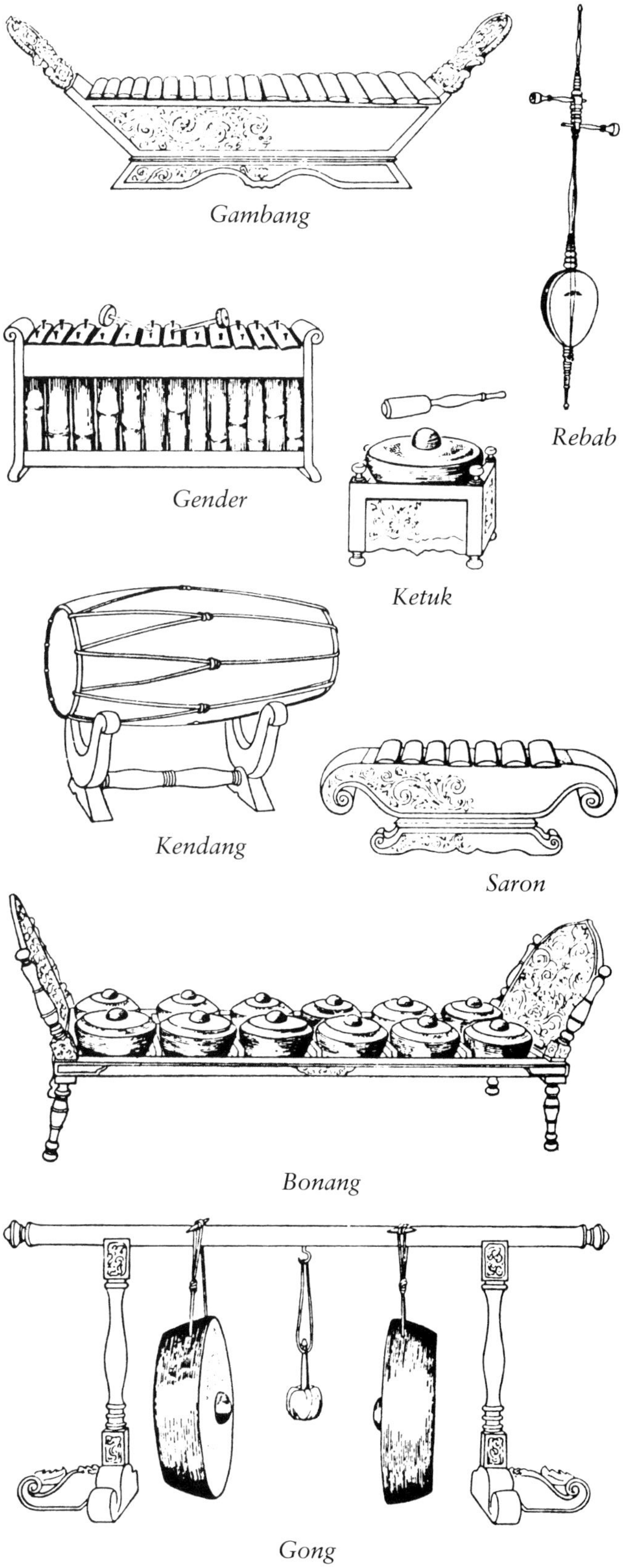

Instrumente des Gamelan-Orchesters. Die Gamelan-Musik wird als ein Element des Lebens aufgefaßt, als im Klang zum Ausdruck gelangende geistige Ordnung.

Wayang-Golek-Figuren aus Zentraljava (Bagelên, 19. Jh). Zwillingspaar (hinten) und Mutter (rechts) mit Tochter (links). Mit den zentraljavanischen Figuren werden hauptsächlich Erzählungen aus dem islamischen Bereich aufgeführt.

Das Puppenspiel Wayang-Golek

Herkunft und Verbreitung

Bei den Wayang-Golek handelt es sich um Holzpuppen, deren Herkunft bis heute noch nicht mit Sicherheit geklärt ist. So sind einige Forscher der Ansicht, daß die Heimat des javanischen Stabpuppenspiels ursprünglich in China gelegen haben müsse. Allerdings sind das Aussehen und die Kostümierung dieser Figuren von den Javanern dann in ihrem Sinne verändert worden. An den sehr fein geschnitzten Wayang-Golek-Tjipak aus Tjiribon an der nördlichen Küste Westjavas lassen sich die chinesischen Einflüsse erkennen. Typisch für diese Figuren sind die schlanken Körper, die herzförmigen Gesichter und die sehr schmalen Augen bei den edlen Charakteren.

Es ist nicht auszuschließen, daß die Javaner gewisse Anregungen auch aus Indien empfangen haben. So gibt es z. B. in Ostjava Golek-Figuren, deren Gesichter denen der Fadenpuppen aus Rajasthan sehr ähnlich sind. Die Annahme, daß die Stabpuppe ein Produkt des islamischen Einflusses im 15. und 16. Jahrhundert sei, besitzt rein hypothetischen Charakter, da es unwahrscheinlich ist, daß der Islam eine vollplastische, insofern „realistische" Darstellung des menschlichen Körpers geduldet hätte.

Das Stabpuppenspiel war gegen Ende des vorigen Jahrhunderts, abgesehen vom Osten, vom äußersten Westen, von drei Distrikten und von der Insel Madura auf ganz Java bekannt. Am stärksten verbreitet war und ist das Golek-Spiel in Westjava, wo es den Zuschauern noch heute kulturelle und moralische Werte vermittelt. Mehr als jede andere Unterhaltungsform reflektiert es die Gefühle und Verhaltensweisen der Bewohner aus diesem Gebiet.

Außer in Tjiribon, wo die Stücke hauptsächlich auf Erzählungen aus dem islamischen Bereich und auf lokalen Heldensagen beruhen, ist das Repertoire des in Westjava verbreiteten Spiels vor allem dem *Mahabharata* und dem *Ramayana* entnommen. Die Spiele hinduistischer Herkunft werden wie beim Wayang-Kulit als Wayang-Purwa bezeichnet. Bis 1830 wurden die Purwa-Geschichten ausschließlich mit Schattenfiguren aufgeführt, und zwar in javanischem Küstendialekt, der von den Einheimischen Sundas (Westjava) nicht verstanden wurde. Aus diesem Grunde gaben die Prinzregenten Westjavas um 1830 den

Auftrag, Holzfiguren herzustellen, mit denen man die hinduistischen Mythologien in lokaler Sprache aufführen durfte. Außerdem konnte man mit den Stabfiguren auch tagsüber spielen, anstatt nur nachts, wie mit den Schattenfiguren. Als Modell für die sundanesichen Figuren (die heute überwiegend für Touristen hergestellt werden) galten ursprünglich die Schattenfiguren aus der Region von Tjiribon.

Die starke Präsenz des Golek-Spiels in Westjava hat zur Folge gehabt, daß in europäischen Museen meist nur Figuren aus dieser Region vorhanden sind, die den Purwa-Zyklus repräsentieren.

In Zentraljava werden hauptsächlich Spiele aufgeführt, die von den Feldzügen des islamischen Helden Amir Hamzah alias Ambyah alias Ménak handeln. Amir Hamzah, der zur Zeit Mohammeds gelebt haben soll, gilt als Wegbereiter des Islams im Nahen Osten. Er hat eine ähnliche Bedeutung wie sie Johannes der Täufer im Christentum besitzt (Schwerpunkt für die Ménak-Form in Zentraljava sind die Gebiete an der Nordküste).

Ferner werden Geschichten des Damar-Wulan, einem islamischen Helden, geboten. Die Geschichten, die mit ostjavanischen Figuren gespielt wurden, handelten ursprünglich immer von dem edlen javanischen Ritter Panji. Erst nach dem 17. Jahrhundert wurden diese Erzählungen durch die des Amir Hamzah aus Mekka abgelöst.

Die Herstellung der Figuren

Gewöhnlich werden die Stabfiguren von Familien, in denen das Golek-Spiel von alters her gepflegt wird, hergestellt. Während der rangälteste Vorführer das Schnitzen der Figuren übernimmt, fertigen weibliche Angehörigen die Kostüme für die Puppen an. Heute werden die Wayang-Golek mehr und mehr zu touristischen Zwecken hergestellt. Um der Nachfrage durch die Touristen gerecht zu werden, verschafften sich in den letzten Jahren ganze Dörfer durch den Verkauf der Puppen zusätzliche Einnahmen. Durch diese Art von Massenproduktion sind die ehemalig feinen Puppen auf ein tiefes Niveau gesunken. Die Gesichter sind entweder zu grell bemalt oder werden künstlich auf „antik" getrimmt.

Eine Wayang-Golek besteht aus einem hölzernen Rumpf, durch den ein drehbarer Haltestab führt, auf dessen Spitze der entsprechend ausgehöhlte Kopf sitzt. Kopf und Rumpf lassen sich unabhängig voneinander, also auch gegenläufig, bewegen.

Ferner besitzt die Puppe zwei Arme aus Holz, wobei die Oberarme durch eine Schnur an den Schultern des Rumpfstückes befestigt sind. Um die Beweglichkeit der Arme zu gewährleisten, müssen die Bindungen sehr locker sein. Die Unterarme, mit den unbeweglichen, meist stark abgewinkelten Händen sind ebenfalls durch Schnüre mit den Oberarmen verbunden. Arme und Hände werden mit Hilfe von zwei Führungsstäben bewegt, die an den Handflächen mit einer Schnur befestigt sind.

Ein besonderes Merkmal der heute benutzten Stabpuppen besteht darin, daß sie keine Beine haben. Dafür tragen sie von der Taille abwärts bis hin zu den „gedachten" Füßen ein um die Hüften gewickeltes Batiktuch, das noch durch eine Bauchbinde oder einen Gürtel zusätzlich gehalten werden kann. Ursprünglich standen die Muster der Tücher in festgelegter Beziehung zu Rang und Stand ihrer Träger. Heute sind diese Regeln jedoch weitgehend in Vergessenheit geraten.

Während die Oberkörper bei den männlichen Figuren (Götter, Fürsten und Adlige) aus Westjava nackt oder nur mit Brustbändern, Chemisetten oder Plastrons ausgestattet sind, tragen die entsprechenden männlichen Figuren aus Mitteljava vorwiegend langärmlige Stoffjacken, die boleroartig geschnitten sind. Männer niederen Standes tragen in beiden Regionen boleroartige Jäckchen oder einen Kaftan. Werden Dämonen und Dienerfiguren mit nacktem Oberkörper dargestellt, so war früher die Musterung der Hüftbekleidung genau festgelegt. Vorherrschend waren Karos oder Rauten. Zugrunde lag die Vorstellung, daß bestimmten Ornamenten magische Wirkungen zugeschrieben wurden, die den jeweiligen Personen eigen waren.

Frauenfiguren des hohen und niederen Adels Zentraljavas tragen Jacken mit Ärmeln unterschiedlichen Zuschnitts, westjavanische Damen dagegen stets ein schulterfreies Brustgewand. Figuren wie z.B. Hexen, Riesinnen, ordinäre Frauen und Tanzmädchen weisen eine abweichende Kostümierung auf.

Hervorstechend sind bei den Stabpuppen ihre Kopfbedeckung und ihr Kopfschmuck, die meistens mit in die Schnitzarbeit des ganzen Kopfes samt Haartracht einbezogen werden. Besonders verehrungswürdige Figuren erhalten Schmuckstücke, die sich an den Oberarmen, an den Handgelenken, an den Ohren und auf der Stirn befinden können. Ein besonderes Schmuckstück ist das Praba, eine Art Rückenpanzer, den edle Männergestalten tragen.

A Arjuna-Typ

B Kresna-Typ

C Subadra-Typ

G Bima-Typ

H Boma-Typ

I Rahwana-Typ

Die Typologie der Figuren des Wayang-Purwa

Zu einem Satz von Stabpuppen gehören mindestens 40–50 Figuren, die man in verschiedene Gruppen einordnen kann: Götter, Halbgötter, Dämonen, Priester, Fürsten und Prinzen, hohe Adlige und Hofbeamte, Vertraute und Diener von Fürsten und Helden, Figuren ohne Namen und Requisiten.

Die Stabfiguren können nach der Neigung des Kopfes, der Art der Zähne, der Form des Mundes, der Nase und der Augen sowie der Gesichtsfarbe unterschieden werden. So besitzen die edlen Figuren meist eine weiße Gesichtsfarbe und schmale, oft schlitzförmige Augen, lange schmale Nasen und einen leicht geöffneten Mund. Figuren, deren Gesichter rosa gefärbt sind, zeichnen sich oft durch eine leicht wulstige Nase aus. Sie können jedoch teilweise noch zu den Edlen gerechnet werden. Eine rote Gesichtsfarbe, große wulstige Nasen, große Augen und runde Pupillen deuten auf einen aggressiven Charakter hin. Neben den weißen, rosa und roten Gesichtsfarben gibt es auch noch Gesichter mit hellblauen, grünen oder ockerfarbenen Tönen. Die folgende Einteilung der verschiedenen Gesichtstypen der beliebten westjavanischen Figuren des Wayang-Purwa bietet ein gängiges Schema der Klassifizierung:

Zu den A- und B-Typen gehören die edlen Männergesichter. Diese Figuren besitzen schlanke Körper, sehr schmale Augen, einen leicht geöffneten Mund und fein aufgemalte Verzierungen. Wenn sie in Aktion treten, werden sie mit gezierten Bewegungen und einer zarten Stimme vorgeführt. Während bei den A-Typen (Arjuna-Typ) das Kinn leicht nach unten gebogen ist, zeichnen sich die B-Typen (Kresna-Typ) durch ihr gerades Kinn aus. Die Gesichtsfarbe der A-Typen ist Weiß, Hellrosa oder Orange, die der B-Typen meistens Rosa. Kresna selbst wird mit schwarzer Gesichtsfarbe dargestellt. Die Typen mit den farbigen Gesichtern tragen einen fein geschwungenen Schnurrbart.

C und D sind die Gesichtstypen der edlen Frauen. Sie sind weitgehend identisch mit denen der edlen

D Bonawati-Typ

E Seta-Typ

F Setyaki-Typ

K Arimba-Typ

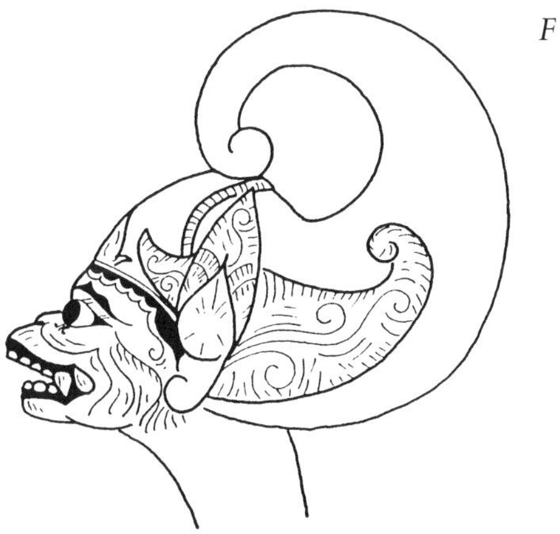

L Wanara-Typ

Männer. Diejenigen mit nach unten gebogenem Kinn werden als die Subadra-Typen bezeichnet und die mit dem geradem bzw. nach oben gerichtetem Kinn als Banowati-Typen. Die Farbe beider Gesichtstypen ist gewöhnlich Weiß.

E und F sind Zwischentypen mit gerader Nase und großen Augen. Beide Typen, die mit nach unten gebogenem Kinn (Seta-Typ) und die mit geradem Kinn (Setyaki-Typ), besitzen Backen- und Schnurrbart. Diese Typen, deren Gesichtsfarbe im allgemeinen Rosa ist, sind extrovertierter als die vorangegangenen. Sie werden in den Aufführungen mit verstärkter Impulsivität geführt.

Die G-Typen (Bima-Typ), die sich durch ihren Mut auszeichnen, haben eine gebogene Nase und große Augen. Das Kinn ist stets nach unten gerichtet. Sie besitzen meist Backen- und Schnurrbart. Ihre Gesichtsfarbe ist Rosa, Blau oder Grün.

Die H-Typen (Boma-Typ), die mutig und manchmal auch aggressiv sind, besitzen große Augen und einen geöffneten Mund mit Fangzähnen. Sie können sowohl einen Backen-, Kinn- als auch einen Schnurrbart tragen. Sie gehören zur Partei der Bösen. Ihre Gesichtsfarbe ist Rosa oder Rot.

Die I-Typen (Rahwana-Typ), die gewalttätig und nicht vertrauenswürdig sind, gehören zu den Riesen. Sie haben hervorstechende Nasen, große Augen und Fangzähne. Die meisten dieser Typen besitzen einen Voll- und Schnurrbart. Als Gesichtsfarbe dient Rosa oder Rot.

Die gewalttätigen K-Typen (Arimba-Typ) gehören wie die I-Typen (Rahwana-Typ) zur Gruppe der Riesen. Sie besitzen zwei Fangzähne und doppelt so große Gesichter wie die anderen Typen. Ihre Gesichtsfarbe ist gewöhnlich Rosa.

Die L-Typen (Wanara-Typ), die Affen, haben rudimentäre Nasen, ein hervorstehendes Kinn und zwei Fangzähne. Sie besitzen den gleichen Körper und das gleiche Gesicht wie Hanuman, der Anführer des Affenheers aus dem *Ramayana*. Dreiviertel aller Golek-Figuren gehört zu dieser Kategorie. Ihre Gesichter sind weiß, blau, grün, rosa und rot bemalt.

Semar

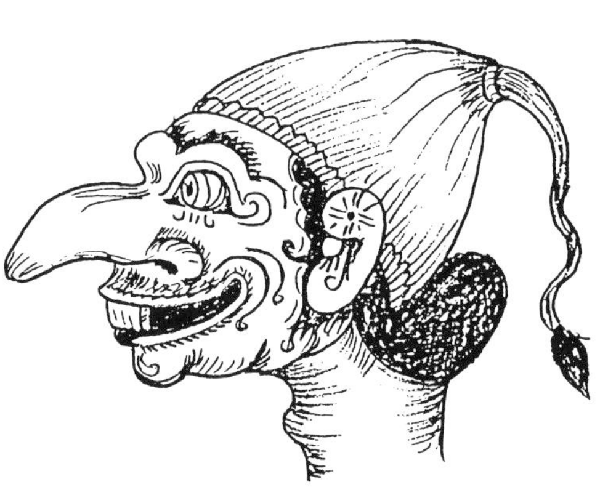

Petruk

Gareng

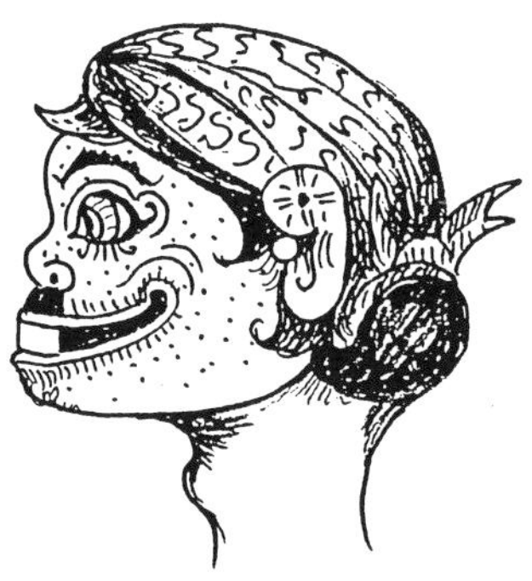

Bagong

Togo

Die M-Typen
Der Typ des Spaßmachers mit seinen Mißbildungen und Abnormitäten ist nicht nur im ostasiatischen Raum anzutreffen, sondern auch in Europa. So sind z. B. die altitalienischen Spaßmacherfiguren der Atellane durch Dickbäuche und Deformationen der Nasen- und Kinnpartie gekennzeichnet.

Die M-Typen, zu denen die Götter, Priester, Tiere, Ritter, Minister, Bösewichter und die Clown- und Dienerfiguren gehören, sind frei gestaltet und weichen von den üblichen Figuren ab. Die interessantesten unter ihnen sind die Dienerfiguren, die wie beim Schattenspiel die Verbindung zu den Göttern herstellen. Zu den wichtigsten gehören Semar, Petruk, Nala Gareng, Bagong und Togog. Petruk und Nala Gareng gelten als die Söhne Semars, die durch dessen Opferhandlungen und meditative Kräfte gezeugt wurden. Gareng ist in Verbindung mit der Erde und dem Landbau zu bringen, während Petruk zu Unheil und Tod in Beziehung steht. Bagong soll einer Legende zufolge aus dem Schatten Semars entstanden sein, als dieser den höchsten Gott gebeten hatte, ihm einen Freund zu geben. Bagong gilt als der Bruder Semars. Togog, der zu der Dienergruppe der „schlechten Partei“ gehört, gilt als untreu, da er oft seinen Herrn wechselt.

Kennzeichnend für die Funktion der „lustigen Figuren“ ist der folgende Monolog Semars:

„Ich bin Semar, der Possenreißer, der treue Diener meines Herrn. Ich bin meinem Helden in das heftigste Streitgewühl gefolgt, ich bin Arznei seiner Wunden und seine einzige Hoffnung in seiner tiefsten Niedergeschlagenheit. Wir vertrauen einander, mein Herr und ich; denn mein Held und Kamerad zieht einsam und unbegriffen durch die Welt, und die Welt, die mir lieb ist, und selbst sie, die mir die Liebsten sind, können nur über mich lachen. Da uns nichts scheidet, bin ich für meinen Herrn sein Schatten und sein Gewissen. Denn Herr und Diener gehen die gleiche Reise nach dem gleichen Ziel.

Da schallt ein Lachen unter Euch, wie allein Kinder lachen mit ihrem unversehrten Herzen und ihrem frohen andächtigen Gemüt.

Meine Narrheiten rollen aus mir wie Nüsse aus einem alten durchlöcherten Korb; ich streue Witze, die wie Reiskörner um mich laufen, die aus einem verschlissenen Sack strömen. So diene ich der Weisheit; denn wo der vornehme Ernst des Herrn fehlt, verrichtet die Torheit des Dieners gute Arbeit. Und wenn man die Weisheit nicht begreift, tut die Narrheit ein besseres Werk. Mein Anblick weckt Eure Spottlust; ich schleppe mich wie ein fremdes und übles Tier durch die Straßen.

Oh Menschen, ich vergebe Euch Euren Spott und Hohn; denn Ihr seid unwissende Kinder!

Oh Dämonen, Edle und Fürsten, Geliebte und Ihr alle, die über mich lachen! Ich möchte Euch alle über Eure Häupter streicheln, um soviel Streit, um soviel Schein! Denn ich bin der Zwillingsbruder des Himmels, und wenn meine Weisheit sieht, worin ihre Weisheit fehlt, zürne ich gegen die Götter. So bin ich eins mit dem Himmel und nehme teil an ihren Ratschlägen. Denn hört, meine Kinder! Ich bin Semar, der Narr, die Torheit, die der Weisheit dient. Ihr alle, niederkauende und stehende Zuschauer, die Ihr stundenlang gemeinsam der Erzählung des Dalangs lauscht! Fragt Euch selbst, warum meine Torheiten Euer unbewegtes Gesicht plötzlich aufglänzen lassen, und der laute Ausbund Eures schallenden Gelächters den Gamelan übertönt.

Laßt dieses die Antwort sein: Wisset, daß Ihr die Weisheit dieser Welt nimmer ergründen werdet, da Ihr ihre Narrheit nicht versteht" (Soeroto und Veltheim-Ostrau, S. 51–53).

Die Spaßmacher, die bei ihren Auftritten an keine tradierten Texte gebunden sind, erweisen sich stets als kluge Ratgeber ihrer Helden.

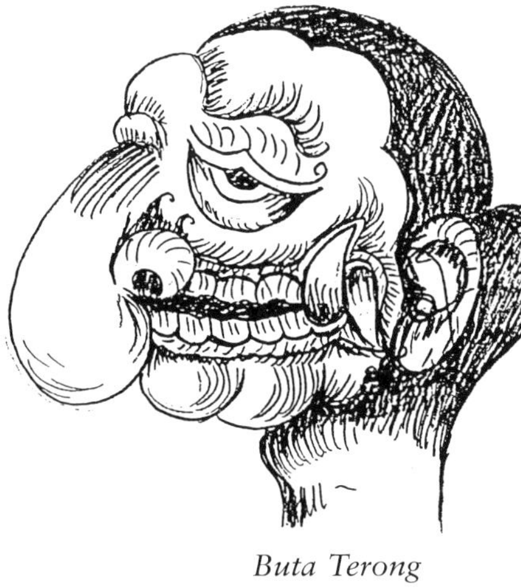

Buta Terong

Die N-Typen umfassen eine Gruppe von Dämonen, die zu dem Stamm der Buta, der „Blinden", gehören, die nicht mit der Wahrheit konfrontiert werden wollen. Zu einer der bekanntesten Figuren zählt Buta Terong, der in fast allen Stücken auftritt.

Die Rolle des Dalang

Der Dalang des Wayang-Golek nimmt genauso wie im Wayang-Kulit eine besondere Stellung ein. Er ist nicht nur Dramaturg, Spielleiter, Sprecher und Dirigent des Begleitorchesters in einer Person, sondern wird zugleich als Volkspriester anerkannt.

Obwohl die priesterlichen Tätigkeiten früher viel stärker in Erscheinung getreten sein dürften, sind diese Aspekte des Dalang- Standes auch heute noch deutlich zu erkennen. So praktizieren traditionsbewußte Dalangs ganz bestimmte Rituale, die bereits einige Tage vor der eigentlichen Aufführung durchgeführt werden. Hierzu gehören rituelle Waschungen, die sexuelle Enthaltsamkeit und strenges Fasten. Um die bevorstehende Aufführung als reiner und geläuterter Mensch gestalten zu können, muß der Dalang die Fastenperiode mit Gebetsübungen abschließen. Das Spiel selbst wird von rituellen Handlungen wie Gebeten und Opfern begleitet.

Vor dem Beginn des eigentlichen Spieles zitiert der Dalang eine Gebetsformel und entzündet die Lampe, um sich des Beistands der göttlichen Kräfte zu versichern und die Puppen zum Leben zu erwecken. Die Gebete oder Anrufungen werden durch Opfer unterstützt, die regional verschieden sein können.

Die folgende Aufstellung zeigt, wie ein solches Arrangement von Opfergaben aussehen kann:
1. Weihrauch 2. Nahrungsmittel 3. gekochter Reis 4. Koskosnüsse 5. javanischer Zucker 6. zwei Bündel Halmreis 7. Blumen und Blüten, die in Wasser getaucht werden müssen 8. Bananensprossen 9. zwei mit gekochtem gelben Reis gefüllte Päckchen 10. ein Topf mit geschältem Reis 11. ein Krug mit Wasser 12. eine Lampe mit Kokosöl 13. ein geröstetes Huhn 14. ein rohes Hühnerei 15. ein lebender Hahn

Zum Einführungsritual gehört auch das Bestreuen der Bühne mit gelben Reiskörnern, wodurch die bösen Geister vertrieben werden. Eine wichtige Stellung im Ritual nehmen auch das Tieropfer und das Anzünden der Öllampe ein, eine Handlung, durch die die Puppen zum Leben erweckt werden.

Vor Beginn des Spieles entnimmt der Dalang der Puppenkiste die heiligste Figur, den Himmelsbaum (Kekayon), der die drei Bereiche repräsentiert: die Erde, die Ober- und die Unterwelt. Während der Dalang sich mit dem Kekayon der Bühnenrampe nähert, erfleht er die Hilfe der Götter. Nach all diesen Vorbereitungen wird ein Rauchopfer entzündet, das den Beginn des Spieles ankündigt.

Nicht nur vor Beginn, sondern auch während des Spieles und vor seiner Beendigung sind gewisse Rituale zu beachten. So muß der Dalang vor dem Auftreten der Spaßmacher, die eine direkte Verbindung zu den übernatürlichen Mächten besitzen, die sich unheilvoll auf die Zuschauer auswirken könnten, beschwörende Gebete sprechen, um die magischen Kräfte dieser Figuren zu bezähmen. Wird das Spiel zu Mitternacht unterbrochen, so läßt der Dalang eine Tanzpuppe (Gambjongan) auftreten, die mit ihrem Zeremonialtanz die zur Aufführung eingeladenen Götter und Göttinnen verabschiedet.

Zwei Stücke des javanischen Figurentheaters

„Die Reinkarnation Ramas"

Die folgende Szene stammt aus dem Schattenspiel „Die Reinkarnation Ramas", das 1965 von Guritno Siswoharsojo, Stepen Alkire und J. R. Brandon aus dem Javanischen ins Englische übersetzt wurde. „Die Reinkarnation Ramas" spielt im Königreich der Pandavas zur Zeit der Amarta-Periode, die als das „Goldene Zeitalter" gilt. Das Spiel markiert den Anfang der ruhmreichen Tage der Pandavas, die zu dieser Zeit noch jung an Jahren sind. Hauptthema des Stückes ist die Verleihung göttlicher Kräfte durch den Gott Vishnu, der als Welterhalter und Verkörperung von Gnade und Güte betrachtet wird. Vishnu erscheint in vielen Inkarnationen auf der Erde. Als eine der bedeutendsten gilt Rama, der als Held des *Ramayana* den Dämonenkönig Ravana besiegt. In der „Reinkarnation Ramas" inkarniert er sich in Kresna, dem König von Dwarawati.

1. Szene

Der Dalang: Möge Ruhe herrschen. Zahlreich sind Gottes Kreaturen, die auf der Erde umherwandern, im Himmel fliegen und in den Meeren schwimmen. Unzählig sind die schönen Frauen in dieser Welt. Dennoch gleicht niemand jenen, die im Königreich Dwarawati zu finden sind.
Suche einhundert Länder, und du wirst nicht zwei finden oder unter Tausenden nicht zehn, die sich mit dem Königreich Dwarawati messen können. Mit dem Beginn unserer Geschichte möchte ich also dieses Königreich bekanntmachen.
Weit, hoch, Sand, Berge, fruchtbar, reich, Handel, Frieden und Fremde. Weit gehen der Ruf und die Erzählungen über Dwarawati. Hoch ist sein Ansehen. Der Sand des Ozeans umrahmt es; Bäume schützen den hinteren Teil des Reiches. Auf seiner rechten Seite befinden sich Reisfelder, auf der linken Seite ist ein großer Fluß, der zu einem Hafen an einem Ufer führt. Fruchtbar ist sein Boden, Wohlstand ist im Überfluß vorhanden. Kaufleute handeln Tag und Nacht, unaufhörlich in völliger Sicherheit, während die Scharen der Bauern und die Herden frei herumwandern. Niemals hat eine Rebellion den Frieden dieses Landes gestört. Freunde strömen herbei, um Dwarawati als ihre Heimat zu gestalten. Die Dächer ihrer Häuser berühren sich freundschaftlich. Alle staatlichen Beamten haben ein Ziel vor Augen: den Ruhm des Königreiches Dwarawati zu steigern. Das Königreich steht fest auf der Erde. Seine Fackel ist hoch und erleuchtet die ganze Welt mit seiner Ausstrahlung. Zahlreich sind seine Kolonien. Nicht nur auf Java unterwerfen sich die Länder seinen Regeln, sondern auch Könige von weit her bieten ihre Treue an, so groß ist ihre Liebe für die Vollkommenheit des Königreiches Dwarawati. In der Nähe verbeugen sie sich vor seiner Vorbildlichkeit, in der Ferne verneigen sie sich, um ihre Achtung zu zeigen. Als Zeichen ihrer Unterwerfung zahlen sie einen jährlichen Tribut in Form von jungen Mädchen und kostbaren Geschenken.
Wer ist der König, der dieses Königreich regiert? Es ist der König Kresna, „Kresna der Schwarze", dessen Haut, Blut und Knochen so schwarz wie Ebenholz sind. Zahlreich sind seine Titel: „Brücke zwischen Menschen und Gott", „Verleiher des Lebens", „Kresna der Gütige", „Kresna der Seher", „Unglück abschreckend", „Inkarnation des Gottes Vishnu" und „Wächter der Pandavas", da er die fünf tugendhaften Brüder liebt und ihnen Ratschläge erteilt. Man sagt, daß der König Kresna und der Pandava Prinz Arjuna unter den zahlreichen Inkarnationen Vishnus gewesen seien. Wie eine Blume und ihr Duft oder das Feuer und seine Flamme, so ist Kresna die Blume und Arjuna ihr Duft, das Feuer ist Kresna, die Flamme Arjuna. Wie die Vorder- und Rückseite eines Blattes in ihrer Erscheinung verschieden sind, so ist ihr Geschmack

dennoch derselbe. Der König von Dwarawati ist ausgestattet mit allen Merkmalen eines Weisen, Richters, Kriegers und Edelmannes. Der vortrefflichste aller Könige ist mächtig und bescheiden zugleich, weise und dennoch seine Weisheit teilend. Er kümmert sich um seine Untertanen; er bekleidet die Nackten und gibt den Hungrigen Nahrung, hilft den Kranken und bietet Schutz vor Sonne und Regen, erheitert die Traurigen und heilt die Kranken. Man brauchte lange Nächte, um alle Tugenden des Königs und die Großartigkeit des Königreiches aufzuzählen. Was gesagt wurde, muß genügen.
Es ist an einem Mittwoch, als der König in der Audienzhalle erscheint. Er setzt sich auf seinen mit kostbaren Juwelen besetzten Thron. Ein üppiger Teppich aus frisch geschnittenen Blumen, köstlich nach exotischen Parfums riechend, bedeckt seine Füße. Weibliche Bedienstete, Tänzer und Konkubinen in eleganten Kostümen sind anwesend. Sie tragen goldene, mit Edelsteinen überzogene Figuren des Staates: den Schwan, die Schlange, den Hahn und den Elefanten. Diener erzeugen mit ihren Fächern aus Pfauenfedern kühle Brisen, so daß ihre Düfte bis in die äußersten Quartiere des Palastes gelangen. In der Mitte eines solchen Schauspiels erscheint der König nicht mehr wie ein Mensch, sondern wie das Bild des Gottes Vishnu, der auf die Erde herabstieg, begleitet von göttlichen Nymphen. Erhöht wird der würdevolle Anlaß durch die sanfte Musik des Gamelan-Orchesters, den klingenden Rhythmus des hämmernden Goldschmiedes und den Ruf des Kolibris auf dem Bayan- Baum, der von weit zu hören ist.
Wer sind diejenigen, die respektvoll vor dem König sitzen? Direkt vor dem König ist sein Sohn, der Kronprinz Samba. Er ist ein junger, gutaussehender Mann von großer Tugend und Integrität. Er ist rücksichtsvoll gegenüber anderen und hat Verständnis für die menschliche Natur. Er ist sowohl weise als auch mitfühlend. Seine schwungvollen Handlungen stimmen immer mit den Wünschen seines Vaters überein. Hinter dem Prinzen sitzt der Vetter des Königs und Schwiegersohn, der Krieger Setyaki, Ratgeber des Königs, Oberbefehlshaber der Armee von Dwarawati und der Hauptminister des Königreichs Udawa.

Im Hintergrund befindet sich die große Audienzhalle, in der die Minister und Beamten aller Ränge ihre Plätze eingenommen haben.

Gesang (der Dalang klopft einmal auf den Gong, das Gamelan endet mit der Krawitan-Melodie und begleitet den Dalang, der das Lied „Patat Nem Ageng“ singt):

Oh Herrscher des Universums,
meine Gebete gelten Dir.
Von Deiner Gunst hängt
unser Wohlbefinden
in dieser und der jenseitigen Welt ab.
Oh, ich bitte Dich darum,
habe Erbarmen mit mir
und meinen Nachfolgern.
Tag und Nacht wirst Du verehrt.
Überschütte uns mit Deinen Segnungen!
Ooooooo ... Ooooooo
So betet der König in seinem Herzen!

Gesang (der Dalang fährt mit seinem Lied Ada-ada Girisa fort. Sein Gesang wird vom zarten Schlagen und sanften Laut des Xylophons begleitet):

Schweigen herrscht in der großen Halle.
In Ehrfurcht vor dem König
hört sogar der Wind auf zu wehen.
Der König sitzt mit wortlosem Staunen
vor dem göttlichen Geheimnis,
das allein ihm offenbart wird.
Weit wird er reisen
über Felder und Berge
zu den schweigenden Gräbern seiner Vorfahren.
Ooooooo ... Ooooooo

(Sobald der König und sein Hofstaat die Plätze eingenommen haben, bewegen sich die Figuren nicht mehr. Jetzt erhebt der Dalang Kresnas Unterarm und der König spricht.)

Kresna *(mit einer angespannten, starken Stimme in mittlerer Tonlage)*: Samba, mein Sohn, ich heiße dich in meiner Gegenwart willkommen.

(Ein dreifaches Klopfen an die Puppentruhe kündigt hier wie im folgenden das Ende von Kresnas Rede an.)

Samba *(kräftig, aber mit heller Stimme)*: Majestät, mein Vater, ich nehme Euren Willkommensgruß mit beiden Händen entgegen. Erlaubet mir, daß ich Euch meine ehrfürchtigen Grüße entgegenbringe.

(Der Dalang schlägt dreimal an die Truhe, als Samba sich tief vor seinem Vater verbeugt und die traditionelle Huldigungsgeste sembah ausführt, bei der die Hände vor dem Gesicht gefaltet werden.)

Kresna: Mögen deine Grüße mich erfreuen, mein Sohn. Ich gewähre dir meine Segnungen. *(Dreifaches Schlagen.)*

Samba: Ich empfange sie mit der Wärme meines Herzens, königlicher Vater. *(Führt das sembah aus.)*

Kresna *(gestikuliert zu Setyaki)*: Vetter Setyaki, ich hoffe, daß du wohlauf bist.

Setyaki: In Eurer Gegenwart, Majestät, fehlt mir nichts. Ich bitte Euch, meine Huldigung anzunehmen, oh mein König. *(Dreifaches Schlagen, während Setyaki das sembah ausführt.)*

Kresna: Ich danke dir, mein Vetter. Nimm meine Huldigungen an. Mach es dir bequem, während ich mit meinem Sohn spreche. *(Dreifaches Schlagen, während Setyaki das sembah ausführt.)*

Setyaki: Ich danke Euch, Eure Majestät. *(Dreifaches Schlagen.)*

Kresna *(gestikuliert zu Samba)*: Samba, warst du nicht überrascht, als du die Vorladung des Königs erhieltst?

Samba: Majestät, als ich den königlichen Befehl erhielt, fühlte ich mich so, als ob mein Geist zertrümmert gewesen sei, wie an einem Felsen zerdrückt, vom Blitz getroffen, aber wie durch ein Wunder blieb ich unverletzt. Mein Herz zitterte wie das vom Winde sich bewegende Gras auf dem großen Platz. Es flatterte wie ein Blatt, das von einem Strom gefangengenommen war. Aber als ich Euch begegnete, wurde mein Herz wieder so friedlich, als ob die Furcht vom sprenkelnden heiligen Wasser abgekühlt worden sei. *(Führt das sembah aus.)*

Kresna: Wie ist es geschehen, daß deine Angst so schnell vorüberging? *(Dreifaches Schlagen.)*

Samba: Als ich Euch sah, erkannte ich, daß, wenn ich sündig werden würde, Ihr es wäret, der mich strafen würde. Würde ich zum Tode verurteilt, so wäret auch Ihr es, der die Todesstrafe befehlen würde. Mein einziger Wunsch besteht darin, Eurem Willen zu folgen. Hierin besteht der Sinn meines Lebens. Als ich daran dachte, war ich froh, mein König. *(Führt das sembah aus.)*

Kresna: Mein Sohn, deine Treue erfreut mich äußerst, aber du läßt dich von deiner Phantasie überwältigen. Es gibt ein Sprichwort: Selbst die bissigsten Tiger verschlingen ihre Jungen nicht. Solltest du schuldig gesprochen und zum Tode verurteilt werden, so bin ich stets bereit zu vergeben. Derjenige, der auf dem Thron von Dwarawati sitzt, vermag das Gras dort zu schneiden, wo es das Licht versperrt, und er gibt, wenn er will, den Leidenden Trost. Aber lege meine Deutung nicht falsch aus. Erwarte weder Belohnung noch Bestrafung. Geschenke sind so weit von meinem Geist entfernt wie der Himmel, mein Sohn. *(Dreifaches Schlagen.)*

Samba: Mein Vater, Geschenke sind weder in meinen Gedanken, noch in meinen Träumen. Deine Großzügigkeit fließt wie die Wogen eines mächtigen Flusses, so daß Eure Güte mich überwältigt, wenn ich in Eurer Nähe bin. Ich erwarte nichts, sondern lebe, um Eure Befehle auszuführen. Eurem kleinsten Wort werde ich folgen. *(Führt das sembah aus.)*

Kresna: Deine Antworten erfreuen mich sehr. In welchem Zustand befindet sich das Königreich, mein Sohn? Sage mir aufrichtig, was du beobachtest.

Samba: Dank Eures Wohlwollens ist alles in bester Ordnung. Jeder Untertan führt in Eurem Namen seine Pflicht aus. Die Armee ist bereit, und die Menschen erfreuen sich bester Gesundheit. Die Bauern leben friedlich und glücklich, und es gibt Nahrung und Kleidung für alle. *(Führt das sembah aus.)*

Kresna *(gestikuliert)*: Vortrefflich. Du hast deine Pflichten gut erfüllt. Du kannst dich zurückziehen, da ich die Ankunft eines ehrenwerten Gastes erwarte.

Samba: Ja, mein König. *(Führt das sembah aus.)*

Gesang (der Dalang singt Sendon Pananggalan):
Alle sitzen in schweigendem Erstaunen über die Fähigkeit des Königs. Ein unbekannter Gast wird erwartet, um den Herrn zu besuchen.
(...)

König Baladewa, der Bruder Kresnas, erscheint. (Der Dalang schlägt dreimal die Trommel. Samba bewegt sich zu Kresnas Seite hin. Baladewa tritt von links auf, sein Unterarm liegt kampfeslustig auf seiner Hüfte. Er nähert sich Kresna, und die beiden Könige begrüßen sich forsch mit ihren Unterarmen. Die Musik hört auf.)

Kresna: Mein königlicher Bruder, seid willkommen.

Baladewa *(impulsiv, etwas herablassend)*: Königlicher Bruder, ich danke Euch. Ich fühle mich geehrt, in Eurer Nähe zu sein. Ich überbringe Euch herzliche Grüße.

Kresna: Mögen sich Eure freundlichen Grüße über mein gesamtes Königreich ausdehnen.

Samba: Verehrter Onkel, ich entbiete Euch meine tiefste Ehrerbietung. *(Führt das sembah aus.)*

Baladewa: Meine Segnungen, Neffe.

Setyaki: Ich entbiete Euch meine Grüße, edler König Baladewa.

Baladewa: Ich nehme sie mit Dank an und entbiete Euch die meinigen.

Setyaki. *(Dreifaches Schlagen.)*

Kresna: Bruder, Ihr kommt unbegleitet und ohne Ankündigung an. Macht es Euch bequem. Ich bitte Euch, erzählt uns den Zweck Eures plötzlichen Besuches.

Baladewa: Da mein Königreich Eures und Euer Königreich meines ist, sollten sich Brüder nicht mit Formalitäten aufhalten, sondern aus gegenseitiger Rücksichtnahme und mit gutem Willen sofort handeln, und deswegen trete ich vor Euch.

Kresna: Da Ihr mein älterer Bruder seid, sind Eure Wünsche die meinen. Aber vergeßt nicht, Bruder, daß wir Könige sind. Könige sind gezwungen, den Regeln des Anstandes zu folgen, um ihre Würde in den Augen der Welt zu bewahren. Was wünscht Ihr, erzählt!

Baladewa *(gestikuliert)*: Ja, ja, Bruder, das ist wahr! Natürlich ist es so. In der Hast meines Auftrages habe ich die Anstandsregeln verletzt. Ich entschuldige mich hierfür. Es geschah aus brüderlicher Liebe heraus. Sagt mir, Bruder, was hättet Ihr gemacht, wenn Ihr von meinem beabsichtigten Besuch gewußt hättet?

Kresna: Ich hätte den königlichen Streitwagen zu Euch gesandt und einen ehrenhaften Wächter, um Euch zu begleiten, mein Bruder!

Baladewa *(lacht erfreut)*: Ha, ha! Warum Bruder? Dies hätte meinen Stolz bis zu den Bergspitzen anschwellen lassen. Es ist gut, einen König als Bruder zu haben. Nicht wahr, Bruder? Verzweifle nicht, es wird andere Gelegenheiten für Euch geben, mich zu ehren. Ha, ha, ha! *(Wird ernst.)* Aber jetzt, Bruder, hört zu. Ich möchte Eure Meinung über ein Ereignis hören, das sich auf wunderbare Weise zugetragen hat:

Kresna: Euer Bruder hört aufmerksam zu.

Baladewa *(gestikuliert stark)*: Ich habe ein Zeichen erhalten, Bruder. Ein göttliches Geschenk soll verliehen werden. Ein Edelmann von vortrefflichem Charakter und Handeln soll mit göttlichen Eigenschaften ausgezeichnet werden.

Kresna *(sein zitternder Arm gibt seine Emotionen zu erkennen)*: Auch ich, göttlicher Bruder, habe von demselben Ereignis ein Omen der Götter erhalten. Wir sind von dem Allermächtigsten auserwählt, seine Wünsche zu erfüllen. Bis sich die Prophezeihungen nicht erfüllt haben, dürfen wir niemandem diese Zeichen enthüllen. Es muß ein Geheimnis der Götter bleiben, gehütet von jenen, denen es anvertraut wurde.

Baladewa: Ihr habt recht, mein Bruder. Ich habe mit niemandem außer mit Eurer göttlichen Hoheit über dieses Omen gesprochen. Ich habe nur Euch um Rat gefragt. Was sollen wir tun, Bruder Kresna?

Kresna *(mit verhaltener Geste)*: Der Wunsch muß der Anstrengung, das Wissen der Handlung und der Glaube der völligen Hingabe folgen. Unsere Ziele sind dieselben. Ich beabsichtige, mich bei den Gräbern unserer Vorfahren in Meditation zu begeben. Euch, mein ältester Bruder, kann ich keinen Rat geben. Jeder muß seinen eigenen Weg zur Erleuchtung beschreiten.

Baladewa: Bruder, erlaubt mir, Euch zu begleiten.

Kresna: Wenn dies meines Bruders Wunsch ist, so laßt uns noch heute zu den Gräbern in Gadamadana aufbrechen.

Baladewa *(mit großer Geste)*: Bruder, ich stimme mit Euch überein.

Kresna: Samba, mein Sohn, du sollst das Kommando über die Armee in meinem Namen übernehmen.

Samba: Jawohl, mein königlicher Vater. *(Führt das sembah aus.)*

Kresna: Vetter Setyaki, ich vertraue Euch während meiner Abwesenheit die Obhut über mein Königreich an.

Setyaki: Ehrenwerte Majestät, mit Zittern nehme ich Euren Vertrauensbeweis an. *(Führt das sembah aus.)*

Kresna: Kommt, königlicher Bruder, laßt uns in den Palast gehen und die Königinnen von meiner Abreise unterrichten.

Dalang *(mit gewöhnlicher Stimme)*: Und so beendet der König seine Audienz. Alles, was er sagt, muß genau niedergeschrieben werden (…).

Amir Anjalin, Prinz

Abdullah, Abgesandter der Fürsten von Mekka

Begawan Abdul Syukur, Scheich

„Der Knabe Ménak“

Die Geschichten des arabischen Helden Amir Hamzah alias Ménak basieren auf vierzehn Hauptepisoden, die das Leben und die Liebesaffären des Helden beschreiben. Die folgenden Szenen aus dem Wayang-Golek-Spiel „Ménak Laré“ schildern die erste Episode aus dem Leben des Ménak

Erste Szene (in Mekka)

Adipati Abdul Mutalib, der Statthalter des Königs von Mekka, Amir Anjilin, der Prinz und Abdullah, Vetter des Königs, unterhalten sich über die Prinzen Ambyah und Umarmaya, die im Islam-Seminar Religion studieren.

Yusup Adi, Botschafter des Landes Kibar, erscheint und fordert im Namen von König Walkamah, daß der Prinz Amir Ambyah seine Kräfte mit dem Prinzen Hoksam von Kibar messe.

Yusup Adi, der vom König Abdul Mutalib die Antwort erhält, daß der Prinz nicht zu Hause sei, bedrängt den König, seinen Sohn herbeizurufen. Dem Prinzen Amir Anjilin mißfällt das Verhalten von Yusup Adi, und er fordert diesen zu einem Duell heraus. Der Prinz geht nach heftigem Kampf als Sieger hervor.

Der König Abdul Mutalib schickt seinen Vetter Abdullah ins Land der Yaman, wo er den Tribut für das vergangene Jahr entrichten soll.

Zweite Szene (im Wald von Séwantara)

Ein Gefolgsmann des Räubers Maktal, der sich gerade mit seinen Spießgesellen über Räuberei unterhält, kommt aufgeregt herbeigelaufen und erzählt, daß Abdullah, der Vetter des Königs, mit viel Geld unterwegs sei. Maktal und seine Gesellen, die sehr erfreut über diese Nachricht sind, treffen eiligst Vorbereitungen für einen Überfall. Sie verstecken sich in einem Hinterhalt, um Abdullah und seinen Begleitern aufzulauern. Abdullah, der sich weigert, das Geld freiwillig zu übergeben, nimmt den Kampf gegen seine fünf Gegner auf. Er muß sich jedoch geschlagen geben und das Geld den Räubern überlassen. Ausgeraubt kehrt er nach Mekka zurück. Maktal aber veranstaltet ein großes Fest mit Spiel, Tanz und Frauen.

Dritte Szene (das Land Kibar)

König Walkamah von Kibar erfährt von seinem Gesandten Yusup Adi, daß er in Mekka den Prinzen Amir Ambyah nicht habe treffen können und daß er im Kampf gegen den Prinzen Amir Anjilin beinahe umgekommen sei.

Der Sohn des Königs, Prinz Hoksam, beschließt, mit Amir Ambyah zu kämpfen. Er erfährt von Yusup Adi, daß dieser sich in der islamischen Religionsschule von Bleki aufhält. Der Prinz bittet seinen Vater um Erlaubnis, Amir Ambyah zum

Pangeran Hoksam, Prinz, Sohn von Walkamah

Maktal, Räuberhauptmann

Amir Ambyah (Amir Hamzah), Scheich

Zweikampf herauszufordern. Der König gibt seine Zustimmung und überreicht seinem Sohn das magische Schwert „Gada Prunggusari". Wer mit dieser vergifteten Waffe verletzt wird, ist dem Tode geweiht. Prinz Hoksam macht sich auf den Weg.

Vierte Szene (Pondok Bleki, die Religionsschule)

Scheich Abdul Syukur, der Amir Ambyah und Umarmaya in islamischer Religion unterrichtet hat, verabschiedet die beiden Prinzen, die ihr Studium erfolgreich abgeschlossen haben. Zusammen mit drei Leibdienern treten die beiden den Rückweg nach Mekka an. Unterwegs sieht Amir Ambyah ein Pferd, das auf ihn zukommt. Er schwingt sich auf dieses Pferd, das „Kalisahak" heißt und fliegen kann. Umarmaya findet einen magischen Koffer, der jeden Wunsch erfüllen kann. Amir Ambyah fliegt auf dem Rücken des Pferdes und Umarmaya auf dem Koffer durch die Luft nach Mekka.

Fünfte Szene (in Mekka)

Vor dem Palast des Königs, der um die Sicherheit seines Sohnes bangt, findet sich eine lärmende Menschenmenge ein. Amir Ambyah und Umarmaya sind soeben aus den Lüften eingetroffen. Sie berichten von ihrem erfolgreichen Studienabschluß und ihrem Vorsatz, ihre Kraft der Verbreitung des Islams zu widmen.

Amir Ambyah, der von dem Raubüberfall erfährt, bittet seinen Vater, den Räubern das Geld abjagen zu dürfen. Obwohl der König versucht, seinen Sohn zurückzuhalten, macht sich dieser, gefolgt von Umarmaya und drei Sklaven, auf den Weg.

Sechste Szene (im Wald von Séwantara)

Amir Ambyah und sein Gefolge fordern die Räuber, die immer noch von ihrem Glück berauscht sind und Orgien feiern, zum Kampf heraus. Fast schafft es Maktal, den Kampf zu seinen Gunsten zu entscheiden. Auf seine inneren Kräfte sich konzentrierend, gelingt es Amir Ambyah, Maktal zu besiegen. Maktal unterwirft sich mit seinem Gefolge dem Prinzen und läßt sich zum Islam bekehren. Der Rest der Beute wird unter die Armen verteilt.

Siebte Szene (in Yaman)

Binti Bakhram, der König von Yaman, ist erstaunt darüber, daß von Mekka noch keine Zahlung eingetroffen ist. Abdullah erscheint auf der Bildfläche und entschuldigt sich für die verspätete Zahlung. Binti Bakhram weist den Tribut zurück, da er nicht fristgemäß entrichtet worden sei. Amir Ambyah erscheint und versucht, dem König zu erklären, warum die Zahlung so spät erfolgt sei. Da Binti Bakhram diese Entschuldigung auch nicht akzeptiert, kommt es zum Kampf zwischen dem Gefolge des Amir Ambyah und den Soldaten von Yaman. Amir Ambyah siegt und proklamiert die Unabhängigkeit Mekkas. Binti Bakhram erklärt sich gezwungenermaßen damit einverstanden.

Die ganze Gesellschaft macht sich nun auf den Weg nach Mekka. Unterwegs kommt es zu einem Kampf zwischen dem Gefolge des Prinzen Hoksam, der sich im Wald versteckt hält, und dem des Prinzen Amir Ambyah. Amir Ambyah entreißt Hoksam das magische Schwert und tötet ihn mit diesem. Die Sieger setzen ihren Weg nach Mekka fort.

Achte Szene (in Mekka)

Abdullah, der Vetter des Königs, schildert all das, was sich bei seiner Mission ereignet hat. Binti Bakhram entschuldigt sich bei Abdul Mutalib. Mekka feiert seine Unabhängigkeit.

Weitere Arten des Wayang

Während „Wayang" ursprünglich etwas mit „Schatten" und „Schemen" zu tun hatte, bezeichnet das Wort heute das indonesische Theater insgesamt.

Das *Wayang-Klitik* weist viele Ähnlichkeiten mit dem Schattenspiel, dem Wayang-Kulit, auf. Bei den Wayang-Klitik- Figuren handelt es sich um die reliefartigen Holzfiguren, die beiderseitig bemalt sind. Die beweglichen Arme aus Pergament deuten darauf hin, daß sich dieses Spiel aus dem Wayang-Kulit entwikkelt hat. Die Vorführungen des Klitik-Spieles sind auf Java sehr selten geworden. Die Themen dieses Spiels basieren auf dem *Panji-* und dem *Damar Wulan-Zyklus.* Genauso wie beim Wayang-Golek und beim Wayang- Kulit begleiten ein Dalang und das Gamelan-Orchester die Vorstellung.

Das *Wayang-Beber* ist eine Form der szenischen Darstellung, die Stoff- oder Papierbahnen benutzt, auf denen bestimmte Szenen aufgemalt sind, die der Dalang erläutert. Das Repertoire dieses heute nur noch sehr selten gezeigten Wayangs umfaßt Erzählungen aus dem *Panji-Zyklus.* Früher wurden auch Szenen aus dem *Mahabharata*, dem *Ramayana* und dem *Damar Wulan-Zyklus* gezeigt.

Das *Wayang-Topeng* ist ein Maskenspiel, bei dem kostümierte und mit einer Gesichtsmaske ausgestattete Darsteller auftreten.

Beim *Wayang-Wong* wird das dramatische Geschehen durch Schauspieler (Männer) gestaltet, die kostümiert und geschminkt auftreten.

Wayang-Kulit-Figur (Arjuna) in javanischer Ausführung. Die javanischen edlen Figuren zeichnen sich durch ihre überschlanken Körper und ihr stilisiertes Haupt aus.

Rechte Seite:
Wayang-Kulit-Figur (Arjuna) in balinesischer Ausführung. Im Gegensatz zu den javanischen Figuren sind die balinesischen kompakter und in der Wiedergabe von Kopf und Gesichtszügen weniger stilisiert.

Das Figurentheater Hinterindiens

Schatten- und Puppenspiel

Die Staaten Thailand, Malaysia, Kambodscha und Burma bilden ein Gebiet, das geprägt ist durch ethnische Vielfalt und Veränderungen. Während vor der Zeitwende die chinesische Kultur wesentlichen Einfluß auf dieses Gebiet ausübte, gingen spätestens seit der Zeitwende die prägenden religiösen und kulturellen Einflüsse von Indien aus. Selten in der Geschichte hat eine so umfassende Übernahme kulturellen Gedankenguts und künstlerischer Formensprache stattgefunden. Nicht nur die indischen Götter und die theologischen Konzeptionen wurden übernommen, auch religiöse Epen wie das *Ramayana*, das Sanskrit (die Gelehrtensprache) und Wissenschaften wie Mathematik und Astronomie kamen aus Indien.

Während das thailändische Figurentheater ursprünglich immer mit festlichen Anlässen verbunden war, gibt es seit dem 20. Jahrhundert Aufführungen auch als von sozialen Anlässen unabhängige, eigenständige Veranstaltungen für ein zahlendes Publikum. Als Hüter der Theaterüberlieferung gilt heute das Nationaltheater von Bangkok, das alle Theaterformen pflegt oder zumindest historisch bewahrt. Während der Trockenzeit finden regelmäßig Aufführungen der verschieden Spielarten des traditionellen thailändischen Theaters auf einer Freilichtbühne im Nationaltheater statt.

Das Bilder-Schattenspiel Nang-yai

Thailand kennt zwei verschiedene Arten von Schattenspiel, das Nang-yai, das Spiel mit großen Schattenbildern, und das Nang-talung, das Spiel mit kleinen Einzelfiguren.

Ravana (Stabpuppe aus Thailand/Hun-krabok).
Das thailändische Stabpuppenspiel erhielt viele Anregungen vom Khon-Tanztheater. So sind die Figuren, deren Kostüme und die Masken ein Abbild der Khon-Tänzer.

Das Nang-yai, das im Norden Thailands verbreitet ist, wurde erstmals in den Palastgesetzen des Königs Boromaprailokanat von Ayudhya aus dem Jahr 1458 als wesentlicher Bestandteil festlicher Veranstaltungen genannt. Vom Beginn des 15. Jahrhunderts bis zur Revolution im Jahr 1932 hat sich der höfische Stil des Nang-yai erhalten können. Heute setzt das Nationaltheater diese Tradition fort. Das Nang-yai, das zu einer der ältesten Theaterformen der Thai gehört, zeigt eine enge Verwandtschaft mit den klassischen Maskendramen (Khon). Die Nang-yai-Figuren werden von mehreren Spielern bzw. Tänzern, die Tanzschritte aus dem Khon ausführen, im Einklang mit der Musik und der epischen Rezitation bewegt. „Je nach der Situation spielen sie hinter der Leinwand, auf welche die Schatten projiziert werden, oder vor ihr, so daß die Zuschauer gleichzeitig die Bewegungen der Tänzer und der Figurenbilder wahrnehmen können. Da die Arme, Beine und Münder der Gestalten unbeweglich sind, zeigt sich die Kunst der Spieler im Tanz und im dramatischen Schattenwurf" (Mayer, S. 170).

Ursprünglich begleiteten nur fünf Instrumente die Rezitation, den Gesang und Tanz: Zimbel, Oboe, ein Bambusschlagzeug, eine Sanduhrtrommel und zwei Paare kleiner Trommeln. Später wurde ein ganzes Orchester herangezogen.

Die Schattenbilder des Nang-yai, die bis zu zwei Meter hoch und breit sein können, sind entweder Einzelfiguren in einem aufwendig gestalteten, ornamentalen Rahmen oder aber mehrere Figuren in einem szenischen Zusammenhang. Diese in sich unbeweglichen Bilder benötigen ihrer Größe wegen zwei Haltestäbe.

Die Bilder bzw. Figurationen, die aus Rind oder Büffelhaut hergestellt werden, bleiben meist einfarbig schwarz. Nur gelegentlich werden Farben aufgetragen. Für die Anfertigung von Göttern, Helden und Einsiedlern durften früher auf Grund eines Aberglaubens keine gewöhnlichen Tierhäute verwendet werden. So wurde die Figur des Einsiedlers (Rishi) z. B. aus Bären- oder Tigerhaut geschnitten. Auch die Herstellung selbst galt als besonderer Akt. So mußte der Künstler, ganz in Weiß gekleidet, die Arbeit an einer Figur an einem einzigen Tag vollbringen.

Die Nang-yai-Figuren gliedern sich in sechs verschiedene Typen:

1. *Nang-fao* oder *Nang-wai*: Einzelfigurationen, die im Dreiviertelprofil einen einzelnen Charakter darstellen.
2. *Nang-doen*: im Gehen oder Laufen dargestellte Einzelfigur.
3. *Nang-naga*: im Dreiviertelprofil im Flug dargestellte Einzelperson.
4. *Nang-nüang*: Figurengruppe im Gespräch oder beim Liebesspiel.
5. *Nang-chap*: Kampfszene mit mindestens zwei Figuren.
6. *Nang-bet-ta-let*: alle anderen Figurengruppen, z. B. Truppenaufmarsch, Flucht oder Verfolgung.

Neben den für die Aufführung erforderlichen Figuren verfügt der Dalang über eine Fülle von Requisiten wie Kutschen, Kampfwagen, Paläste, Häuser, Landschaften, Waffen u.s.w.

Inhalte des Schattenspiels sind die Episoden aus dem *Ramakien*, einer Version des indischen *Ramayana*, dessen Texte von einem oder zwei Rezitatoren vorgetragen werden. Von größter Bedeutung ist, die Aufführung mit einer Zeremonie, die als „Erweckung der Götter" bekannt ist, zu beginnen. Sollte dieses Ritual ausfallen, so behauptet ein alter Aberglaube, würde die Vorstellung oder sogar die ganze Truppe von einem Unglück heimgesucht werden. Das Ritual beginnt damit, daß den Göttern Shiva und Vishnu sowie dem Eremiten Bharata, deren Bilder an der Leinwand befestigt werden, Opfergaben dargebracht werden. Dann überreicht der Veranstalter „dem Spielführer drei Kerzen, von denen dieser eine an den Orchesterleiter weitergibt. Der Orchesterleiter befestigt sie am Taphon, einer sanduhrförmigen Trommel, auf der der Rhythmus zu allen Melodien der Aufführung geschlagen wird. Die beiden anderen zwei Kerzen sind Gaben an die Figuren der Götter. Nun bewegen zwei Träger die Bilder des Shiva und Vishnu (Phra Imon und Phra Narai), während der Nang-nai ein Gebet, die ‚Erweckung der Götter', spricht. Nach diesen Zeremonien treten ein oder zwei

Nang-yai-Figur (Thephanom, weinender Engel um 1880, 1,23 m hoch). Die Nang-yai-Bilder, die man meist einfarbig schwarz beläßt, besitzen nicht die durchscheinende Leuchtkraft wie z. B. die indonesischen, chinesischen oder türkischen Schattenfiguren. Der Kopfschmuck der Figuren, die Wiedergabe ihrer graziösen Bewegungen sowie ihre Mimik und Gestik zeigen Ähnlichkeiten mit den Tänzern des thailändischen Khon-Theaters.

Das Bilder-Schattenspiel verbindet ein Höchstmaß an Stilisierung und an dekorativer Ausgestaltung. Der Verzicht auf die „Eigenbewegung" der Gestalten aktiviert mehr als jede andere Form des Figurentheaters die Vorstellungskraft des Zuschauers. Hierin mag der höfische Ursprung des Nang-yai zur Geltung kommen, den das Palastgesetz aus dem Jahr 1458 belegt.

Das kunstvolle Schaubild. Dargestellt ist ein Nang-yai-Spieler, der die starren Lederbilder, die keine Bewegungsmechanismen besitzen, durch Tanzschritte und pantomimische Bewegungen zu beleben versucht. Der Spielleiter (Nang-nai) des Nang-yai stand traditionsgemäß an der Spitze einer Spieltruppe von mindestens zehn Personen, zu denen noch zwei Sprecher gehörten, die in Dialogen den Handlungsablauf rezitierten.

Die regional begrenzte Verbreitung des thailändischen Bilder-Schattenspiels ist ein Beispiel für autochthone, für eine bestimmte Region charakteristische Ausprägungen des Figurentheaters. Dies schließt die Möglichkeit von „Wanderbewegungen" bei der Entstehung und Entwicklung des Figurentheaters nicht aus, schränkt aber die Bedeutung der Untersuchung von Abhängigkeiten ein.

Rezitatoren auf, die die Götter noch einmal um nGelingen der Aufführung und um Segen für die Spieler anflehen und sie bitten, die Dämonen vom Spielort zu verjagen. Dann wenden sie sich ans Publikum, rühmen Geschicklichkeit und Können der Spieler und Musiker, prangern die Mittelmäßigkeit anderer Spieltruppen an und beschimpfen mögliche Kritiker als Ignoranten. Danach nennen sie die Hauptfiguren des Abends und geben bekannt, welches Stück sie spielen werden" (Dunkel, S. 101).

Der Prolog der Aufführung beginnt mit den Untaten eines schwarzen Affen (das Böse), der so viel Schindluder treibt, bis ein Einsiedler (Rishi) den weißen Affen (das Gute) ausschickt, ihn zu fangen. Nach dem Sieg des weißen Affen über den schwarzen wird dieser vor den Einsiedler gebracht, der ihm eine Moralpredigt hält. Noch dreimal reißt der Bösewicht aus und wird stets wieder von dem weißen Affen eingefangen. Erst dann bekennt er seine Reue und kann mit dem Segen des Einsiedlers freigelassen werden. Dieses Vorspiel weist auf den Inhalt der eigentlichen Aufführung des *Ramayana* hin, dessen Grundthema der Konflikt zwischen Gut und Böse ist.

Während früher als Lichtquelle ein großes Feuer aus Kokosnußschalen diente, dessen züngelnde Flammen die Schatten der Figuren mit geheimnisvollem Leben erfüllten, wird das Feuer heute durch elektrische Scheinwerfer ersetzt. Dieses „künstliche Licht ist aber zu scharf. Höheren künstlerischen Ansprüchen sucht man durch die Verwendung von farbigen Scheinwerfern gerecht zu werden, um etwas von der Lebendigkeit des Kokosnußfeuers zurückzugewinnen." (Mayer, S. 170).

Nang-yai-Aufführungen wurden sowohl von Spieltruppen am Königshof dargeboten als auch von Gruppen, die von Dorf zu Dorf zogen, um vor allem bei Festlichkeiten aufzutreten.

Das Figuren-Schattenspiel Nang-talung

Das Nang-talung, dessen Ursprung bis heute noch nicht genau geklärt ist, wurde erst gegen Mitte des 19. Jahrhunderts in der südlichen Provinz Pattalung bekannt. Im Gegensatz zu den unbeweglichen Nang-yai-Bildern besitzen die 30–60 cm hohen Nang-talung-Figuren einen beweglichen Arm, der durch einen Bambusstab geführt wird. Einige Figuren, wie der Einsiedler und der Clown, verfügen auch über einen beweglichen Mund, der mit Hilfe von Schnüren dirigiert wird. Gewöhnlich sind die Figuren des

Nang-talung schwarz. Die rot oder grün gefärbten Figuren dienen für die seltenen Aufführungen bei Tageslicht.

Während die gewöhnlichen Figuren aus Kalbsleder hergestellt werden, verwendet man für die als heilig angesehenen Figuren ein besonderes Pergament. „Es wird sogar von der Verwendung von Menschenhaut berichtet. Für ganze Figuren oder wichtige Teile, zum Beispiel die Mundpartie, sollte die Haut vom verstorbenen Lehrer des Schattenspielers oder seinen Eltern genommen werden, gewöhnlich von den Fußsohlen. Eine besonders urtümliche Kraft und erdverbundener Witz erwuchsen dem Spaßmacher aus seinem beweglichen Unterkiefer, hergestellt aus dem Penis eines Verstorbenen“ (Dunkel, S. 97). Diese heiligen Figuren sind heute meist mit Blattgold belegt.

Zum Grundrepertoire des Nang-talung gehören:

1. Kultische Figuren wie Shiva und der Einsiedler
2. Edelmann, mit einer Lotusblüte in der Hand
3. Clowns, die als die Vertrauten der Helden gelten
4. Könige und Königinnen in höfischen Kostümen, heutzutage jedoch auch in moderner europäischer Kleidung
5. Frauen und Männer in traditioneller oder europäischer Kleidung
6. Dämonen oder Bösewichter in Kostümen des Maskendramas
7. Banditen aus dem Like-Tanzdrama in Zentralthailand
8. Kulissen wie Bäume, Schiffe, Eisenbahnen und Flugzeuge

Anlaß der Nang-talung-Vorführungen sind die hohen Feiertage oder Festlichkeiten wie Hochzeiten, Hauseinweihungen, Geburten etc. Während der buddhistischen Fastenzeit, die von April bis Juli dauert, finden die meisten Nang-talung-Aufführungen statt.

Der Spieler, der als „Meister des Leders“ bezeichnet wird, ist Spieler, Sprecher, Sänger und Improvisator in einer Person. Diese Fähigkeiten erwirbt er von früher Jugend an als Assistent bei einem erfahrenen Meister. Fast immer ist dies der Vater, der seinem Sohn die Spieltradition überliefert.

Die meisten Schattenspielgruppen des Nang-talung setzen sich aus dem Spieler (Nang-nai), zwei Assistenten und einigen Musikern zusammen. Jedem der beiden Hilfsspieler ist es erlaubt, eine bestimmte Kategorie von Figuren zu bewegen, entweder nur die

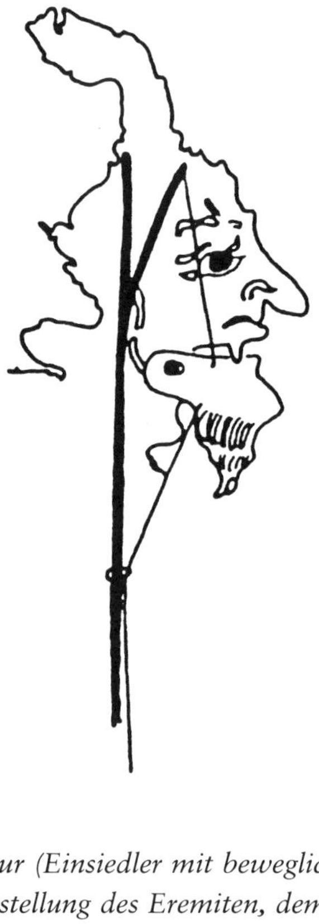

Nang-talung-Figur (Einsiedler mit beweglichem Unterkiefer). Für die Herstellung des Eremiten, dem eine magische Bedeutung zukommt, wird gewöhnlich für wichtige Teile der Figur sogar Menschenhaut verwendet.

Clowns oder nur die Dämonen. Alle anderen Figuren werden von dem Nang-nai selbst gespielt. Steht nur ein Spieler zur Verfügung, so überreicht ihm ein Helfer die für den Fortgang der Handlung notwendige Spielfigur.

Das Repertoire der Aufführungen umfaßt Episoden aus dem *Ramakien*, bekannte Heldengeschichten und moderne volkstümliche Erzählungen. Heute dient das Nang-talung auch zur gesellschaftspolitischen Aufklärung, etwa über Geburtenkontrolle.

Vor Beginn der eigentlichen Aufführung, die von 9 Uhr abends bis zum Morgengrauen dauert, holt der Spieler seine Figuren, die er mit großem Respekt behandelt, aus der Kiste und ordnet sie nach ihrem Rang; Götter und Menschen werden getrennt voneinander aufgestellt. „Der Nang-nai hat auch darauf zu achten, daß Frauenfiguren nie in die Nähe von Einsiedlern kommen oder diese gar berühren, denn der Buddhismus untersagt den Mönchen jeden Kontakt zum anderen Geschlecht" (Dunkel, S. 104).

Jede Aufführung beginnt mit dem Auftritt eines Eremiten, der die Götter um ihren Segen für Spieler und Publikum bittet. Ihm folgt ein Prinz, der ebenfalls den göttlichen Segen erfleht und dem Publikum für seine Anwesenheit dankt. Eine dritte Person gibt den Titel des Stückes bekannt. Obwohl die Aufführungstexte nicht genau festgelegt sind, muß der Spieler darauf achten, eine bestimmte Linie einzuhalten, so daß der Grundton der meist allgemein bekannten Geschichte erkennbar bleibt. Im improvisierten Dialog mischen sich Zoten, Kritik an Zuständen und Machthabern mit Moralpredigten, Sprichwörtern sowie religiösen und philosophischen Lehrsprüchen. Sprechweisen und Bewegungen der Figuren entsprechen ihrer sozialen Herkunft und Stellung. So bewegen sich Götter, Könige, Prinzen und Prinzessinnen elegant und angemessen, die Dämonen aber agieren mit heftigen, ausfahrenden Gesten. Während die noblen Charaktere sich der zentralthailändischen Sprache bedienen, sprechen die komischen und sozial niedrigen Charaktere den Dialekt Südthailands. Der Spaßmacher (Puah-Pon), der als Diener oder Conferencier auftritt, ist für den Erfolg des Stückes eine überaus wichtige Person. Durch seine witzigen Kommentare erwirbt er sich stets die Sympathie des Publikums.

Die Figuren bewegen sich hinter einer etwa 4,5 m breiten und 1,8–2 m hohen Leinwand, wobei der Spieler eine Lampe und ein Mikrophon zwischen sich und der Leinwand aufstellt. Fast jede Truppe besitzt heute einen eigenen Generator zur Stromerzeugung für Beleuchtung und Lautsprechersystem. Zur akustischen Untermalung begleiten Oboe, Gongs, mehrere Trommeln und Xylophon das Spiel. Einige Truppen fügen in neuerer Zeit auch noch ein Saiteninstrument hinzu. Für typische Situationen und Handlungsabläufe, wie Gehen, Militärmärsche, übernatürliche Verwandlungen etc., gibt es feststehende Melodien.

Das Nang-talung wird im Gegensatz zum Nang-yai nicht im Freien aufgeführt, sondern in einem provisorisch errichteten Theaterhaus. Gemäß den uralten Regeln der Magie darf die Bühne nicht nach Westen oder auf einen Friedhof ausgerichtet sein. Sie darf auch nicht auf einem freien Feld stehen oder zwischen zwei Bäumen, über einem Teich, einem Ameisenhügel oder einem Baumstumpf. Dies alles sind Unglücksbringer, die die Vorstellung zunichte machen und den Zuschauern Unglück bringen könnten.

Zur akustischen Untermalung begleiten Oboe, Gongs, mehrere Trommeln und Xylophon das Spiel. Einige Truppen fügen in neuerer Zeit auch noch ein Saiteninstrument hinzu.

Das thailändische Puppenspiel

Außer dem Schattenspiel kennt Thailand noch zwei andere Arten von Figurenspiel, das Marionetten- und das Stabpuppenspiel, die weitgehend den privaten Puppenspielern überlassen werden, von denen es in Bangkok noch immer mehrere Ensembles mit der alten Familientradition gibt. Zu einer der renommiertesten Spieltruppen zählt heute das von Chakrapad Posayakrit, das aus 70 Amateurspielern besteht. Die Puppen werden an unsichtbaren Fäden, die durch den hohlen Körper führen, von unten bewegt. Durch eine raffinierte Dekoration und eine erstaunliche Spieltechnik entsteht die Illusion eines Theaters mit lebendigen Menschen.

Zu einer der ältesten Marionettenformen zählt das Hun-luong, ein Spiel, das heute dem Hof in Bangkok vorbehalten bleibt. Es handelt sich bei diesen „königlichen Puppen" um Nachbildungen der Fadenpuppen des klassischen Hoftheaters.

Eine andere Art des Marionettenspiels ist das Hunlakon-lek, das viele Anregungen vom Khon-Theater, der Krönung aller thailändischen Theatergattungen, erhielt. Mit Hilfe dieser Puppen, die im Aussehen den Khon-Darstellern gleichen, vermögen die Spieler sogar ein Khon im Kleinformat aufzuführen.

Dieses Khon-Tanztheater mit seinen maskierten Darstellern war früher wie fast alle darstellende Kunst ein reines Männertheater. Auch heute ist es, obwohl Frauen auf der Bühne mitwirken, eine männliche Domäne; denn es ist ein Theater der Kämpfe und Schlachten, der Helden und Dämonen. Sein einziger literarischer Stoff ist das *Ramakien*, das gegenüber dem indischen *Ramayana* weltlicher und weniger mystisch ist. Zu den auffälligsten Unterschieden gehört die Veränderung des Affengottes Hanuman, der nicht mehr ein frommer und keuscher Gefolgsmann Ramas ist, sondern ein eigenständiger Akteur, stets auf der Jagd nach neuen Liebesabenteuern. Als Kontrapunkt zur ernsten und kriegerischen Handlung gibt es im Khon komische Figuren wie Clowns, Eremiten und Diener, die die Taten der Helden ironisieren und kabarettistische Einlagen mit aktuellen Anspielungen bieten.

Die Khon-Darsteller verwenden vor allem Arme und Hände als differenzierte körpersprachliche Ausdrucksmittel. Es handelt sich um eine kodifizierte Sprache von Gesten, von denen jede einzelne etwas Bestimmtes bedeutet. Die Darsteller des Khon sind bis auf die Komiker, die mit ihrer eigenen Stimme sprechen, stumm. Der Text wird von einem Rezitator gesprochen bzw. gesungen. Er beschreibt die Szenerie und Vorgeschichte und schildert die Handlungsabläufe, Situationen und Gefühlsreaktionen der Charaktere. Die Texte des Khon wurden innerhalb der Jahrhunderte ständig revidiert. Um verlorene Stücke zu ersetzen oder Lücken in der mythischen Erzählung zu schließen, entstanden stets neue Kompositionen.

Während früher auch Götter und Menschen im Khon-Theater Masken trugen, charakterisieren sie heute nur noch die unzähligen Dämonen und Affenfürsten. Grundmaterial für die Herstellung der Masken ist Papier, das in vielen Schichten übereinandergelegt und so fest wie Holz wird. Ihr prachtvolles Aussehen erhalten sie durch Lackierungen, Blattgold, Farben und glitzernde Kunststeine. Wichtige Merkmale für die Unterscheidung der Masken sind die Farbe, die Art der Kronen und die Mundformen. Die Masken werden von den Spielern als heilige Objekte betrachtet, denen vor dem Schauspiel Ehrerbietung erwiesen werden muß. Besondere Hochachtung gilt der Eremiten-Maske, die auf der Bühne überhaupt nicht zum Einsatz kommt, sondern nur im Ankleideraum leicht erhöht über den anderen Masken thront.

Zu einer Khon-Aufführung gehört wie zum entsprechenden Puppenspiel ein Orchster, das Pi-Path-Ensemble, das sich aus Xylophonen, Gongs, Trommeln, Zimbeln, einer Spießgeige und einer Oboe zusammensetzt.

Das Stabpuppenspiel Hun-krabok spricht heute vor allem die Kinder an. Als Grundlage dienen das *Ramakien* und volkstümliche Geschichten, die mit wenig Musik und viel Dialogen dargeboten werden.

Beliebt ist die nordthailändische Khan-Geschichte von „Chung Chang und Kun Paen“, die an die Nibelungensage erinnert.

Auch beim Stabpuppenspiel machen sich die Einflüsse des Khon-Theaters bemerkbar. So sind die Figuren und deren Kostüme ein Abbild der Charaktere. Als Hersteller der Köpfe gelten die gleichen Künstler, die auch die Khon-Masken anfertigen.

Wie überall in Asien vereinigen sich auch im traditionellen thailändischen Figurentheater die Sprache der Dichtung, Musik und Schauspielkunst zu einem Gesamtkunstwerk, das dem „großen Theater“ durchaus ebenbürtig ist.

Das Schattenspiel in Kambodscha

In Kambodscha ist als Figurentheater nur das Schattenspiel bekannt, über dessen Ursprung es allerdings nur wenige Quelleninformationen gibt. Es ist möglich, daß es mit der Eroberung Kambodschas durch Thailand im Jahre 1431 ins Land der Khmer gelangte. In den Palastgesetzen des Königs Trailok (1458) finden sich erstmals Hinweise auf Schattenspiel-Aufführungen.

Zwei Arten von Schattenfiguren werden unterschieden: die Nang-sbek-thom, die „großen Schatten“, und die Nang-sbek-touch, die „kleinen Schatten“. Die Nang-sbek-thom, die in ihrem Aussehen den Tänzern auf den Reliefs von Angkor ähneln, werden wie im thailändischen Schattenspiel Nang-yai von den Spielern hinter einer beleuchteten Leinwand hoch über dem Kopf getragen, und zwar in genau vorgeschriebenen tänzerischen Haltungen und Bewegungen, mit denen die Spieler sich nach der getragenen Figur zu richten haben. Bei den „großen Schatten“ handelt es sich, ähnlich wie beim Nang-yai, nicht nur um Einzelfiguren, sondern auch um Gruppenbilder und ganze Szenen.

Ein Spieler besitzt ungefähr 150 Figuren, die in fünf verschiedene Kategorien eingeteilt werden können:

1. Prinzen und Prinzessinnen
2. Dämonen
3. Geister
4. mythische Affen
5. zweitrangige Charaktere wie Bauern und Asketen

Weibliche Schattenfigur aus Kambodscha (Nang-sbek-touch). Auf dem Gesicht der Figur findet sich wie auf den Skulpturen von Angkor das geheimnisvolle Lächeln wieder, das in unserer westlichen Begriffswelt als das „Lächeln Angkors“ bezeichnet wird.

Um Figuren ohne Eigenmotorik zu beleben, kann ein bestimmter Abstand zur Projektionsfläche gewahrt werden. Auf diese Weise verdoppelt und verdreifacht sich – bei Verwendung mehrerer Lichtquellen – das Erscheinungsbild.

Die Spieltruppe umfaßt 20 Personen: zwei Erzähler, zehn Tänzer und acht Musiker. Das Repertoire der Stücke basiert auf den Episoden des *Ream-Ker*, einer Version des *Ramayana*. Während man früher für alle Aufführungen der *Ream-Ker*-Episoden drei Wochen brauchte, werden sie heute in sieben aufeinanderfolgenden Nächten aufgeführt. Den Schattenfiguren werden magische Kräfte zugesprochen, die sie z. B. befähigen, Regen herbeizurufen oder Epidemien einzudämmen. Bestimmte Rituale müssen bei der Herstellung der Figuren berücksichtigt werden. In einem abschließenden Ritual werden den Figuren, um sie zum Leben zu erwecken, die Augen mit heiligem Wasser eingerieben.

Während das Theater mit den „großen Schatten“ ursprünglich nur am Hof des Königs aufgeführt wurde, war und ist das Spiel mit den „kleinen Schatten“ in ländlichen Gebieten verbreitet. Aufführungen finden auf Dorfplätzen und Tempelinnenhöfen anläßlich religiöser Feste statt.

Neben den traditionellen Charakteren wie den Guten und den Bösen, den Soldaten und den Bauern, gehören heutzutage zu einem Spielset auch Lokomotiven, Flugzeuge, Sportwagen etc.. Einer der Hauptcharaktere ist Ayang, eine dickbauchige, groteske und komische Figur. Die Spielstücke basieren auf dem *Ream-Ker* und auf Legenden alter Könige aus dem Reich der Khmer.

Das Schattenspiel in Malaysia

Das malaysische Schattentheater kennt zwei verschiedene Arten von Spiel: das Wayang-Siam und das Wayang-Java. Letzteres wird heute jedoch nicht mehr aufgeführt, da es eine höfische Unterhaltung der Aristokratie war, die mit dem Verlust des höfischen Patronats in Vergessenheit geraten ist.

Der Einfluß des Wayang-Kulit, das von Java und Siam (Thailand) nach Kelantan, einer nördlichen Provinz Malaysias, kam, zeigt sich an den einzelnen siamesischen und javanischen Stilelementen, die bis heute erkennbar geblieben sind.

Zu den typisch siamesischen Kennzeichen gehört, daß die Figuren mit Ausnahme der Spaßmacher nur einen beweglichen Arm haben. Prinzen und Halbgötter mit ihren spitzen Kronen und der Eremit mit seinem beweglichen Unterkiefer, seinem langen Kinnbart und gebeugten Rücken sind den entsprechenden Schattenfiguren des thailandischen Nangtalung sehr ähnlich. Die frontale Körperhaltung und das im Profil gezeigte Gesicht sind javanische Stilelemente. Die Form der Augen und der Nase gleicht ebenfalls den Schattenfiguren des Wayang-Kulit.

Die zwischen 35–85 cm großen Figuren, die entweder vom Dalang selbst oder aber auch von einem Handwerker angefertigt werden, bestehen aus Rinder- oder Ziegenhaut. Während die Grundstruktur der Hauptcharaktere traditionell genau festgelegt ist, kann der Hersteller die dekorativen Elemente der Kleidung und des Schmucks nach seinem Empfinden gestalten.

Außer bei den Figuren der Götter und Helden, bei denen die farbige Gestaltung festgelegt ist, besitzen die Farben im Unterschied zu den javanischen Schattenfiguren keinen Symbolgehalt, der Charaktereigenschaften oder den sozialen Stand bezeichnet. Da der Publikumsgeschmack heute Figuren mit hellen, leuchtenden Farben verlangt, stellen sich die Spieler darauf ein, indem sie die Tierhaut mit scharfen Bleichmitteln aufhellen und transparenter machen und zur Bemalung leuchtende, lichtdurchlässige Farben verwenden.

Nicht immer eindeutig ist die Identifizierung der Figuren und ihrer Rollen. „Für jedermann unzweifelhaft zu erkennen sind nur wenige allgemein bekannte Helden und Götter. Jeder Dalang kennt seine eigenen Figuren und ihre Rollen in seinem Spielrepertoire, doch dürfte es ihm schwerfallen, alle Figuren eines Kollegen zu identifizieren. Unter den annähernd 300 verschiedenen Figuren, die fast jeder Dalang besitzt, gibt es ungefähr 30 allgemein bekannte Typen. Leicht zu erkennen sind vor allem die Figuren, die physische Abnormitäten oder anatomische Mischformen zeigen, wie zum Beispiel die Figur des Hanuman Ikan, eines Affen mit Fischschwanz“ (Dunkel, S. 78).

Neben den Figuren verfügt der Dalang noch über eine Reihe von Versatzstücken, die meist der Charakterisierung der Szenereie des Ortes dienen, an dem eine Episode spielt.

Jede der unter freiem Himmel stattfindenden Wayang-Siam-Aufführungen besteht aus einem Prolog und einem Hauptstück. Das Vorspiel beginnt stets mit dem Auftritt eines weisen Eremiten, der Gebete spricht, und einem Kampf zwischen zwei bewaffneten Halbgöttern. Es folgt ein Auftritt Ramas mit seinem Affenheer und seinen Kriegern, die ihm ewige Treue schwören und ihn über den inneren Zustand seines Reiches unterrichten. Nach dem Prolog kommen dann meist Episoden aus dem *Ramayana* zur Darstellung.

Seri Ram (Wayang-Siam-Schattenfigur), der Hauptheld aus dem Ramakien, steht auf einer Schlange (naga), die auf seinen vornehmen Stand hinweist.

Gemeinsame Grundlage des Figurentheaters in Thailand und Kambodscha sind die in Indien entstandenen Mythen und deren epische Ausgestaltung. Ihre unüberschaubare Zahl an Episoden spiegelt sich in der Vielzahl von Gestalten wider, die sich um eine begrenzte Gruppen eindeutig identifizierbarer Akteure gruppieren.

Einsiedler (Wayang-Siam-Schattenfigur). Der Einsiedler mit beweglichem Unterkiefer, seinem langen Kinnbart und seinem gebeugten Rücken ähnelt seinem Ebenbild aus dem thailändischen Schattenspiel.

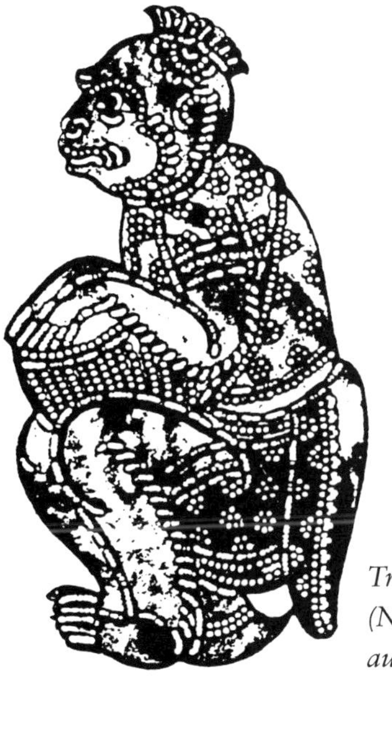

Trommelnder Affe (Nang-sbek-touch-Figur aus Kambodscha).

Der Dalang bedient sich bei der Vorstellung einer Bühnensprache, die sich von der Umgangssprache unterscheidet und das Außergewöhnliche der Darbietung unterstreicht. Nur die Spaßmacher, deren Rolle es ist, zwischen Göttern und Publikum zu vermitteln, bedienen sich der Umgangssprache.

Die Dialoge werden nach fester Regel mit verschiedenen Stimmen gesprochen. So besitzen alle Prinzen, Halbgötter und vornehme Frauen eine näselnde, hohe Stimme, die Dämonen und Affen sprechen laut und tief; den aus dem javanischen Schattenspiel übernommenen Halbgöttern verleiht der Dalang einen javanischen Akzent und dem Eremiten eine Altmännerstimme. Für die Figuren des einfachen Volkes und die der beiden Spaßmacher Pak Dogal und Wak Long gibt es keine festen Vorschriften über Stimmlage und Sprache.

Während der Textpassagen verharren die Figuren fast bewegungslos, nur die Arme werden geisterhaft bewegt. Einzig die Spaßmacher begleiten die Dialoge und Monologe mit wilden Luftsprüngen und akrobatischen Kunststücken. Die Auftritte der Figuren werden von einem Orchester, das sich aus Oboe, mehreren Trommeln und Gongs zusammensetzt, begleitet.

Um den Publikumswünschen entgegenzukommen, informiert sich der Dalang vor den Vorführungen bei seinen Zuschauern darüber, welche Episoden bevorzugt werden. „In neuerer Zeit wird immer wieder beobachtet, daß die Wünsche der Befragten weitgehend von ihrem Alter abhängen: Ältere Zuschauer möchten schöne Geschichten sehen, die Heranwachsenden Liebesgeschichten, und die Kinder mögen am liebsten Kampfszenen und Auftritte der Spaßmacher. Da jeder Dalang den Wünschen des zahlenden Publikums entgegenkommen möchte, werden den klassischen Episoden neue Geschichten im Zeitgeschmack hinzugedichtet, die sich von den alten tradierten Inhalten immer weiter entfernen. Viele Wayang-Siam-Aufführungen stehen heute zwischen Musical und Actionfilm“ (Dunkel, S. 84).

Im Gegensatz zu Indonesien, wo der Beruf des Dalang meist vom Vater auf den Sohn, in neuerer Zeit auch auf die Tochter übergeht, ist die Weitergabe der Schattenspielkunst innerhalb malaysischer Familien unüblich. Die meisten Schüler erlernen ihren Beruf von einem erfahrenen Dalang. Oft beginnt der Lehrling seine Laufbahn als Musiker in der Truppe eines Dalang und lernt zunächst nur durch die Beobachtung, bevor selbst spielen darf.

Die Spieler erfüllen in der malaysischen Gesellschaft eine Doppelrolle als Unterhalter und Schamane. Die Gemeinschaft braucht den Dalang nicht nur zur Unterhaltung, sondern auch, um mit höheren Wesen in Verbindung zu treten und sie durch seine Vermittlung freundlich zu stimmen. Die magisch-religiöse Rolle des Spielers zeigt sich am deutlichsten im Ritual des Seelenfestes (Berjamu). Um die Totengeister zu versöhnen, opfert er ihnen Lebensmittel und versetzt sich in Trance, in der Hoffnung, damit den Genius loci bewegen zu können, Krankheit und Unheil von der Gemeinschaft fernzuhalten. Obwohl von den etwa 200 bis 300 Vorstellungen pro Jahr nur einige unmittelbar kultischen Zwecken dienen, schließen auch die gewöhnlichen Aufführungen rituelle Elemente ein.

Für den malaysischen Spieler gibt es keine sanktionierten Traditionen und unumstößliche Regeln zum Spiel wie für den javanischen Spieler, der sich genau an die in den *Miruda* und *Serat Centini* festgelegten Gebote zu halten hat. Stattdessen kann der malaysische Dalang relativ frei mit den traditionellen Themen und Spielformen umgehen. Gerade dies könnte dem Schattenspiel eine Überlebenschance geben.

Das Puppenspiel in Burma

In einem Bericht (1861) des Ethnologen A. Bastian über seine Erlebnisse in Rangun heißt es: „Am Abend wurde ein Puppenspiel abgehalten, dessen Zuschauer theils auf dem Boden, theils auf Matten, theils auf herbeigeführten Wagen, theils auf Stühlen oder Bettgestellen sassen. Die Bühne bestand in einem länglichen Bambus-Gerüst, etwas erhöht und mit einem Dach bedeckt. Der Hintergrund wurde von einem Vorhang gebildet, und über demselben sassen auf den Sparren der Decke die Personen, deren Hände die Puppen lenkten" (zitiert in: Till, Wolfgang: Puppentheater, S. 196).

Das burmesische, nur als Marionettentheater ausgebildete Puppenspiel Yokthe-pwe geht auf den König Bodawpaya (1782–1819) zurück. Bodawpaya ernannte einen für das Theaterleben verantwortlichen Minister, der aus den besten Schauspielern des Landes die erste Marionettentruppe bildete. Im Mittelpunkt dieses Puppenspiels, das ursprünglich höfischen Charakter besaß und erst später volkstümlich wurde, stehen die Episoden aus dem früheren Leben Buddhas, die als *Jatakas* bezeichnet werden. Das Puppentheater, das als eine ernsthafte Angelegenheit

Fadenpuppe aus Burma (Ende 19. Jh., Höhe 60 cm). Die aus Holz geschnitzte Figur wird mit Hilfe von 16 Fäden bedient. Sie besitzt echte Haare, Augen aus Glas und ein mit Paletten besticktes Gewand. Oft wird der Figur ein Kissen aus Seide beigegeben, um ihr Gesicht zu schützen, wenn sie sich zur Ruhe legt.

Im buddhistisch geprägten Marionettentheater Burmas kommt dieselbe Grundhaltung zum Ausdruck wie in den Versen der Bhagavadgita:

Fadenpuppe neueren Datums in burmesischem Stil. Das Marionettenspiel (yokthe pwe) galt ursprünglich als ein pädagogisches Mittel, um dem Volk die Religion und Geschichte des Landes näherzubringen.

„Im Herzen aller Wesen drin wohnet der Herr, oh Arjuna. Er bewegt wie im Puppenspiel die Wesen alle wunderbar." (Bhagavadgita XVIII, 61)

und nicht als Volksbelustigung betrachtet wurde, galt als ein pädagogisches Instrument, um dem Publikum die Geschichte des Landes und die moralischen Botschaften der *Jatakas* zu vermitteln.

Der Buddhismus hat das ganze Leben der Burmanesen aufs tiefste durchdrungen und beeinflußt es auch heute noch sehr stark. Die Anfänge des Buddhismus in Burma sind bis heute noch in Dunkel gehüllt. Nach der ceylonesischen Chronik *Dipavansa* soll der König Ashoka (272–232 v. Chr.) bereits Missionare ins „Goldland" geschickt haben. Wieviel an dieser Ansicht richtig ist, sei dahingestellt. Mit Sicherheit läßt sich feststellen, daß Burma seit der Mitte des 1. Jahrhunderts n. Chr. ein buddhistisches Land war, in dem die beiden Ausprägungen des Buddhismus, das *Hinayana* (Kleines Fahrzeug) und das *Mahayana* (Großes Fahrzeug), blühten.

Durch die Invasion Siams (Thailand) im Jahre 1560 drangen auch hinduistische Elemente in das Puppenspiel ein. Hofgelehrte übersetzten das *Ramayana* aus dem Siamesischen ins Burmesische und stellten Rama als einen zukünftigen Buddha vor. Mit dem Ende des höfischen Protektorats durch die Annexion der Engländer im Jahre 1886 verschwand auch allmählich das Puppenspiel. 1929 gab es nur noch zwei Spieltruppen, die gelegentlich auftraten. In den letzten Jahren wurde das ehemalige höfische Marionettentheater durch osteuropäische Marionettisten, die ins Land gerufen wurden, wieder belebt.

Rangun, die Hauptstadt Burmas, und Mandalay sind als Zentren für die Herstellung von Marionetten bekannt. Dort gibt es Schulen, in denen die Anfertigung der Figuren gelehrt wird. Die aus Holz geschnitzten Fadenpuppen zeichnen sich durch ihre eleganten Bewegungen aus, die durch am Kopf, an den Beinen und Armen befestigte Fäden zustande kommen. Inspiriert vom klassischen burmesischen Tanz, lassen die Spieler ihre Marionetten graziöse Tänze aufführen. Der größte Moment der Aufführung, auf den das Publikum mit Spannung wartet, ist der Tanz eines Prinzen und einer Prinzessin. Dieser Tanz gilt als einzige erotische Passage in den sonst sehr puritanischen Aufführungen.

Eine traditionelle Marionettenaufführung besteht aus 27 Figuren, die in die Gruppe der edlen Typen und die der häßlichen bzw. bösen eingeteilt werden. Die Figuren der guten Partei, wie Elephanten, Könige, werden wie beim javanischen Schattenspiel auf der rechten Bühnenseite und die der bösen Partei, wie Affen und Tiger, auf der linken angeordnet.

China: Kult und Puppenspiel

Das chinesische Puppenspiel

Ursprung und Entwicklung

Das chinesische Puppenspiel hat sich mit ziemlicher Sicherheit aus den Kultpuppen entwickelt, die als Grabbeigaben dienten. Wie viele andere Völker begruben die Chinesen ihre Toten mit allen möglichen Utensilien. Selbst Sklaven oder Kriegsgefangene wurden, um ihren Herren wie zu Lebzeiten auch im Tode zu dienen, zusammen mit ihnen begraben. Später wurden die Menschenopfer durch nachgeahmte Figuren von Dienern und Begleitern ersetzt. Solche Figuren, die man als Yong bezeichnete, wurden zuerst aus Stroh und später aus Lehm und Holz hergestellt.

Bis zum Ende der Han-Dynastie (206 v. Chr.–220 n. Chr.) wurden Puppen bei Trauerzeremonien benutzt. Nach Ansicht einiger Forscher repräsentierten die Figuren die Toten, die durch die Fähigkeit eines Schamanen mit dem Geist der Verstorbenen belebt werden sollten, um so ins Leben zurückzukehren. Einer anderen Theorie zufolge befähigte die Puppe den Schamanen, den Geist des Verstorbenen sicher durch die Unterwelt ins Paradies zu führen.

Im Laufe der Jahrhunderte entwickelten sich aus den ursprünglich rituellen Puppen Marionetten, die bei besonderen Anlässen, wie Hochzeiten oder anderen Festlichkeiten, auftraten. Den Marionetten wurden geheimnisvolle magische Kräfte zugesprochen, mit deren Hilfe sie Einfluß auf das Leben der Menschen auszuüben vermochten. Die Vorstellung, daß die Puppen je nach Laune Gutes oder Schlechtes bewirken können, entstammt dem Denken der Menschen aus der prähistorischen Zeit Chinas. Man nahm an, daß mehr oder minder allen Dingen, selbst den scheinbar leblosen, Kräfte innewohnten. So konnte z.B. ein eigenartig geformter, moosbedeckter Stein von dieser unsichtbaren Kraft erfüllt sein.

Der Gott des langen Lebens (Handpuppe aus Taiwan, 20. Jh.) ist gekennzeichnet durch seine gewölbte Stirn; sie gilt den Chinesen als Zeichen langen Lebens und Glücks. Das von Fujian übernommene Handpuppenspiel erlebte seine höchste Blüte im frühen 20. Jh.

Chinesische Geschichten aus der Ming- und Quing-Zeit berichten von tanzenden Puppen, die ausrangierten Kisten entstiegen und zu leben begannen, da sie keinen Puppenmeister besaßen, der sie zu kontrollieren vermochte. Dem Puppenmeister kam aus diesem Grund eine große Bedeutung zu, da er allein in der Lage war, die Puppen zu beherrschen, um Unheil zu verhüten. Er bewirkte auch durch bestimmte Zauberformeln, daß sich gute Gottheiten in den Puppen manifestierten, um die bösen Geister der Umgebung zu vertreiben. Kraft seiner magischen Fähigkeiten ist der Puppenspieler immer ein Schamane gewesen.

Über die Entstehung des chinesischen Puppenspiels gibt es auch eine Anzahl von Legenden, deren populärste folgende ist: Der Handwerker Yan, der um 1000 v. Chr. gelebt haben soll, stellte Puppen her, die in ihren Bewegungen denen menschlicher Tänzer glichen. Dieser Puppenmeister wurde so berühmt im ganzen Land, daß der damalige Kaiser ihn darum bat, am Hofe eine Vorstellung zu geben. Als der Herrscher während des Spiels jedoch bemerkte, daß eine der Figuren seiner Konkubine provokativ zuzwinkerte, wurde er so wütend, daß er befahl, den Spieler hinrichten zu lassen. „Da es sich bei dem Tänzer um meinen eigenen Sohn handelt, bitte ich Sie, daß ich die Hinrichtung selbst vollziehen kann“, entgegnete der Puppenmeister dem Herrscher. Indem er dies sagte, nahm er die Puppe vor den Augen des Kaisers auseinander und offenbarte ihm seine glänzende Arbeit. Der Kaiser war so beeindruckt, daß er dem Künstler in Anerkennung seines Kunstwerks eine große Geldsumme übergab.

Die ersten schriftlichen Aufzeichnungen über das Puppenspiel finden sich in der Literatur der Tang-

Dynastie (618–907), in der eine Reihe von verschiedenen Arten von Puppenspielen erwähnt werden. Der Kaiser Hsüan-tsung, der das Puppenspiel förderte, verfaßte im Jahre 760 folgendes Gedicht:

„Holz wird geschnitzt, Fäden gezogen:
so entsteht der Greis.
wie Haut vom Huhn,
wie Haar vom Reiher;
beide wirken echt.
Im Nu ist das Spiel aus,
und nichts regt sich
wie das Menschenleben
in einem Traum."

Aus der Song-Dynastie (960–1279) sind lange Listen von Namen bekannter Puppenspieler überliefert, die zugleich als Schauspieler tätig waren.

Die Formen des Puppenspiels

Folgende verschiedene Formen des Puppenspiels werden in China unterschieden:

1. Die Fadenpuppen T'i-hsien k'uei lei

Zum ältesten Puppentheater Chinas zählt wahrscheinlich das Marionettentheater, das bereits während der Tang-Dynastie (618–907) in China hoch entwickelt war. Mehr als alle anderen Arten des Puppenspiels zeichnet sich das Marionettentheater durch seine spirituellen und rituellen Elemente aus. Vorführungen fanden anläßlich von Hochzeiten, Geburtstagen, Hauseinweihungen, Beerdigungen und Katastrophenfällen statt, um die Geister zu versöhnen und böse Kräfte zu vertreiben.

Der Puppenspieler selbst trat als Schamane auf, um böse Geister zu bannen und durch bestimmte Zauberformeln eine positive Gottheit herbeizubeschwören, die die Puppe bewohnen sollte. Zu einem der wichtigsten Kulturrequisiten des Schamanen gehört die Trommel, mit deren Hilfe die Geister gerufen bzw. vertrieben werden. Das Schlagen dieser Trommel gehörte von daher auch in jedes Ritual, das einer Puppenvorführung voranging.

In der südöstlichen Provinz von Fujian und in Guangdong hat sich dieses rituelle Marionettenspiel bis ins 20. Jahrhundert erhalten können. Als bekanntestes Marionettentheater galt das in Quanzhou (Provinz Fujian) beheimatete „Theater des günstigen

Traditionelle chinesische Fadenpuppenvorführung (Holzschnitt aus dem 16. Jh. als Illustration einer Enzyklopädie). „Durch eine Bewegung werden alte Geschichten von tausend Herbsten geschaffen. Innerhalb eines Meters werden tausend Meilen von Bergen und Flüssen erzeugt" Inschrift eines Puppentheaters aus der Provinz Fujian).

Das chinesische Figurentheater entwickelte sich aus kultischen Anfängen zu einem Repertoire-Theater. Sein Angebot war auf die Bedürfnisse eines Dorffestes ebenso eingestellt wie auf die Erwartungen eines städtischen Publikums. Den von der Außenwelt abgeschirmten Frauen im Kaiserpalast von Peking brachten die Puppenspieler die Oper ins Gemach.

Rituals" (jia-li xi), das aller Wahrscheinlichkeit nach im 10. Jahrhundert mit der Flucht der Menschen vor den einfallenden nomadischen Stämmen im nördlichen China nach Süden gelangte. Die Puppenspieler des jia-li xi genossen im feudalen China im Unterschied zu den Spielern der anderen Puppenspielarten, die man mit Kriminellen, Sklaven und Prostituierten gleichstellte, einen einzigartigen hohen Status. So durften sie das lange Gewand und den zeremoniellen Hut der Gelehrten tragen.

Eine Marionettentruppe bestand bis 1949 traditionsgemäß aus vier Spielern und vier Musikern, die Trommeln, Gongs, Flöten und Zimbeln spielten. Die meisten Truppen besaßen 36 Puppen, die man wie in der chinesischen Oper in vier Kategorien einteilte: Sheng (männliche Rollen), Dan (weibliche Rollen), Jing (die geschminkten Gesichter) und Chou (die Clowns) oder wie in Quanzhou Za (die verschiedenen Typen).

Die Puppen besaßen acht bis sechzehn Fäden (heute bis zu 32), mittels derer Kopf, Arme, Hände und Füße bewegt wurden. Man unterschied drei Arten von Füßen, die auf den sozialen Status der Puppen hinwiesen: barfüßige-, Frauen- und gestiefelte Füße. Bei den Händen wurde zwischen der unbeschuhten Hand und der „kämpferischen", zu einer Faust geballten Hand unterschieden.

Der auf Seite 11 wiedergegebene Holzschnitt aus dem 16. Jahrhundert vermittelt einen Eindruck von einer chinesischen Marionettenaufführung. Zwei Spieler, verdeckt durch eine bemalte Kulisse, führen jeweils vier Fäden in der einen und einen Faden in der anderen Hand und dirigieren auf diese Weise die Bewegungsabläufe der Puppe. Auf dem linken Querbalken hängen vier weitere Marionetten, die auf ihren Auftritt warten. Der Balladensänger steht auf einer Estrade und schlägt mit der linken Hand den Takt mit der Klapper (Pan), mit der rechten Hand den Gong (Hsia-lo) und die kleine Theatertrommel (Tan-pi-ku).

Die Marionettenbühne präsentiert sich als direktes Vorbild der Opernbühne. Sie besteht aus einem zum Publikum hin offenen Rechteck. An der Rückwand befinden sich ein Tisch und zwei Stühle, deren Aufstellung über den Ort der Handlung Auskunft gibt. Einen Vorhang gibt es nicht. Die Marionetten bzw. die Schauspieler treten von links (Osten) auf – d. h. auf der Seite des Yang – und bewegen sich auf einem Halbkreis nach rechts. Nur die Geister aus dem Schattenreich des Todes haben ihren Auftritt von rechts (Westen), der Yin-Seite.

Private Fadenpuppenvorführung (Holzschnitt aus der Ming-Dynastie).

2. Die Stabpuppen Chang-t'ou k'uei lei

Die Stabpuppen, deren Ursprünge der mündlichen Überlieferung nach auf die Tang-Dynastie (618–907) zurückgehen, sind heute in fast allen Provinzen Chinas anzutreffen. Sie werden mit Hilfe eines Hauptstabes, der oft nichts weiter als ein verlängerter Hals ist, bedient. Zwei Stäbe aus Holz kontrollieren die Hände.

Die Größe der Puppen weist auf die regionalen Unterschiede hin. So wurden im nördlichen China die kleinen, in den Provinzen Sichuan, Hunan und Guangdong, auf der Insel Hainan sowie in den Städten Yangzhou und Shanghai die mittelgroßen und in der nördlichen Provinz von Sichuan die lebensgroßen

Stabpuppen gespielt. Einer Legende nach soll das Stabpuppenspiel zur Zeit des im 8. Jahrhundert lebenden Kaisers Ming Huang entstanden sein. Einer seiner Minister kehrte in seine Heimat Guangdong zurück und beschloß, Musik- und Tanzvorführungen, die er am Hof des Kaisers gesehen hatte, nachzuschaffen. Da man im Süden jedoch niemand fand, der als Schauspieler auftreten wollte, ersetzte man die menschlichen Darsteller durch Stabpuppen.

3. Die Wasserpuppen Con múa r'ôi

Die Wasserpuppen, die eine besondere Rolle in der Song-Zeit (960–1279) spielten, gibt es heute noch in Vietnam (siehe Seite 130–133). Diese Puppen werden von einer schwimmenden Bühne aus in einem Teich oder in einem See bewegt. Die Spieler, die halb im Wasser stehen, hantieren die Puppen mit langen Bambusstäben, die mit einer Plattform enden, auf der die Puppe befestigt ist.

4. Die Fleischpuppen

Die „Puppen aus Fleisch", die als Vorläufer der Handpuppen zu betrachten sind, waren Kinder, die auf den Schultern der Erwachsenen saßen, sangen, tanzten und wie die Puppen agierten.

5. Die Handpuppen Chang-chung k'uei lei

Im 16. Jahrhundert kam in der Provinz Fujian das Handpuppenspiel auf, das sich noch heute in ländlichen Gebieten und auf der Insel Taiwan großer Beliebtheit erfreut. Während die Puppen von Fujian sehr kleine Holzköpfe besitzen, zeichnen sich die taiwanischen durch ihre großen Köpfe aus.

Das Handpuppentheater, das man auch als Puppenoper bezeichnen könnte, steht in enger Beziehung zur chinesischen Oper. Die Puppen, die genauso geschminkt und gekleidet sind wie die Schauspieler der Oper, führen Episoden aus bekannten Opern vor. Bis in Details der Gestik hinein ist das Puppentheater mit der chinesischen Oper identisch. So „stirbt" die Puppe (der Opernstar) mitunter, indem sie (er) wie ein Stock rückwärts fällt, oder eine junge Dame gleitet unsichtbaren Schrittes mit bewegungslosem Rumpf über die Bühne, und einzig ihr Kopf oder ihre Hand deuten auf eine Gehbewegung hin. Die Führung der Handpuppen setzt ein langes und anstrengendes Training voraus. Genauso wie ein Ballettänzer

Kopf einer Stabpuppe (Südchina, 19. Jh.).

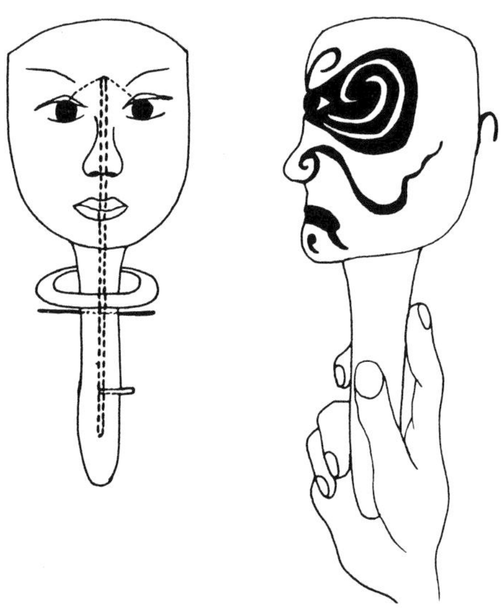

Einige Stabpuppen besitzen bewegliche Augen, Augenlider, Münder und Ohren. Sie sind mit einem Mechanismus im hohlen Kopf der Puppe verbunden.

Handpuppenspiel-Aufführung (vgl. S. 8).

die fünf Grundpositionen zu beherrschen hat, muß der Puppenspieler zuerst die grundlegenden Finger- und Handpositionen erlernen. Der zweite Schritt der Ausbildung besteht darin, daß der angehende Puppenspieler lernt, die einzelnen Stellungen zu einem Bewegungsablauf zu koordinieren. Es gibt ungefähr 30 verschiedene Arten von Bewegungen, die zum täglichen Übungsprogramm des Spielers gehören. Im nächsten Stadium wird der Spieler in den komplizierten akrobatischen Kampfszenen unterrichtet, um diese naturgetreu durch seine Puppen zur Darstellung bringen zu können.

Ist das dreijährige Grundstudium abgeschlossen, wird der Spieler in den folgenden Jahren mit der chinesischen Oper bekannt gemacht. Er studiert die dramatischen Elemente und die Bewegungen der Schauspieler, um diese später auch im Puppenspiel nachbilden zu können.

Die ersten Handpuppen wurden von zwei Spielern, dem Hauptspieler Tou- shou (führende Hand) und seinem Assistenten Zhu-shou (helfende Hand), gespielt. Während die „führende Hand" sang, sprach und die Hauptrollen übernahm, betreute die „helfende Hand" die kleineren Rollen. Die Handpuppen werden meist mit allen fünf Fingern gespielt, was der Figur artistische Beweglichkeit verleiht. Die Hände der Puppen sind so konstruiert, daß sie alle möglichen Theaterrequisiten halten können. In einigen Fällen besitzen sie sogar einzelne Finger. Der Kopf der Puppe ist aus Holz geschnitzt und hat mitunter bewegliche Augen, Lippen und kann sogar die Nase und die Zunge bewegen.

6. Schattenfiguren (Pi-ying)

Einer Legende nach soll das Schattentheater seinen Ursprung bereits in der Han-Dynastie (206 v. Chr.–220 n. Chr) haben. Fundierten Quellen zufolge ist das Schattenspiel jedoch erst in der Song-Dynastie (960–1278) entstanden. Aus einer Notiz aus dem Jahre 1235 geht hervor, daß die damaligen Gestalten aus Papier gefertigt waren, das erst in späterer Zeit durch das haltbare Leder abgelöst wurde.

7. Drahtstabpuppen (Tieh-hsie k'uei lei)

In der Region von Chaozhou südlich der Provinz Fujian und östlich der von Guangdong entwickelte sich Ende des 19. Jahrhunderts aus dem Schattenspiel eine besondere Art von Theater, das als „Theater der Schatten mit runden Körpern" oder das „Drahtstabpuppentheater" bezeichnet wird. Es handelt sich um eine Mischung aus Schatten- und Puppenspiel. Der Körper dieser feinen und prächtig gekleideten Figuren ist entweder aus Holz geschnitzt oder mit Reisstroh ausgestopft. Die beweglichen Arme und Beine sind aus Holz und die Hände aus Papiermaché. Die Figuren, die ähnlich wie die Schattenfiguren gehandhabt werden, besitzen wie diese auswechselbare Köpfe. Ein Stab befindet sich, befestigt an einem Eisenring, am Rücken der Figur. Zwei weitere Führungsstäbe aus Draht oder Eisen, deren untere Enden mit Holzgriffen versehen sind, werden an den Handgelenken der Figur befestigt. Das Repertoire der Stücke ist der Regionaloper von Chaozhou entnommen. In Hongkong kann man noch heute diese Art von Puppenspiel in den Bezirken, in denen ehemalige Bewohner von Chaozhou leben, bewundern.

Themen aus Taoismus und Buddhismus, Literatur und Geschichte

Im allgemeinen stellen die Stücke des chinesischen Figurentheaters dramatisierte Themen aus historischen und mythologischen Romanen und Erzählungen dar. Neben diesen sind die buddhistischen und taoistischen Stücke ein wichtiger Bereich des dramatischen Stoffes im Puppenspiel.

Der Taoismus hat ebenso wie der Buddhismus einen großen Einfluß auf das Leben und Denken der Chinesen ausgeübt. Das Wort *tao*, das mit „Weg" oder „Pfad" übersetzt wird, ist für den Taoisten der im Grunde unfaßliche Urgrund der Welt. Das Tao ist die uranfängliche Einheit, das zeitlose, alles durchdringende Prinzip des Universums, die Pforte zu allen Mysterien, das kosmische Gesetz, das Absolute. Es ist der Urquell allen Seins und im Gegensatz zu der Erscheinungswelt das einzig Bleibende und von ewiger Dauer. Obwohl dieses Tao unfaßbar ist, kann der Mensch sich dennoch des Tao innewerden, indem er demütig und hingebungsvoll sein Walten in den Gesetzen der Natur und des Weltablaufs erfühlt und es zum Richtmaß des Lebens macht.

Die Taoisten, die alle starren Normen und Formen des Zwangs und der Künstlichkeit ablehnten, fanden den Zugang zum ewigen Leben im Verstehen der geheimen Naturvorgänge. Die Sehnsucht der Taoisten nach einem höheren Leben und der Hang zum Phantastischen und Wunderbaren hat auf die Entwicklung des Taoismus bestimmend eingewirkt, indem er ihn zwei neue Richtungen einschlagen ließ, die ihn beide gleichermaßen von der ursprünglichen Lehre entfernten. Die eine Richtung führte zu einer alchemistischen Geheimlehre, die andere zum religiösen Taoismus, den man auch als den esoterischen oder Vulgärtaoismus bezeichnet.

Im religiösen Taoismus spielte der Glaube an die sogenannten Sien oder Genien, denen übernatürliche Kräfte zugeschrieben werden, eine große Rolle. Diese Einsiedler oder Genien, die eine Art Mittelstellung zwischen Menschen und Göttern einnahmen, galten als Wundermänner und Zauberer, die nicht nur in der Lage waren, Dämonen zu bezwingen, sondern auch die Fähigkeit besaßen, die Lebensdauer beliebig zu verlängern, sogar die Unsterblichkeit zu erlangen, durch die Luft zu fliegen, ihre Seele nach Belieben von ihrem Körper zu trennen, um sich in einem anderen niederzulassen und an mehreren Orten zugleich zu weilen, und was dergleichen magische Künste mehr sind. Die ehrfurchtsvolle Scheu, mit der man jene Einsiedler betrachtete, mag denn wohl bewirkt haben, daß ihr Beispiel bald zahlreiche Nachahmer fand, aus denen in der Folge die Adepten der taoistischen Alchemie hervorgingen. Die hauptsächlichsten Probleme, an denen sie jahrhundertelang gearbeitet und über die sie eine bändereiche Literatur zusammengeschrieben haben, war erstens die Verlängerung der Lebensdauer über die normalen Grenzen hinaus und so dann die Herstellung von Gold auf künstlichem Weg" (Grube, Wilhelm: Religion und Kultus der Chinesen, S. 90). Bis auf den heutigen Tag wird von den Alchemisten Lao-Tse, der Begründer des Taoismus, als Schutzpatron ihrer Lehre verehrt. Kaum herangewachsen, soll sich Lao-Tse in die Lehre eines Sien begeben haben, der ihn in alle magischen Künste und geheimen Wissenschaften einwies, so daß er schließlich auch die Fähigkeit erlangte, sein Leben zu verlängern. Von dieser Kunst machte er dann auch Gebrauch, indem er mehrere hundert Jahre auf Erden wandelte, bis er im Jahre 1040 in einem Wagen nach Westen entschwand. So gelangte er nach Indien, wo er als Buddha wiedergeboren wurde.

Viele taoistische Stücke sind Szenen des mehrteiligen Dramas „Die Chaosbüchse", das als eines der wichtigsten Stücke im klassischen Repertoire des Pekinger Schattentheaters angesehen wird. Das Stück handelt vom Kampf des Oberhauptes der taoistischen Priesterschaft gegen eine Vielzahl von Tierdämonen, die im Auftrag der Göttin Jinhua versuchen, den Oberpriester in ihre Gewalt zu bringen. Dieser ist jedoch durch seinen Kontakt mit den überirdischen Mächten und seiner mit Qui, der Ursubstanz des Universums (= Chaos), gefüllten Schachtel den Dämonen stets überlegen.

Gegen Ende der Han-Zeit gelangte von Indien aus auch der Buddhismus nach China, der sich in hohem Maße den Anschauungen des chinesischen Volkes anpaßte. Dies zeigte sich namentlich in der Verschmelzung, die er mit dem chinesischen Ahnenkult und mit den philosophischen Lehren des Taoismus einging. Durch den Buddhismus hat der dunkle Glaube der Chinesen an ein Fortleben nach dem Tode einen sinnlich faßbaren Inhalt erhalten. „Indem der Buddhismus an den Ahnenkult als das Punctum saliens des religiösen Glaubens der Chinesen anknüpfte, wandte er gleichzeitig seine eschatologischen Lehren von der Seelenwanderung, von Himmel und Hölle auf ihn an und gab dadurch auch ihm neue Formen" (Grube, S. 198).

Szene aus der „Wanderung durch die Hölle". Von links nach rechts: Der Goldflußdrache mit abgeschlagenem Haupt, Kaiser Taizong, ein Minister des Kaisers, ein General und schließlich ein Höllendiener.

Die buddhistische Mythologie beeinflußte nicht nur die bildende Kunst, sondern wirkte auch sehr befruchtend auf die chinesische Literatur. So entlehnen die in China so beliebten Erzählungen phantastisch- mythologischen Inhalts ihre Stoffe zum großen Teil dem buddhistischen Sagenkreis. In den buddhistisch geprägten Stücken, die auch zur religiösen Propaganda benutzt wurden, „wird sowohl das den religiösen Vorschriften entsprechende, richtige moralische Verhalten vorgeführt, wie auch verschiedene Abweichungen vom richtigen Weg. Dabei spielen die Vorstellungen einer ausgleichend wirkenden Gerechtigkeit in der Unterwelt sowie die Wiedergeburtenlehre des Buddhismus eine große Rolle. Prinzipiell ist es jedem Lebewesen möglich, in dem Wechsel von Existenz und Buße, von Schuld in der Hölle schrittweise dem Stadium der Vollkommenheit nahezukommen" (Simon, Rainald: Das chinesische Schattentheater, S. 42).

Die Schattenspielabbildung oben stellt die Wanderung durch die buddhistische Hölle dar, die aus zehn Höllentribunalen besteht, denen die zehn Könige der Unterwelt vorstehen. Nach Ansicht der Buddhisten betritt die abgeschiedene Seele nach einer sieben mal sieben Tage dauernden qualvollen Wanderung durch die verschiedenen Höllen in der zehnten Hölle das Rad der Wiedergeburten, das als eine Art riesiges Karussell mit 81 Abteilungen vorzustellen ist. Je nach Schwere der in ihrem früheren Leben begangenen Sünden wird der Seele eine entsprechende neue Existenz zugeteilt. Sie wird solange wiedergeboren, bis keine Schuld mehr abzubüßen ist. Erst dann kann sie endgültig ins Nirwana eingehen.

Zu einem der bekanntesten mythologischen Romane Chinas zählt „Die Reise nach dem Westen", der von Wu Chengen (1510–1582) verfaßt wurde. Im Mittelpunkt des Romans steht die Indienreise des Mönchs Xuan Zang in den Jahren 629–645, der neben Reliquien und Buddhastatuen viele Sanskrit-Texte nach China brachte und den Rest seines Lebens damit verbrachte, diese zu übersetzen. Eine wichtige Rolle im Roman spielt der Affenkönig Sun Wukong, der Jünger und Reisebegleiter von Xuan Zang. Dieser Affe ist ähnlich wie der hinduistische Affengott Hanuman mit übernatürlichen Kräften begabt, die er auf der Reise in neun mal neun Abenteuern gegen Dämonen, Zauberer und Ungeheuer einsetzt. Der Roman endet damit, daß der Mönch Xuan Zang zusammen mit dem Affenkönig und Sun Wukong zwei weiteren Begleitern die buddhistischen Sutren sicher nach China bringt, wo er schließlich die Erleuchtung findet.

Die Erzählung „Die Weiße Schlange“, die die Ehe eines Menschen mit einem zauberischen Tierweibchen und die daraus sich ergebenden Folgen zum Inhalt hat, gehört zu einer der beliebtesten Erzählungen Chinas, die für das Theater, die Oper und das Puppenspiel dramatisiert wurde. Die unsterblich gewordene Weiße Schlange lebte viele, viele Jahre glücklich in den himmlischen Regionen. Nach 500 Jahren der Läuterung auf dem Berg E Mei in Sichuan erwirbt sie die Fähigkeit, sich in ein schönes Mädchen zu verwandeln und in die Welt der Sterblichen zurückzukehren. Auf ihrem Weg trifft sie auf die Blaue Schlange, die ebenfalls die Gestalt eines jungen hübschen Mädchens angenommen hat. Die Weiße Schlange macht sie zu ihrer Dienerin, und die beiden begeben sich zu den Ufern des Westsees. Dort treffen sie auf den jungen Gelehrten Xu Xian, zu dem die Weiße Schlange eine tiefe Liebe empfindet. Die beiden heiraten und ziehen nach Zhenjiang am Yangtse, wo die Weiße Schlange ihrem Mann eine Drogerie einrichtet. Fa Hai, der Abt eines buddhistischen Klosters, weist Xu Xian darauf hin, daß seine Frau in Wirklichkeit ein Geist sei. Er gibt ihr einen Heiltrank, der sie in ihre ursprüngliche Form als Schlange zurückverwandelt. Bei ihrem Anblick stürzt Xu Xian vor Schrecken tot auf die Erde. Die Weiße Schlange steigt zum Himmel empor, wo sie auf alle möglichen Hindernisse stößt, und holt eine Wunderpflanze, die ihren Mann zum Leben erwecken soll. Wieder lebendig geworden, flüchtet Xu Xian in das buddhistische Kloster, wo ihn der Abt unter seinen Schutz nimmt. Die Weiße Schlange findet den Abt und bittet ihn, ihren Mann zurückzugeben. Als ihre Bitte vergeblich bleibt, bildet sie eine Armee aus Wasserwesen, die das Kloster angreifen und ihren Mann befreien soll. Die Schlacht bleibt jedoch unentschieden. Da die Weiße Schlange von Xu Xian ein Kind erwartet, erlaubt der Priester ihr, zusammen mit der Blauen Schlange nach Hause zurückzukehren und dort bis zum Tage der Geburt ihres Kindes zu bleiben. Gerührt von der Liebe seiner Frau, begibt sich auch Xu Xian wieder nach Zhanjiang in das gemeinsame Haus, wo die Blaue Schlange ihn bei seiner Ankunft mit einem Schwert zu töten versucht, da er der Grund allen Unglücks ist. Die Weiße Schlange wirft sich dazwischen, um ihrem geliebten Mann das Leben zu retten. Bis zur Geburt des Sohnes leben die beiden glücklich zusammen. Dann wird die Weiße Schlange vom Abt des Klosters gefangengehalten, und erst Jahre später wird sie von ihrem Sohn erlöst und darf ins Reich der Unsterblichen zurückkehren.

Als eine der bekanntesten Liebesgeschichten Chinas, die für das Theater bearbeitet wurde, gilt „Der Pavillon des Westens“. Der Inhalt dieser Geschichte ist folgender: Der junge Gelehrte Zhang lernt während eines Gottesdienstes in einem Kloster Yingying kennen, in die er sich verliebt. Sie gibt sich ihm hin, und er verspricht ihr in einem Brief seine ewige Treue. Kaum ist der junge Mann jedoch wieder in der Hauptstadt, vergißt er das Mädchen. Einige Jahre später, als die beiden bereits verheiratet sind, kommt Zhang wieder in die Provinz zurück, in der Yingying lebt, um diese zu sehen. Yingying weist ihn jedoch höflich mit einem Gedicht ab.

In der späteren Adaption dieser Geschichte für die Bühne verlor das Thema seine Tragik. Es kommt zu einem glücklichen Ende. Der Gelehrte Zhang trifft in einem Kloster, das von Räubern besetzt ist, das Mädchen Yingying. Die Mutter von Yingying verspricht, die Hand ihrer Tochter demjenigen zu geben, dem es gelingt, sie beide aus den Händen der Räuber zu befreien. Dank der Hilfe eines Generals kann Zhang Mutter und Tochter aus der gefährlichen Situation retten. Die Mutter bricht jedoch ihr Versprechen, und Zhang wird krank vor Liebeskummer. Hongniang, der Diener Zhangs, hat Mitleid mit den Verliebten und arrangiert ein heimliches Treffen zwischen den beiden. Als die Mutter von diesem Treffen erfährt, akzeptiert sie die Heirat unter der Bedingung, daß Zhang zunächst in die Hauptstadt geht, um sein Examen abzuschließen. In der Zwischenzeit erhält Yingying einen gefälschten Brief von einem Neffen der Mutter mit der Mitteilung, daß Zhang die Verbindung lösen wolle. Die beiden Liebenden halten sich jedoch die Treue und widerstehen allen Hindernissen, die sich ihnen entgegenstellen. Am Ende werden sie schließlich für ihre Treue belohnt, und es kommt zu einer endgültigen Vereinigung.

Besonders umfangreich sind die historischen Stücke, in denen die konfuzianische Moralethik eine Rolle spielt. Der Roman „Die drei Reiche“, der bereits in der Song-Zeit bedeutend war, gilt als einer der wichtigsten historischen Romane. Sein Gegenstand ist die militärische Auseinandersetzung während der ausgehenden Han-Zeit (um 200) und die Gründung der drei Staaten Wei, Shu und Wu.

Handpuppen von Taiwan (20. Jh., Höhe 50 cm). Die taiwanischen Handpuppen unterscheiden sich insbesondere durch ihre Größe von denen des Festlands (50–55 cm im Unterschied zu den Figuren aus Fujian von 20–35 cm).

Die Blaue und die Weiße Schlange als Stabpuppen.

Die Weiße Schlange und ihr Schwager (Schattenfiguren aus Sichuan, Anfang 19. Jh.).

Romeo und Julia – chinesisch. Die Liebesgeschichte „Der Pavillon des Westens“ gehört zu einer der bekanntesten und beliebtesten Erzählungen Chinas. Sie wurde sowohl für das „Große Theater“ als auch für das Figurentheater dramatisiert.

Die Abbildung oben zeigt Yingying, die einen Brief von ihrem geliebten Zhang liest, während die Dienerin sie beobachtet. Auf der Abbildung rechts bringt die Dienerin dem liebeskranken Zhang einen Brief seiner Geliebten.

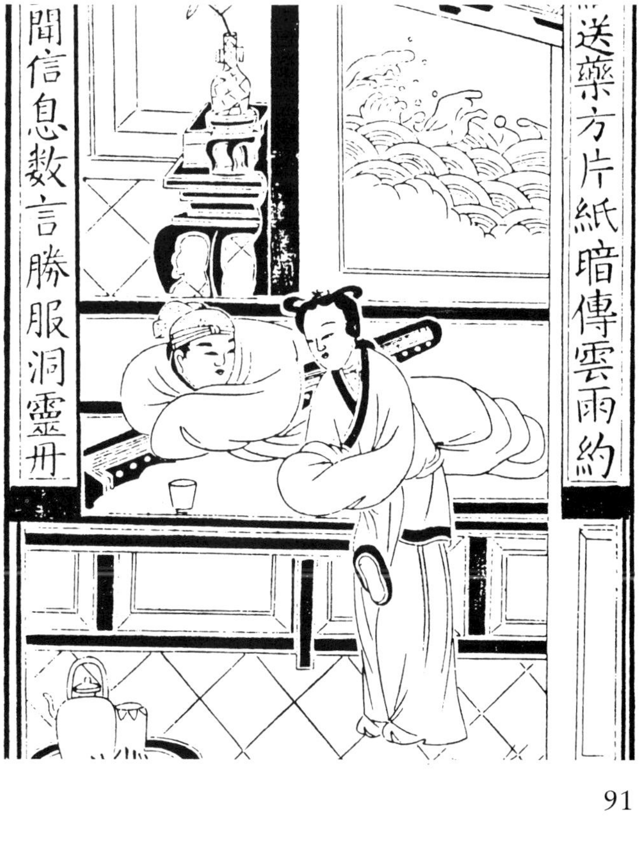

Chinesische Handpuppen aus Fujian (Anfang 20. Jh.).

Edle Figur, die durch die elegant geschwungenen Augenbrauen, die schrägen Augen, die schmale Nase und den fein geformten Mund gekennzeichnet ist.

Figur mit geschminktem Gesicht (Jing-Charakter). Die Schminkmaske hat sowohl in der Oper als auch im Figurentheater Chinas große Bedeutung. Die Augen und der Mund der abgebildeten Figur sind beweglich.

Chinesische Handpuppen (Fujian, 19. Jh.). Die ca. 30 cm großen Figuren haben kleine, aus Holz geschnitzte Köpfe, die mit besonderer Sorgfalt gestaltet werden. Sie bilden ein wahres Kunstwerk. Für ihre Herstellung werden oft zwei bis drei Monate benötigt. Der Unterkiefer und die Mund-, Nasen- und Augenpartie des alten Mannes rechts sind beweglich.

Ein chinesisches Puppenspiel

„Das bemalte Gesicht" – ein Handpuppenspiel

Ein in China heute sehr erfolgreiches Puppenspiel ist *Hua pi* (Das bemalte Gesicht), das im 17. Jahrhundert von Pu Songling für das Theater verfaßt wurde. Es wurde 1978 von den Longxi- Handpuppenspielern bearbeitet und gehört seitdem zu einem der beliebtesten Spiele dieser Truppe. Die ursprünglich ziemlich komplizierte Geschichte handelt von einem Gelehrten, der in den Bann eines bösen Dämons gerät. Für das Puppenspiel wurde diese Geschichte jedoch auf das Wesentliche beschränkt. Das Spiel warnt davor, dem schönen Schein zu trauen und führt zugleich vor, daß auch der Hochgebildete nicht immer Gut und Böse zu unterscheiden vermag.

Der Ort der Handlung ist das Zimmer eines Gelehrten. Durch das Fenster sieht man eine in Nebel gehüllte, mondbeschienene Landschaft. An seinem Tisch liest Wang bei Kerzenlicht in einem Buch. Man hört das Rauschen der Bäume im Wind, und Wang steht auf, um an das Fenster zu treten. Er schiebt die Gardine beiseite und genießt das Mondlicht, verloren in melancholische Träume.

Wang *(rezitiert)*: Wie Wasser spritzt das Mondlicht durch das Fenster. Ungebunden fühle ich mich allein in dieser Welt.

(Der alte Diener betritt mit einer Laterne in der einen und einem Teetablett in der anderen Hand das Zimmer.)

Der alte Diener *(verbeugt sich mit gefalteten Händen)*: Meister, es ist schon sehr spät. Sie sollten lieber ins Bett gehen. *(Reicht ihm den Tee.)*

Wang *(nimmt den Tee entgegen)*: Geh du schlafen. *(Schickt ihn fort.)*

Der alte Diener: Ja.

(Der alte Diener verläßt mit seiner Laterne das Zimmer und geht draußen spazieren. Als der Wind sein Licht ausbläst, beginnt der Diener zu schwanken. Im nächsten Augenblick erscheint vor ihm aus einem Bambuswäldchen ein grimmiger Dämon.
Der alte Diener eilt davon.)

Dämon *(lachend)*: Ha! Ha! Ha! *(schreit plötzlich)*: Verwandle dich!

(In eine blaue Wolke gehüllt verwandelt sich der Dämon in eine hinreißend schöne Frau. Die Schöne spaziert auf Zehenspitzen zum Studierzimmer, schaut hinein und klopft ans Fenster. Als sie sieht, daß Wang schläft, nimmt sie einen Kieselstein und wirft ihn gegen das Fenster. Wang wacht sofort auf und blickt um sich. Da er nichts Ungewöhnliches bemerkt, setzt er sich wieder, um weiter zu lesen. Draußen beginnt die schöne Frau zu weinen und umklammert ein Taschentuch. Als er die Tür öffnet, um nachzusehen, wer weint, eilt die Dame in den Bambuswald.)

Wang: *(entdeckt die weinende Dame im Bambuswald)*: Oh! *(Geht auf sie zu und begrüßt sie.)* Fräulein...

(Die Dame wendet schüchtern den Kopf ab. Betäubt von ihrer Schönheit spricht Wang zum Publikum.)

Wang: Oh! Sie ist wirklich eine große Schönheit. (Er wirft der Dame, die bewußt ihren Kopf von ihm abwendet, verstohlene Blicke zu.) Fräulein, darf ich Sie fragen, was Sie so unglücklich macht, daß Sie mitten in der Nacht weinen?

Die Schöne: Sie können meinen Kummer nicht lindern, da Sie ein Fremder für mich sind. Warum fragen Sie mich?

Wang: Bitte sagen Sie mir, warum Sie so traurig sind. Ich werde alles tun, um Ihnen zu helfen.

Die Schöne *(täuscht schüchternes Zögern vor)*: Also gut. *(Sie singt.)* Der Grund für meine Trauer ist, daß meine unvernünftigen Eltern mich als Konkubine in eine reiche Familie verheiraten wollten. Mein trauriges Schicksal beklagend verließ ich das Haus, um der Heirat zu entgehen.

Wang: Das ist also der Grund. Aber wohin wollen Sie jetzt gehen?

Die Schöne: Ich habe keine Verwandten und weiß nicht, wohin ich gehen kann. Wie unglücklich bin ich nur! *(Weint wieder.)*

Wang: Fräulein, seien Sie nicht so traurig. Möchten Sie nicht für eine Weile in meinem Studierzimmer bleiben? Ich werde sehen, was ich für Sie tun kann.

Die Schöne: Bitte.

(Wang und die Schöne gehen in das Studierzimmer.)

Wang *(gießt Tee in ein Glas und bringt es der Schönen)*: Fräulein, hier ist Ihr Tee!

Die Schöne: Vielen Dank, junger Gelehrter. *(Nimmt die Tasse Tee entgegen, läßt sie jedoch mit Absicht zu Boden fallen.)* Oh, nein!

(Wang und die Schöne knien sich beide nieder, um die Tasse vom Boden aufzuheben. Die Schöne tut so, als ob sie fallen würde.)

Wang: Oh! *(Hilft der Schönen beim Aufstehen.)* Sind Sie verletzt?

Die Schöne: Nein, nein! Vielen Dank für Ihre Hilfe. *(Sie wendet sich schüchtern ab, wirft ihm jedoch zugleich verliebte Blicke zu. Wang betrachtet die Schöne voller Leidenschaft.)*

Wang *(verwirrt)*: Fräulein, bitte setzen Sie sich!

(Wang holt einen Stuhl herbei und säubert ihn mit seinen Ärmeln.) Bitte, setzen Sie sich!

(Die Schöne dankt ihm und setzt sich. Sie greift nach einem Saiteninstrument, das auf dem Tisch des Gelehrten liegt, und beginnt, an den Saiten zu zupfen.)

Wang: Soll Ihr ergebener Diener Ihnen etwas Musik vorspielen, um Ihren Geist zu erheitern?

Die Schöne *(lächelt ihn gewinnend an)*: Wie soll ich die Freundlichkeit erwidern, mein Lieber?

(Wang spielt das Instrument, während die Schöne kokett lächelt.)

Chinesische Drahtstabpuppen (Chaozhou, Ende 19. Jh.).
In den Kostümen der Figuren hat sich der Formenvorrat einer Jahrhunderte alten Mode niedergeschlagen.
Die Gewänder weisen auf den sozialen Rang, das Alter und den Beruf der Gestalten hin.

Die Schöne: Bravo! Die Melodie ist so wunderschön.

Wang: Sie scheinen sich gut in der Musik auszukennen. Wie schade, daß ich Sie nicht schon früher getroffen habe.

Die Schöne *(drückt Wangs Hände schüchtern auf das Instrument)*: Entschuldigen Sie meine Kühnheit. Darf ich Sie darum bitten, mir das Spielen beizubringen?

Wang: Mit Vergnügen! *(Hält ihre Hände, um sie zu führen und singt)*:

Der helle Mond teilt meine tiefen Gefühle;
Was für ein Vergnügen ist es doch,
jemanden zu finden,
der die innersten Gedanken versteht.

Die Schöne (singt):

Tief von Ihren Gefühlen bewegt,
werde ich Ihnen eine Begleiterin
für das ganze Leben sein.

(Die Schöne schmiegt sich eng an Wang. Der alte Diener kommt herein. Als er die beiden erblickt, verläßt er sofort wieder das Zimmer. Wang spielt das Saiteninstrument, und die Schöne tanzt verführerisch.)

Wang: Alter Diener, bring uns etwas Wein!

(Der alte Diener kommt zurück mit Wein und einem Teller mit Speisen. Er nimmt Wang beiseite.)

Der alte Diener: Junger Meister, es ist Mitternacht, und wir wissen überhaupt nicht, wer diese Dame ist.

Wang *(ärgerlich)*: Sei nicht so mißtrauisch! Laß uns allein!

Der alte Diener *(versucht ihn zu überzeugen)*: Junger Meister, junger Meister!

Wang: Sag kein einziges Wort mehr! Geh hinaus!

(Flattert mit seinen Ärmeln als Zeichen, daß der Diener verschwinden soll. Dann nähert sich Wang der Schönen. Der alte Diener geht, wobei er hilflos und ärgerlich den Kopf schüttelt.)

Wang: Verdammt noch mal, was für ein Ärgernis ist dieser Mann!

Die Schöne *(schmeichlerisch)*: Der Diener ist einfach dumm. Nehmen Sie es sich nicht zu Herzen. Lassen Sie mich Ihnen ein Glas Wein anbieten! *(Sie zwingt Wang dazu, den Weinkrug zu leeren.)*

Wang: Ha! Ha! Ha! *(Torkelt betrunken hin und her.)* Oh! *(Er fällt um, und die Schöne hilft ihm, ins Bett zu kommen.)*

Wang *(murmelt vor sich hin)*: Schöne Dame, schöne Dame, kommen Sie schnell ins Bett...

(Die Schöne blickt um sich und bricht in ein unnatürliches Gelächter aus. Als eine Wolke aus blauem Dunst erscheint, fällt plötzlich die bemalte Haut von ihr ab, und die Schöne nimmt wieder ihre wahre Gestalt als Dämon an.)

Dämon *(ergreift Wang am Kragen)*: Gelehrter Wang, jetzt besitze ich dich!

Wang *(wird sofort wach)*: Nein!

Dämon *(lacht eiskalt)*: Dein Leben ist beendet!

(Wang fällt erschrocken zu Boden. Als er sich mühsam vom Boden erheben will, verliert er seine Kappe. Er flattert mit seinen weiten Ärmeln und bittet den Dämon zu gehen. Laut lachend geht der Dämon auf Wang zu, der sich unter dem Tisch versteckt, wo er von dem Dämon gefangen wird. Der Dämon reißt seinen schrecklichen Mund auf, um das Herz Wangs zu verschlingen. In diesem Moment öffnet der Diener das Fenster und springt in das Zimmer. Er wirft einen Stuhl auf den Dämon, der zur Seite springt. Plötzlich hat der Diener eine gute Idee. Er nimmt einen Besen und schlägt mehrere Male hintereinander auf den Dämon ein. Der Dämon schreit vor Angst auf und verschwindet plötzlich in einer Rauchwolke. Die bemalte Haut der Schönen aber bleibt liegen.)

Wang: Eine bemalte Haut!

Der alte Diener: Sind Sie wieder in Ordnung, junger Meister?

Wang *(verbeugt sich vor dem alten Mann)*: Ich verdanke Ihnen mein Leben.

(Nach: Stalberg, Roberta Helmer: China's Puppets, Übersetzung aus dem Englischen Ingrid Ramm-Bonwitt.)

Das chinesische Schattenspiel

Ursprung und Entwicklung

Einer Legende zufolge soll das chinesische Schattentheater Pi-ying xi seinen Ursprung in der Regierungszeit des Kaisers Han-Wu (141–87 v. Chr.) der Han-Dynastie (206 v. Chr.–220 n. Chr.) haben. Der Kaiser Han Wu war unsterblich verliebt in seine Lieblingsfrau, eine gewisse Li, die aber jung an Jahren ins Schattenreich hinüberwechselte. Jeden Abend wartete er voller Trauer auf die Rückkehr seiner geliebten Toten. Um ihn von seinem Kummer zu befreien, ließ der taoistische Magier Shao Wong eines Nachts in einem dunklen Raum vor einer Lichtquelle ein Tuch spannen und zeigte dahinter eine Frauenfigur, die der Verstorbenen in Gestalt und Antlitz glich. Der Kaiser soll sich an ihrem Anblick so erfreut haben, daß er von seiner Trauer genas. Diese Legende macht deutlich, daß zwischen Schattenspiel und Totenkult ursprünglich ein Zusammenhang bestand. „Die Rückführung des Schattentheaters auf den Totenkult ist durchaus plausibel, denn dieser ist die eigentliche Urreligion des Fernen Ostens. Den Ahnen werden täglich Opfergaben auf dem Familienaltar dargebracht, weil sie in ihrer schattenhaften Existenz der Nahrung bedürfen, von der sie sich allerdings nur die Quintessenz, eben den „Schatten" aneignen. Man begegnet noch heute Leuten, die allen Ernstes behaupten, beim Allerseelenfest den Schatten der Ahnen am Grab begegnet zu sein" (Mayer, S. 29 f.).

Fundierten Quellen nach ist das Schattentheater jedoch erst in der Song-Zeit (960–1279) entstanden. Als Vorläufer für die Schattenfiguren in dieser Zeit galten Illustrationen zu den volkstümlichen Predigten buddhistischer Mönche. Um den Buddhismus zu verbreiten, trugen die Mönche während ihrer Predigten Sutren vor, deren Figuren sie auf großen Bildtafeln vorführten. Diese Figuren wurden ausgeschnitten und erhielten den Namen „Papiermenschen". Wegen der größeren Haltbarkeit verwendete man später Pergament und sprach nun von „Ledermenschen". „Von diesem Stadium der Entwicklung bis zum Schattentheater war es kein großer Schritt. Mit der Aufnahme profaner Themen – vor allem historischer Geschehnisse vergangener Dynastien – ging eine Vergrößerung des Figurenbestandes einher. Um aus den illustrierenden Bildtafeln, die vielleicht eine gewisse Ähnlichkeit mit den Bildscheiben Thailands aufwiesen, ein Schattentheater zu schaffen, bedurfte es dann noch der Einführung des Schirmes und der Lichtquelle. Wann und wie dies geschah, kann heute nicht klargestellt werden" (Simon, S. 17).

In der mongolischen Yuan-Zeit (1279–1368) diente das Schattentheater als Unterhaltung für die Soldaten. Die Gefolgsmänner des Dschinggis-Khan und seine Nachfolger verpflanzten das Schattenspiel auch nach Vorderasien. Im 13./14. Jahrhundert zur Zeit der Ming-Dynastie (1368–1644) soll es sich mit der Entfaltung des Seeverkehrs nach Thailand, Burma, Malaysia und Java ausgebreitet haben. Diese These ist allerdings noch nicht eindeutig belegt. In der Yuan- und Ming-Zeit waren die Texte von buddhistischer Thematik geprägt. In leicht verständlicher Form vermittelten sie dem Volk die buddhistische Lehre. Nach einer Überlieferung aus dieser Zeit soll der Boddhisattva Guanyin, die Göttin der Barmherzigkeit (der einzige Gott, der historisch eine Geschlechtsumwandlung erlebt hat), vor seiner Erleuchtung ein Schattenspieler gewesen sein. Er pflegte auf einem Kniepolster in der Meditationsstellung zu sitzen und von dort aus zu spielen, als ihm plötzlich die Erleuchtung widerfuhr. Aus diesem Grunde mußten dann auch die Schattenspieler von Peking (Bejing) auf einem solchen Polster sitzen und die Würde eines Buddha zur Schau stellen.

In der Quing-Zeit (1644–1911) erlebte das Schattentheater seine höchste Blüte. Es erfreute sich sowohl bei der einfachen Bevölkerung als auch bei der adligen Oberschicht größter Beliebtheit. Schattenspieltruppen, die um 1800 selbst im Kaiserpalast auftraten, erhielten den Namen Gongying (Palastschatten). Obwohl man ausgewählte Schattenspieltruppen am Hofe spielen ließ, galt den Schattenspielern, wie auch den anderen Puppenspielern Wertschätzung. So verwehrte man ihren Nachkommen bis ins dritte Glied Zugang zu den kaiserlichen Examina. Gegen Ende der Quing-Zeit wurden die Schattenspieler in Verbindung zur Geheimgesellschaft „Weißer Lotos" gebracht. Spieler, denen man vorwarf, Geister zum Zwecke der Rebellion zum Leben zu erwecken, wurden verhaftet und als „Übeltäter der schwarzen Laterne" bezeichnet.

Nach dem Sturz der Monarchie im Jahr 1911 setzte, zumindest im Zentrum Peking (Beijing), der Niedergang des Schattenspiels ein. Grund dafür war

Der Altar der drei taoistischen Reinen. Dieser Altar spielt in einer Episode der „Reise nach dem Westen" eine wichtige Rolle. Um die Macht des Taoismus zu brechen und die Überlegenheit des Buddhismus zu beweisen, vertreiben Xuan Zang und seine Begleiter die drei Reinen vom Altar und nehmen diesen selbst ein.

die schrittweise Emanzipation der Frauen, denen es vor 1911 verboten war, ein öffentliches Theater zu besuchen. Daher war es üblich geworden, daß mobile Schattentheater in die Frauenhöfe eingeladen wurden, um Opern und beliebte Theaterstücke en miniature vorzuführen.

Im Jahr 1949 wurde das Schattentheater von den Kommunisten als Mittel der politischen Agitation eingesetzt. Nach dem Prinzip „Laßt hundert Blumen blühen und stellt das Alte in den Dienst des Neuen" wurden viele Reformen durchgeführt und neue Elemente eingeführt. Die Förderung des Schattenspiels von Seiten des Staates endete mit der Kulturrevolution. Das Schattentheater galt wie vieles andere im Volk Tradierte als „Plunder der überholten Feudalgesellschaft". Nach dem Sturz der Viererbande wurde das Schattentheater staatlich wieder gefördert. So wurde 1980 die Nationale Puppenspiel- Gesellschaft unter der Schirmherrschaft der Nationalen Theaterassoziation gegründet.

Die Aufführungen

Tempelfeste und private Ereignisse wie Hochzeiten, Geburten, Geburtstage etc. galten seit alters her in China als Anlaß für die Schattenspiel-Aufführungen. Sie fanden auf Märkten, Tempelbühnen, in Teehäusern, Privathäusern und Frauenhöfen statt.

Eine Beschreibung aus den 20er Jahren vermittelt einen Eindruck von einer klassischen Aufführung: „Wem einst in Peking das Glück zuteil wurde, im Hofe eines chinesischen Hauses, unter blühenden Oleanderbüschen behaglich ruhend, oder unter den uralten Parkbäumen eines Mandschupalastes in der lauen Nacht das Spiel einer chinesischen Schattenbühne mit Aug und Ohr zu genießen, dem bleibt der Zauber der bunt durchleuchteten Figuren, die immer wechselnd in lebendigster Bewegung vorüberschweben, der unerschöpflich mannigfachen, bald heiteren und bald ernsten Handlung, der gesungenen Dialoge und der begleitenden instrumentalen Musik wie der köstliche Traum eines zum Kunstwerk gereinigten Abbildes des spielenden Lebens selber in unvergeßlicher Erinnerung“ (Allen, B. S.: Chinese Theaters Handbook, Tientsin, 1930, S. 53).

Als ursprüngliche Bühne des Schattentheaters gilt der Schirm, der früher aus Maulbeer- oder koreanischem Papier bestand. Heute wird ein weißes, transparentes, aus zwei Hälften zusammengenähtes Stück aus Nessel oder Seidengaze benutzt. Während die Lampe hinter dem Schirm früher eine Öl- oder Talglampe war, verwendet man heute elektrisches Licht.

Die Spieltruppe besteht je nach Größe des Theaters aus einem bis fünf Spielern, die hinter der Bühne sitzen oder stehen. Eine beträchtliche Harmonie in Spiel und Bewegung und ein Höchstmaß an Konzentration sind nötig, wenn mehrere Personen zusammenspielen. Die Spieler versuchen, Rolle und Charakter ihrer Figuren, die mit dem an der Holzmanschette befestigten Hauptführungs- oder „Lebensstab“ leicht über den nach vorn geneigten Schirm geführt werden, in den Bewegungen zum Ausdruck zu bringen. Ein guter Spieler vermag sogar Unterschiede zwischen Frau und Mann in Gang und Verhalten darzustellen. Die Kunst der Bewegung, die von den Spielern oft als „bewegende Hand“ bezeichnet wird, ist nur nach langjähriger Übung zu erreichen. Bereits in frühem Alter muß der Spieler bei seinem Vater oder einem Spielleiter in die Lehre gehen, um Bewegungstechnik, Texte und Orchesterführung zu erlernen.

Die Musik spielt bei jeder Aufführung eine wesentliche Rolle. Das Orchester besteht in erster Linie aus Trommeln, Gongs, Becken, Flöten Zimbeln, Lauten und weiteren Saiteninstrumenten. Die Zahl der Instrumentalisten variiert von einem bis zu sieben. Zu großen Theatertruppen gehören oft auch zwei Sänger und zwei Sängerinnen. Die Melodien entsprechen dem Stil der jeweiligen Regionaloper oder wurden eigens für das Schattentheater geschaffen.

Vor Beginn jeder Aufführung, die zwei bis drei Stunden dauert, nimmt der Spieler die Figuren aus der Kiste und stellt sie dem Publikum vor. Die Figuren nennen ihren Namen, ihren Geburtsort, ihren Stand und erklären, welche Rolle sie in dem Stück spielen. Als Leitfaden für Aufbau und Ablauf des Stückes gibt es für den Spieler Textbücher, die kurze Inhaltsangaben enthalten. Die Ausgestaltung der Aufführung hängt weitgehend von der Schlagfertigkeit und der Originalität des Spielers ab. Ist das Spiel beendet, werden die Figuren in Papier gehüllt oder nach Rollenfächern in leinenbezogenen Mappen verwahrt.

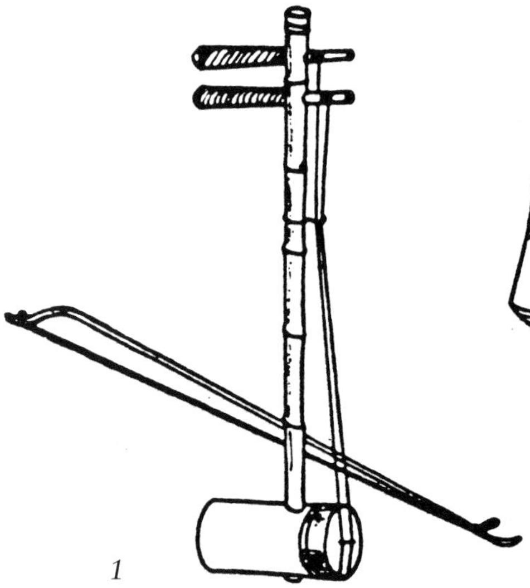

1

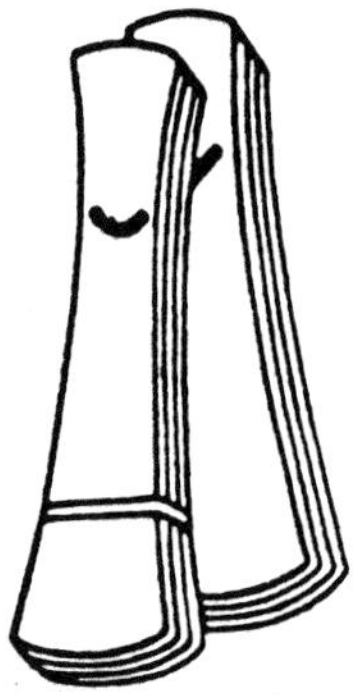

2

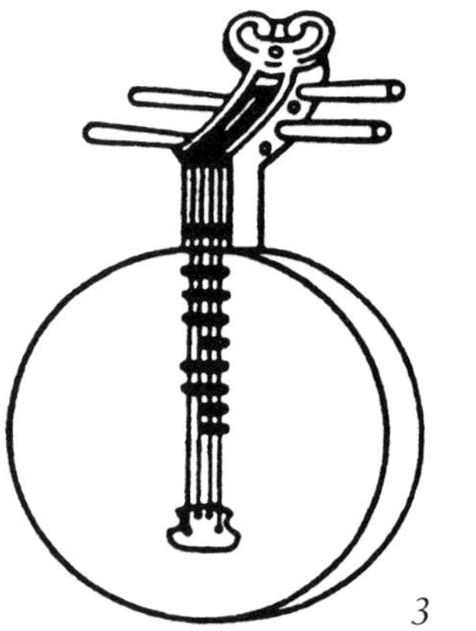

3

4

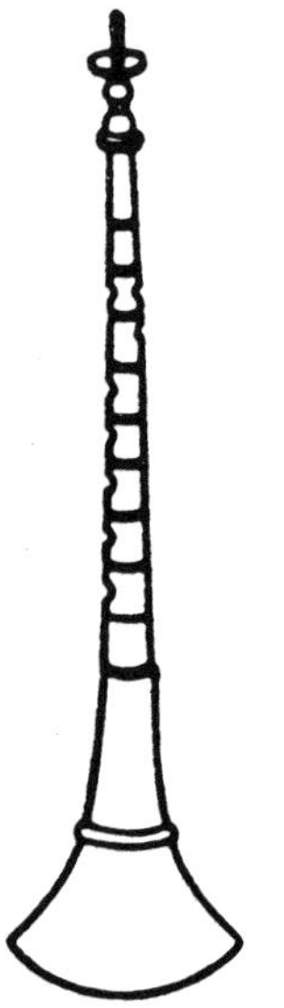

5

Die Musikinstrumente, die das Schattenspiel begleiten:

1. *Huqin*
2. *Ban*
3. *Yueqin*
4. *San Xian*
5. *Suona*

Die Herstellung der Schattenfiguren

Jede Richtung des chinesischen Schattentheaters hat in der Gestaltung der Figuren ihren eigenen Stil entwickelt. Seit der Quing-Zeit (1644–1911) sind zwei Hauptstile deutlich voneinander abgrenzbar: Der Oststil, der die beiden Pekinger Regionalstile der Ost- und Weststadt umfaßt und der Weststil, der mit Figuren aus Shaanxi, Sichuan und Hunan vertreten ist. Als berühmtester Stil gilt der der Peking-Oststadt (Luanzhou-Stil), der oft mit dem chinesischen Schattentheater überhaupt gleichgesetzt wird. Unterschiede zwischen den Stilen und Regionalformen bestehen vor allem im Material, in der Größe der Figuren, in der Schnittechnik und in der Begleitmusik. Die chinesischen Schattenfiguren werden aus dünnem, lichtdurchlässigem Pergament hergestellt. Regional werden verschiedene Tierhäute verwendet: in Shaanxi, Hunan und Sichuan Rinderhaut, in Hebei und im gesamten Nordosten das Fell von Eseln.

Das grundlegende Verfahren bei der Herstellung der Figuren ist für alle Spielarten des chinesischen Schattentheaters gleich. Die Haut der Tiere wird mit Salpeter bis zur Transparenz gegerbt, bevor sie für die Fertigung der Figuren brauchbar ist. Nach dem Trocknen beginnt der Künstler mit der Umrißzeichnung der einzelnen Figurenteile, die mit geschliffenen Messern oder Lochstanzen ausgeschnitten werden. Eine chinesische Schattenfigur besteht aus sieben Elementen, wobei zu beachten ist, daß doppelt vorkommende Elemente als Einheit angesehen werden.

Einzelteile einer chinesischen Schattenfigur. Die Figuren sind aus mehreren beweglichen Teilen zusammengesetzt, die vom Hersteller aus freier Hand oder mit Hilfe von Schablonen aufgezeichnet werden.

Die Elemente, aus der sich die Figur zusammensetzt, sind folgende:

1. Kopf, der in der Regel austauschbar ist 2. Oberkörper 3. Gesäßteil mit Rosettengelenk 4. Oberarme mit ausgeschnittenem Gelenkteil 5. Unterarme 6. Hände 7. Beine, die noch in Ober- und Unterschenkel gegliedert sein können.

Nachdem die verschiedenen Teile ausgeschnitten sind, werden sie anschließend in mehreren Schichten bemalt. Während man früher Naturfarben verwendete, benutzt man heute meist nur noch chemische. Um später einen kräftigen Reflex auf dem Schirm zu erhalten, wird das Pergament beidseitig mit möglichst kräftigen, leuchtenden Farben eingefärbt. Nach der Bemalung wird das Pergament getrocknet und anschließend mit einem schwach erhitzten Holzkohlebügeleisen geplättet. Um Verfärbungen und Verbrennungen zu vermeiden, darf die Temperatur keineswegs zu hoch sein. Nach dem Plätten kommt das Pergament in eine Papierpresse, damit es flach bleibt. Als nächstes werden die einzelnen Elemente der Figur an den Gelenken verknotet. Die separat gearbeiteten Köpfe werden nicht fest mit dem Körper verbunden, damit sie verschiedenen Körpern aufgesetzt werden können. Als Halterung dient eine Pergamentschlaufe am Hals, in die man den Kopf hineinstecken kann. Als nächstes werden die Führungsstäbe am Hals und an den Händen befestigt, und ganz zuletzt werden Bärte oder Details des Kopfschmucks angebracht.

Die Typologie der Figuren

Das chinesische Schattentheater besitzt eine vielfältige Zahl an Gestalten, Zeichen und Gegenständen, die traditionell in zwölf Gruppen eingeteilt werden:

1. Die zivile Frauengestalt 2. Die militärische Frauengestalt 3. Die militärische Männerrolle 4. Der hohe Zivilbeamte 5. Der Kanzler 6. Die Generäle 7. Kaiser und Könige 8. Rebellenkönige 9. Götter, Geister und Ungeheuer 10. Glückszeichen 11. Nebenrollen 12. Tische und Stühle

Diese Einteilung leitet sich von den Rollen der chinesischen Oper ab. Die Figuren werden auch ähnlich wie die Schauspieler der Oper geschminkt. Das geschminkte Gesicht spielt seit der Ming-Zeit in der dramatischen Kunst eine große Rolle. Über die Ursprünge gibt es viele verschiedene Hypothesen. Eine von ihnen führt das Schminken auf das indische Tanztheater zurück, eine andere besagt, daß die früher im Gesicht gebrandmarkten Kriminellen versuchten, ihre Stigmata durch Überschminken zu verbergen.

Da es schwierig ist, die Schattenfiguren mit dem komplizierten Schminkmuster der Schauspieler zu versehen, ist eine Vereinfachung unumgänglich. Die Farbsymbolik der Schminkmasken ist folgende:

Weiß ist die Farbe mit dem negativsten Wert. Sie symbolisiert Verrat und Verschlagenheit.
Dunkelgrün ist die Farbe der bösen Geister und Dämonen.
Braun ist die Farbe für Eigensinn und Hartnäckigkeit.
Rot ist die Farbe des treuen, gerechten und aufrechten Charakters.
Blau symbolisiert Hartnäckigkeit und Wildheit.
Hellgrün ist die Farbe der Räuber und der leicht zu erschütternden Charaktere.
Schwarz symbolisiert den integren, tapferen und treuen Charakter.

Nicht nur die Farbe, sondern auch der Gesichtsschnitt der fast immer im Profil gezeigten Figuren lassen den Charakter einer Figur erkennen. So werden z. B. positive Gesichter der Peking-Oststadt-Richtung (Luanzhou-Stil) mit mandelförmigen Augen dargestellt, die in die langgeschwungenen Bogen der Augenbrauen einbezogen sind. Die Nasenstirnpartie verläuft ohne Übergang von der Nasenspitze bis zum Haaransatz. Eine vorgewölbte Stirn, eine spitze Nase und auffällig buschige Augenbrauen weisen auf einen unheilvollen Charakter hin. Gemeine Menschen und Dämonen sind durch Beulen auf der Stirn und einen tiefen Einschnitt über der knollenartigen Nase charakterisiert. Gewänder und Kopfbedeckung der Figuren lassen auf den sozialen Rang, das Alter oder den Beruf schließen.

Neben den menschlichen Gestalten, den Geistern und Dämonen gibt es zahlreiche Tierfiguren, die durch ihre Gelenke derart flexibel sind, daß sie nahezu sämtliche natürlichen Bewegungen ausführen können. Außerdem zeichnet sich das chinesische Schattentheater durch einen ungeheuren Reichtum an Requisiten und Kulissen wie Wohnhäuser, Paläste, Bäume, Felsen etc. aus.

Schattenfigur (Luanzhou-Stil) in Kriegstracht. Als Modell für die Kopfbedeckungen und Gewänder der chinesischen Schattenfiguren gelten die der chinesischen Oper. Wie auf der Bühne erfüllen sie im Schattentheater die Aufgaben, den Rang, das Alter und den Beruf der Figur anzugeben.

Das Schattenspiel auf Taiwan

Auf der Insel Taiwan ist das vor 200 Jahren aus der chinesischen Provinz Fujian eingeführte Schattentheater bis heute erhalten. Den engen Zusammenhang mit dem religiösen Leben kann man auf Taiwan noch heute beobachten. So werden die Bühnen noch oft vor einem Tempel oder einem provisorischen Altar aufgebaut, der dem Gott des Schattentheaters, dem ursprünglichen Blitzgott Tien Hua Kuan Shih, geweiht ist. Um diesen Gott zur Aufführung einzuladen, schwenkt der Hauptspieler einen brennenden Weihrauchstab vor dem Theater und verbrennt gelbes Papier.

„Das Spiel dient im eigentlichen Sinn keineswegs der Unterhaltung der Zuschauer, sondern wird dem Gott als Opfergabe dargebracht, um ihm zu gefallen und seine heilbringende Gegenwart auszudehnen. Solange das Spiel dauert, sind Himmel und Erde vereint. Aller Segen und alles Gedeihen für Mensch und Kosmos fließen aus dieser glückbringenden Harmonie von Yang und Yin, den beiden Lebensprinzipien der chinesischen Weltschau“ (Mayer, S. 36).

Heute werden auf Taiwan neben traditionellen Stücken auch Stücke mit aktuellem Inhalt aufgeführt. Neben dem klassischen Figurenrepertoire erscheinen heute Puppen in modischen Kleidern westlichen Stils. Als moderne Requisiten werden z. B. Kanonen, Flugzeuge, Panzer, Maschinengewehre usw. eingesetzt. Im Schattenspiel versucht die Republik Taiwan auch, ihre Eigenstaatlichkeit gegenüber der Volksrepublik China zu betonen. Zu den am häufigsten aufgeführten Stücken gehört die Geschichte des Generals Koxinga (von den Holländern als Tscheng-kung bezeichnet), der den Holländern Taiwan abnahm und dort sein eigenes Reich errichtete.

Die Figuren bestehen aus Kuhhaut und sind etwa 30 cm groß. Wie bei den chinesischen Figuren sind die Köpfe auswechselbar, so daß beliebige Kombinationen möglich sind. Kostüme und Gesichtszüge ähneln den bekannten Typen der chinesischen Oper.

Der Beruf des Schattenspielers wird in harter Lehrzeit meistens vom Vater an den Sohn weitergegeben. „Üblicherweise teilt der Vater sein esoterisches Wissen und die lebenslange Erfahrung seinem Sohn oder Verwandten mit. Das überaus lange Training ergibt sich daraus, daß zuerst die folgenden Fächer beherrscht werden müssen: Gesang, Spielen des Fuchi (Saiteninstrument) und Schlagen der Trommel. Auf einer nächsten Stufe kommt das Anfertigen der Puppen und Kulissen an die Reihe, das bis zur Meisterschaft zehn Jahre Praxis verlangt. Darüber hinaus stellt das Präparieren des Leders eine Wissenschaft für sich dar. (...)

„Was dem Schattenspieler Ruhm einbringt, ist aber erst die sichere Handhabung der Stäbe, an deren Enden die Puppen hängen. Heute zeigen in Taiwan wenig junge Leute den Mut, diese harte Schule auf sich zu nehmen. Die Palme des Meisters dürfte ihnen erst um das 50. Altersjahr winken, sofern sie seit dem zehnten Lebensjahr diese magische Luft atmeten“ (Mayer, S. 38).

Chi-kuan, eine stumme Gottheit. Sie eröffnet die Schattenspiel-Aufführung auf Taiwan.

„Das Schattentheater hebt immer nach der Abenddämmerung an. Alle Zuschauer sitzen im Dunkeln, meistens auf einem Platz im Freien. Im engen Bühnengehäuse tragen beidseitig gespannte Schnüre Lederpuppen und anderes Zubehör. Sobald die Trommelschläge in die Nacht hinaus rufen und die Töne der Saiteninstrumente mahnen, erscheint auf dem weißen Tuch der Schatten der Puppe“ (Mayer, S. 36).

Die weiße Füchsin. Man schreibt den Füchsen die Fähigkeit zu, sich mit 50 Jahren in eine junge Frau zu verwandeln.

Zwei Schattenspiele

„Die Verzauberung des Fuchses"

Personen:
Kung-Tzu
Te-Yung
Weißer Fuchs
Vater von Kung-Tzu

1. Szene

Fuchs: Hier ist eine Gelegenheit, die ich nicht versäumen darf. Ich werde ein Festessen und viel Spaß mit dem jungen Mann haben. Ich werde mich in das Dienstmädchen verwandeln und dem jungen Mann sagen, daß Fräulein Sung ihn zu sehen wünscht. Dann werde ich mich in Fräulein Sung verwandeln und heute abend zu ihm gehen.

(Der Fuchs macht einen Satz und mit einer schnellen Drehung und dem Aufblitzen des magischen Feuers verwandelt er sich in das Dienstmädchen, das hinter Kung-Tzu herläuft.)

2. Szene: Am Hof

(Kung-Tzu tritt auf, begleitet vom Fuchs als Dienstmädchen.)

Fuchs: Junger Herr! Junger Herr! Ich bekam zu Ohren, daß Sie meine Herrin zu sehen wünschten. Sie wartet auch sehr darauf, Sie zu treffen, aber leider gehört sie zu der großen Sung-Familie, und es wäre nicht sehr gut, wenn man sie in der Öffentlichkeit sehen würde. Sie schickt Ihnen diesen Fächer. Jeden Abend, wenn Sie mit ihr sprechen wollen, brauchen Sie nur mit dem Fächer zu wedeln und zu sagen: „Komm her, kleine Geliebte! Komm her, kleine Geliebte!" Bereiten Sie alles gut für sie vor, denn sie hat es gerne, sich zu vergnügen.

(Der Fuchs taucht in der Menge unter. Kung-Tzu steckt verblüfft den Fächer in sein Gewand, während Te-Yung zurückkommt.)

Kung-Tzu: Ich frage mich, ob es wirklich klappen wird? *(Geht ab.)*

3. Szene: Kung-Tzus Wohnung

(Kung-Tzu sitzt allein in seinem Zimmer.)

Kung-Tzu: Endlich ist es Abend geworden, alles ist ruhig und Te-Yung ist im Bett. Ich werde den Fächer ausprobieren, um zu sehen, ob er wirklich wirksam ist. (Kung-Tzu holt den Fächer aus seinem Gewand.) Komm her, kleine Geliebte! Komm her, kleine Geliebte!

(Zum Erstaunen von Kung-Tzu erscheint der Fuchs in der lieblichen Gestalt von Fräulein Sung.)

Fuchs: Hier bin ich, wie versprochen, aber Sie haben ja überhaupt nichts vorbereitet. Noch nicht mal eine Tasse Tee haben Sie für mich gekocht. Das ist nicht sehr höflich.

Kung-Tzu: Ich wußte nicht, ob Sie wirklich kommen würden. Ich werde sofort dafür sorgen, daß wir etwas bekommen.

Fuchs: Macht nichts. Ich werde dafür sorgen, daß ein Festessen hierher gebracht wird.

(Sie bzw. der Fuchs wedelt mit dem Fächer, und ein Tisch mit vielen Delikatessen, Wein und Gläsern für zwei Personen erscheint.)

Fuchs: Setzen Sie sich bitte und bedienen Sie sich. Wie ist Ihr ehrenwerter Name?

(Sie erfährt, daß er der einzige Sohn des Hauses ist und daß er für seine Examen arbeitet.)

Fuchs: Es ist dumm, nur zu essen und zu trinken. Spielen wir hua-ch'uan.

(Die beiden werden bei dem Wettspiel so ausgelassen und machen solchen Lärm, daß Te-Yung kommt und an der Tür lauscht.)

Te-Yung: Das ist die Stimme einer Frau, die mit meinem jungen Herrn spricht. Was macht er? Spielt er hua-ch'uan? Ich muß herausfinden, was passiert.
(Klopft an die Tür.)

Kung-Tzu: Da ist Te-Yung, der sehen will, was hier vorgeht. Was soll ich machen? Ich hatte noch nie zuvor eine Frau in meinem Zimmer.

Fuchs: Laß ihn eintreten. Ich kann mich unsichtbar machen. *(Macht sich unsichtbar.)*

Kung-Tzu (öffnet ärgerlich die Tür): Was soll das bedeuten, so unverschämt an meiner Tür zu hämmern?

Te-Yung: Ich hörte Stimmen. Sie müssen Besuch von einer Frau haben.

Kung-Tzu: Sieh selbst nach! Ist irgend jemand da?

Te-Yung *(sieht sich im Zimmer um, bemerkt aber den Fuchs nicht)*: Hier ist ein Festessen zubereitet. Ich hörte, daß hua-ch'uan gespielt wurde, und hier sind zwei Weingläser. Was hat das alles zu bedeuten?

Kung-Tzu: Ich war so einsam, daß ich mir vorstellte, einen Cousin hier zu haben, der mit mir zusammen etwas trinkt. Siehst du nicht, daß sich niemand in diesem Zimmer befindet?

(Te-Yung schaut noch einmal um sich und zieht sich dann zögernd zurück.)

Fuchs *(wieder sichtbar geworden)*: Ha, ha! Dieses Mal haben wir ihn hereingelegt. Laßt uns zum Festessen zurückkehren!

(Die beiden machen so viel Lärm, daß Te-Yung den Vater Kung-Tzus holt. Beide lauschen an der Tür.)

Vater: Das ist mit Sicherheit eine Frauenstimme, die mit meinem Sohn spricht. Ich hole einen Stock, um ihn zu schlagen. *(Kehrt sofort zurück und klopft heftig an die Tür.)* Öffne die Tür! Öffne die Tür!

Kung-Tzu: Da ist mein Vater! Jetzt werde ich etwas zu hören bekommen. Was soll ich nur machen? Was soll ich nur machen?

Fuchs: Ich mache mich wieder unsichtbar. *(Macht sich unsichtbar.)*

Kung-Tzu: Ich komme sofort, mein Vater.

Vater: Was ist das für ein unschickliches Benehmen? Eine Frau in deinem Zimmer, ein Fest mit Wein, und du hast mich nicht eingeladen? Wo ist die Frau?

Kung-Tzu: Ich tat nur so, als ob ich in Gesellschaft wäre. Schau dich selbst im Zimmer um, es ist niemand hier.

Vater: Ich bin mir sicher, daß ich eine Frauenstimme hörte. In jedem Fall hast du mich nicht eingeladen, mit dir etwas zu trinken, und dafür werde ich dich schlagen. *(Der Vater beginnt, auf Kung-Tzu einzuschlagen.)*

Fuchs *(wird wieder sichtbar und legt seine Arme um Kung-Tzu)*: Bitte, schlagen Sie ihren Sohn nicht! Es war ganz allein mein Fehler.

Vater *(wütend)*: So steht es also in Wirklichkeit! Du bist eine schamlose Frau, die es auch verdient, geschlagen zu werden. *(Schlägt sie.)*

Fuchs: Nehmen Sie sich in acht, was Sie machen! Schlagen Sie mich nicht; denn ich besitze magische Kräfte.

Vater: Um so mehr Schläge verdienst du.

Fuchs: Das werden Sie noch bedauern.
(Streicht mit der Hand über Kung-Tzus Gesicht, der durch die Berührung zu einem stammelnden Idioten wird und einen Schüttelkrampf bekommt.)
Jetzt sehen Sie, was Sie bewirkt haben. Kein menschlicher Doktor wird in der Lage sein, ihn zu heilen. Er wird sich niemals erholen!
(Verschwindet im Feuer.)

Vater *(starrt erschreckt vor sich hin; als der Diener Kung-Tzu hinausgeleitet)*: Ei ja, ja. ei ja, ja. Was kann man da machen?

Fuchsdämonin. Die Figur, die einen Menschen- und einen Fuchskopf besitzt, vermag sich sowohl in einen Menschen als auch in ein Tier zu verwandeln. Verliebt sich ein Mann in eine Fuchsdämonin, so kann dies seinen Untergang bedeuten.

„Die Geisterbeschwörung"

Personen:
Fan Te-Ch'en, ein Gelehrter
Vater von Kung-Tzu
Kung-Tzu
Te-Yung
Fuchs, der Fräulein Sung personifiziert
Chung K'uei, ein übernatürlicher Geisterbeschwörer
Zwei Läufer
Torwächter von Kung-Tzus Haus
Diener

1. Szene: Haus von Fan Te-Ch'en.

Fan Te-Ch'en (auf einem Stuhl sitzend): Wer hätte vor 20 Jahren gedacht, als ich die hsiu-ts'ai- Examen so brillant bestand, daß es so weit mit mir kommen würde. Ich habe niemals eine Stellung in meinem Leben erhalten, und sogar junge Schüler kommen nur noch selten zum Unterricht zu mir. Der Reiskasten ist leer, und es wäre besser, wenn ich einige meiner wohlhabenden Freunde sehen würde, um etwas zu essen und eine Unterkunft zu bekommen. Hm, vielleicht sollte ich zu Chao Te-shan gehen. Er ist Bezirksverwaltungsrichter.
Er sollte mich aufnehmen in Erinnerung
an alte Zeiten.

2. Szene: Eine Straße

(Fan Te-Ch'en befindet sich auf Reisen.
Zwei Läufer mit roten Kappen.)

Erster Läufer: Wer, glaubst du, ist der komische alte Kauz, der so aussieht, als ob er hierher käme?

Zweiter Läufer: Wahrscheinlich einer von den armen Freunden des alten Meisters. Sie kommen immer zu ihm, um sich voll zu essen und geben ihm nie ein Trinkgeld. So ein Ärgernis.

Erster Läufer: Sagte der alte Meister nicht, daß er die Absicht habe, den nächsten, der bei ihm bleiben wolle, abzuweisen und ihm zu sagen, daß er geschäftlich abgerufen worden sei, aber daß er ihm ein gewisses Bild und zwanzig Taels Reisegeld hinterlassen habe?

Erster Läufer: Wir machen einen Versuch mit diesem Knaben. Er sieht mager und hungrig und auch dumm aus. Vielleicht wird er mit zehn Taels zufrieden sein.

Fan Te-Ch'en *(nähert sich den Läufern)*: Ist dies das Herrenhaus des Beamten Chao Te-shan?

Erster Läufer: Ja, aber der alte Meister ist nicht zu Hause. Er ist auf einer Geschäftsreise.

Fan Te-Ch'en *(sehr enttäuscht)*: Oh, es tut mir leid. Ich habe einen langen Weg hinter mir und bin sehr müde. Ist er für lange Zeit weg?

Zweiter Läufer: Man weiß nicht, wann er wieder zurück sein wird. Es lohnt sich nicht zu warten. Wie ist Ihr ehrenwerter Name?

Fan Te-Ch'en: Mein Name ist Fan Te-Ch'en.

Zweiter Läufer: Oh ja, der alte Meister hinterließ eine Nachricht, daß Sie eventuell kämen und daß ein bestimmtes Bild für Sie da wäre. Ich werde es sofort holen. (Er geht weg und kehrt zurück mit einer Bildrolle, die er Fan übergibt.)

Fan Te-Ch'en *(etwas enttäuscht)*: Was für ein Bild ist das?

Erster Läufer: Es ist ein sehr schönes von Chung K'uei, dem bekannten Schüler, der ein Gott wurde und der immer noch Wunder vollbringt, indem er böse Geister vertreibt, die betrügerische Formen angenommen haben und den Menschen viel Schaden zufügen. Er leistet besonders gute Arbeit an dem fünften des fünften Mondes.

Zweiter Läufer: Und der alte Meister sagte uns, daß wir Ihnen zehn Taels Reisegeld geben sollten.

Fan Te-Ch'en *(froher)*: Oh, vielen Dank! Bitte, geben Sie ihrem Meister meine Empfehlungen, wenn er zurückkommt, und vielen Dank für ihre Hilfe. *(Spricht zu sich selbst.)* Wohin soll ich jetzt bloß gehen? Dort drüben ist ein Dorf, vielleicht kann ich das Bild gegen eine Unterkunft verkaufen.

Die beiden Läufer (reiben sich vergnügt die Hände): Ha, ha, der alte Dummkopf ist zufrieden mit der Hälfte des Geldes, das wir ihm von unserem Meister geben sollten. Da haben wir einen netten Gewinn gemacht.

3. Szene: Das Tor eines Herrenhauses.

Fan Te-Ch'en *(betritt die Bühne)*: Einer meiner Mitstudenten lebt hier irgendwo, wenn ich mich recht erinnere. Ich will einmal sehen, ob ich hier für eine Nacht Unterkunft bekommen kann. *(Klopft mehrere Male an das Tor.)*

Stimme von drinnen: Wer ist da?

Fan Te-Ch'en: Ich bin gekommen, um deinen Meister zu sehen.

Torwächter *(öffnet die Tür)*: Der alte Meister empfängt dieser Tage keine Leute mehr. Es geht ihm nicht gut.

Fan Te-Ch'en: Bitte, sag dem alten Meister, daß ich Fan Te-Ch'en bin, ein alter Freund aus der Studentenzeit. Es wird spät, und ich würde ihn gerne jetzt sehen. *(Schiebt ihm einen Geldschein zu.)*

Torwächter (geht weg und kommt zurück): Der alte Meister sagt, daß Sie hereinkommen können.

4. Szene: Empfangszimmer von Kung-Tzus Vater.

(Fan Te-Ch'en wird in das Zimmer geleitet. Der Vater Kung-Tzus sieht etwas vergrämt aus.)

Vater: Bitte, setzen Sie sich. Haben Sie schon Ihre Mahlzeit eingenommen? Ich habe Sie seit langer Zeit nicht mehr gesehen. Ich kann mich kaum noch an Ihr Gesicht erinnern.

Fan Te-Ch'en: Wie wunderbar ist es, einen Freund aus der Studentenzeit zu treffen, mit dem ich zusammen den hsiu-ts'ai-Grad erhalten habe. Das war ein großartiges Ereignis, nicht wahr? Ich bin Fan Te-Ch'en, und da ich mich zufällig in dieser Gegend befand, dachte ich mir, daß es nett wäre, unsere alte Bekanntschaft wieder aufzuwärmen. Ich gratuliere Ihnen zu dem Glück, das Sie sich in Ihrem Leben erworben haben. Sie scheinen schon sehr früh eine gute Stellung bekommen und viel Vermögen angesammelt zu haben.

Vater: Mein Sohn bereitet mir großen Kummer im Augenblick. Er wurde eines Tages von einem Fuchs verhext, als er Li Er Ssu besuchen wollte. Jede Nacht kommt dieser Fuchs zu ihm in der Gestalt eines schönen Mädchens und ist dabei, ihn so nach und nach zu töten. Was für ein schrecklicher Zustand!

Fan Te-Ch'en: Wie gut, daß ich gerade gekommen bin. Ich habe in meiner Hand ein wundervolles Bild von Chung K'uei, das ihn sicherlich heilen wird.

Vater: Wir haben alles versucht, aber er leidet weiter an Schüttelkrämpfen und Stammeln. Er stirbt dahin. Wir können es mit dem Bild versuchen, aber ich habe meine Zweifel, ob es gelingen wird. Ich habe es zum Verkauf in den Geschäften gesehen, aber leider ist es nicht immer wirksam.

Fan Te-Ch'en: Aber dieses Bild erhielt ich von dem Beamten Chao Te-shan, und es wird uns sicher gelingen. Laßt es uns versuchen!

Vater (ruft die Diener herbei, Te-Yung und der Torwächter treten ein): Hier, nehmt das Bild und hängt es in das westliche Zimmer. Quartiert den jungen Herrn heute noch dort ein. Zeigt Herrn Fan Te-Ch'en sein Zimmer und seht zu, daß man ihn bedient.

5. Szene: Das westliche Zimmer mit einem quadratischen Tisch und einem Stuhl.

(Te-Yung und ein anderer Diener treten ein.)

Te-Yung: Die Launen dieser Meister nehmen kein Ende. Sie rufen uns, damit wir dieses Bild an die Wand hängen. Sie sagen, daß die Figur nachts

aus dem Bild steigen wird, um die Geister, die den jungen Mann peinigen, zu verjagen.
Ha, ha, ha.

Zweiter Diener: Also gut, wir müssen etwas tun, um unseren Reis zu verdienen.

Te-Yung: Hol einen Tisch und stell ihn an die Wand, damit wir uns daraufstellen können, um die Nägel für das Bild in die Wand zu schlagen.

Zweiter Diener: Geh du selbst! Warum soll ich all die Arbeit machen?

Te-Yung: Nun sag mal, wer hat dir zu dieser Arbeit verholfen? Du bist der Jüngste und Neueste des Hilfspersonals, und wenn du nicht machst, was ich dir sage, werde ich dafür sorgen, daß der alte Meister dich entläßt. So, häng das Bild gerade an die Wand, bring einen Teetisch und einige Stühle für den jungen Herrn und seine Märchenbraut. Gut. *(Sie schleppen Kung-Tzu herein, der völlig passiv ist.)* Setz ihn auf diesen Stuhl. Glücklicherweise ist er ganz ruhig im Moment. Er sitzt immer wie ein Stein, bis seine Märchenbraut kommt.

Zweiter Diener: Sollten wir nicht die ganze Nacht bei ihm bleiben, um zu sehen, was passiert? Vielleicht braucht er uns?

Te-Yung: Ich arbeite sehr hart hier für meinen Lohn und werde nicht dafür bezahlt, Dämonen zu bekämpfen. Wir kommen morgen früh zurück. Der junge Herr wird niemals bemerken, daß wir nicht da waren. Wir gehen in unsere Gemächer und trinken etwas Wein aus dem Vorrat unseres alten Meisters. Er wird das niemals herausfinden. *(Sie verlassen die Bühne.)*

(Mit einem Aufblitzen des Feuers tritt Chung K'uei aus dem Bild, fuchtelt mit seinem Schwert und setzt einen Fuß auf den Tisch. Mit einem anderen Blitz erscheint der Fuchs als das Mädchen und tritt vor Kung-Tzu.)

Fuchs: Hier bin ich wieder, mein Lieber. Wir werden noch viel mehr Spaß zusammen haben, und ich werde etwas von deinem Blut trinken. *(Sieht sich um und bemerkt Chung K'uei.)* Oh, du bist da. Ich begrüße dich. Stör mich bitte nicht. Ich werde dir nichts tun. *(Chung K'uei tanzt und fuchtelt mit seinem Schwert.)* Ich bitte dich, mich allein zu lassen. *(Chung K'uei fährt fort, den Fuchs mit seinem Schwert zu bedrohen.)* Also gut. Wir werden kämpfen und sehen, wer der Stärkere ist.

(Mit einem Blitz verschwindet das Mädchen, und an seiner Stelle erscheint ein Monster mit grünem Gesicht. Es kämpft mit Chung K'uei. Nachdem es von diesem besiegt ist, verwandelt es sich in einen schwarzen Dämon mit zwei auswechselbaren Köpfen und einem Fächer in seiner Hand. Ihm folgt ein Dämon mit einem abnehmbaren Kopf, den er hin und her jongliert. Nachdem auch dieser besiegt ist, erscheint ein dreibeiniger Teufel mit einem Gesicht auf seinem Bauch. Schließlich erscheint wieder das Mädchen. Alle Dämonen werden mit viel Energie und Wut vertrieben. – Es ist wieder Morgen, die Hähne krähen, Esel schreien und Babys weinen. Chung K'uei kehrt in sein Bild zurück. Te-Yung und ein anderer Diener betreten das Zimmer. Sie schauen sich vorsichtig um.)

Kung-Tzu *(richtet sich auf und reibt die Augen)*: Ich muß geträumt haben. Ich fühle mich so viel besser jetzt.

Diener *(eilen hinaus, um alle aufzuwecken)*: Der junge Herr ist geheilt! Der junge Herr ist geheilt!

(Nach: March, Benjamin: Chinese Shadow-figure Plays and their making; Übersetzung aus dem Englischen Ingrid Ramm-Bonwitt.)

Beamter des Himmels (Schattenfigur aus Sichuan). Nicht nur das Kostüm und die Kopfbedeckung, sondern auch die Bärte weisen auf das Alter und den Charakter der Figuren hin. Die Bärte der Sichuan-Figuren sind aus Pferdehaar gearbeitet.

Japan: Vom Fruchtbarkeitsritual zum Samuraispiel

Der Ursprung des Puppenspiels

Baumäste oder Stäbe dienten den shintoistischen Priestern als Medium, um Gottheiten herbeizurufen. In diesen magischen Stäben, die die Form eines Phallus besaßen, inkarnierten sich die Gottheiten, die nicht nur böse Geister vertreiben, sondern auch für Reichtum und Fruchtbarkeit sorgen sollten. Diese als Medium benutzten Stäbe, die noch heute im Norden Japans existieren, werden als die ursprüngliche Form der Puppen betrachtet, die man später personifizierte, indem man sie mit kleinen geschnitzten Köpfen versah. So wurden aus den Stäben Figuren, mit denen Spieler Geister beschworen und Götter auf die Erde brachten. Auf der Insel Shikoku gibt es noch heute einen Marionettisten, der vier Fadenfiguren benutzt, um die Götter auf der Erde erscheinen zu lassen. In der Neujahrszeit zieht er zusammen mit einem Musiker von Haus zu Haus, um die Puppen bzw. die Götter tanzen zu lassen. Für viele Bewohner von Shikoku hat das neue Jahr erst dann richtig begonnen, nachdem der Spieler ihr Haus besucht hat. Die tanzenden Puppen, die die Götter symbolisieren, sollen der Familie Glück und Segen bringen.

Der Tanz der vier Marionetten, der sich ähnlich wie die Tänze des Nô-Theaters aus den religiösen buddhistischen Tänzen entwickelt hat, stellt die drei Alten und Ebisu dar. Die drei Alten sind die Nachfolger des Manzai (10.000 Jahre), der sich nach einem japanischen Glauben in der Tiefe der Zeit verlor. Okina (der Alte) und Senzai (1000 Jahre) bringen Fruchtbarkeit, und San Basô, der Dritte, vertreibt das Böse. Ebisu, der zu den sieben Göttern des Glücks gehört, bringt Reichtum und Vergnügen.

Kopf einer Bunraku-Figur. Die männlichen Köpfe, deren Gesichtszüge weitaus expressiver gestaltet sind als die der weiblichen, besitzen in der Regel einen komplizierten Mechanismus mit beweglichen Augäpfeln, Lidern und „sprechendem“ Mund.

Als Wiege des japanischen Puppentheaters gilt die Insel Awaji, die zwischen den Hauptinseln Honshu und Shikoku liegt. Als Gründer der Awaji-Schule wird ein Shinto-Priester mit Namen Hyakudayu angesehen, der von seinem Ordensvorgesetzten, einem gewandten Marionettisten, in die Geheimnisse der Puppenspielkunst eingeweiht wurde. Der junge Mann fiel jedoch in Ungnade, nachdem er für einen anderen Tempel Puppenspiel- Aufführungen veranstaltet hatte. Zur Strafe wurde er vom Festland Nishinomiya auf die Insel Awaji verbannt, wo er einen talentierten Schüler, Hikida Judayu, in die Kunst des Puppenspiels einführte. Hikida verließ Anfang des 17. Jahrhunderts Awaji, um die Hauptstadt Kioto zu besuchen. Hier lernte er das Shamisen kennen, eine Laute, die in der zweiten Hälfte des 16. Jahrhunderts von China über die Ryukyu-Inseln nach Japan gelangt war. Dieses Instrument bewirkte die Abkehr von der bloßen Epenrezitation und leitete die Entwicklung einer musikalischen Bühnenkunst ganz eigenartiger Prägung ein. Die Musik wurde von nun an mit dem einfachen Puppenspiel kombiniert, das auf diese Weise eine neue Stufe künstlerischer Darstellung erreichte. Aus dem einfachen Puppenspiel entstand nach und nach ein neues Figurentheater, das heute unter dem Namen Bunraku bekannt ist. Der Puppenspieler Hikida, der in dieser Kunstform unterrichtet wurde, kehrte schließlich auf seine Heimatinsel Awaji zurück, um die Spieler mit der neuen künstlerischen Technik bekannt zu machen.

Neben dem Bunraku, das als die künstlerisch wertvollste Form des japanischen Puppenspiels gilt, gibt es in Japan die verschiedensten Arten traditioneller Puppenspielkunst (Schattenfiguren, Hand-, Stab-, Faden- und mechanische Puppen). Die äußerst lebendige Volkskunst, die im 17.Jahrhundert auf ihrem Höhepunkt stand, kann man heute nur noch tief im Innern von Kyushu und Tohuku oder auf den Inseln Shikoku und Sado finden.

Sado, die fünftgrößte Insel Japans, ist die Heimat des elegisch-dramatischen Sekkyo-bushi-Puppenspiels (sekkyo = Predigt und bushi = Rezitation). Sekkyo-bushi, das sich durch seinen missionarischen Charakter auszeichnet, wurde für die buddhistischen Priester zum Instrument ihrer Missionierung. Der rezitierende Vortragsstil des an die buddhistische Lehre gebundenen Textes soll sehr monoton gewesen sein. Die Sekkyo-Puppen, die heute nur noch im Museum zu bewundern sind, zeichnen sich durch ihre großen realistischen Köpfe aus, deren Anlitz stark an die Masken des Nô-Theaters erinnert.

Die Tradition des Sekkyo-bushi ist heute auf Sado erloschen. Stattdessen kann man das Bunya Ningyô-Puppenspiel mit seinen prächtig kostümierten Stabpuppen bewundern. Ein weiteres für die Insel Sado typisches Puppenspiel ist das in enger Verbindung mit den Maskenspielen des Nô-Theaters stehende Noroma-Puppenspiel. Die Nô-Spiele, die sich bis ins 14. Jahrhundert zurückverfolgen lassen, sollen aus heiligen Tänzen hervorgegangen sein, die zum Gedenken Verstorbener mit Masken aufgeführt wurden. Das Leben nach dem Tode, die Vergänglichkeit der Welt, die Macht Buddhas, das Böse, die Sünde und die Lust bilden die dramatischen Elemente. Die Bewegungen der Darsteller, die genau festgelegte symbolische Bedeutung haben, sind geprägt von einem ritualisierten Formalismus. Wichtigstes Requisit des Schauspielers ist die Maske. Die japanischen Masken des Nô-Theaters, die zu den ältesten und vollkommensten Masken der Welt gehören, sollen die Balance zwischen Sein und Schein, Traum und Realität zum Ausdruck bringen.

Die Bedeutung des Noroma-Spiels besteht darin, die Zuschauer aus ihrer tragisch gestimmten, emotionalen Spannung zu lösen und sie zu einem befreienden Lachen zu führen. Es diente zunächst als lustiges Zwischenspiel für die fünfaktigen historischen und religiösen Elegien der Sekkyo-bushi-Spiele. Diese Einlagen der Puppen, die auch unter dem Namen Ningyô-Kyogen bekannt sind, sind wohl in Anlehnung an das Kyogen entstanden, das als komische Einlage zwischen zwei Nô-Stücken dient.

In all diesen Stücken, von denen noch heute fünf erhalten sind, wird der kultische Charakter des Puppenspiels deutlich. So tritt am Ende eines jeden Spiels der Rüpel Kinosuke auf, dessen aufgerichteter Holzphallus, der als kultisches Symbol der Zeugungskraft und Fruchtbarkeitsbitte betrachtet wird, in hohem Bogen Wasser ins Publikum entläßt.

Das Bunraku

Grundzüge des Puppentheaters

Unter den Theatertraditionen Japans nimmt das mit Puppen in Szene gesetzte episch-dramatische Spiel, das seit dem 18. Jahrhundert als Bunraku bezeichnet wird, eine besondere Stellung ein. Das Bunraku ist ein hochentwickeltes Gesamtkunstwerk, das sich dem Schauspieltheater Kabuki als durchaus ebenbürtig erweist. Beide Theaterformen entstanden aus den Kulturbedürfnissen der einfachen Bürger, denen die elitäre Kunst des Nô-Theaters, das in Zusammenhang mit der Zen-Kultur oft als die typische Kunstform Japans betrachtet wird, unverständlich blieb. Das Nô-Theater, das mit stark stilisierten Mitteln arbeitet, verkörpert die Weltanschauung des mittelalterlichen Samurai. Mit dem wirtschaftlichen Erstarken des Bürgertums Ende des Mittelalters entstanden aus dieser Schicht das Figurentheater Bunraku und das Schauspieltheater Kabuki. Beide Theater besaßen die gleiche Dramaturgie, dieselben Stücke, dieselben Autoren und das gleiche Publikum, das sie mit den jeweils eigenen Mitteln für sich zu gewinnen versuchten. „In diesem Wettbewerbsbewußtsein haben sich die beiden Theater um künstlerische Vollendung bemüht. Das Figurentheater Europas dagegen war einem solchen Wettbewerb mit dem Schauspieltheater nicht ausgesetzt und versäumte vielleicht deswegen die weitere Entwicklung im künstlerischen Bereich" (Japanisches Kulturinstitut: Klassische Theaterformen Japans, S. 26).

Mit der Eröffnung eines eigenen Theaters, dem Takemoto-za in Osaka (1684) schuf Takemoto Gidayû (1651–1714) in Zusammenarbeit mit dem Dramatiker Chikamatsu Monzaemon (1653–1724) und dem Puppenspieler Tatsumatsu Haichirôbei († 1734) die Grundlagen für diese Kunstform. Das

Vorführungen des Bunya-Ningyô-Puppenspiels auf der Insel Sado. Prächtig kostümierte Stabpuppen von mittlerer Größe werden zur Rezitation eines Textes aus dem Repertoire des Bunraku von den Spielern bewegt.

Bunraku verlor gegen Ende des 18. Jahrhunderts seine Anziehungskraft auf das Publikum, das sich dem mehr auf Unterhaltung angelegten Kabuki-Theater zuwandte. Erst Uemura Bunrakuken (1737–1810), nach dem das Puppentheater benannt wurde, gelang die Wiederbelebung des Puppenspiels.

Heute unterstehen die Bunraku-Spieler der Bunraku-Gesellschaft einer halbstaatlichen Organisation, deren Hauptsitz in Osaka ist. Die Bunraku- Aufführungen finden sowohl im Puppentheater von Osaka als auch in anderen großen Städten sowie ländlichen Gebieten statt. Das Ensemble setzt sich aus über 70 Personen – den Puppenspielern, den Joruri-Sängern, den Shamisen-Spielern und den Leuten hinter der Kulisse – zusammen.

Das Bunraku besteht hauptsächlich aus drei Komponenten:

1. Die theatralische Komponente umfaßt die bühnentechnischen Mittel (Kulisse, Bühnenmaschinerie) und das äußerst schwierige Puppenspiel mit den fast überlebensgroßen Puppen. In der Regel werden die Puppen von drei Männern geführt.
2. Die musikalische Komponente umfaßt den Textvortrag (Gidayû-bushi) des Rezitators bzw. Sängers (Tayu), der von einem Musiker auf der Shamisen-Laute begleitet wird. Die Art der musikalischen Geschichtenerzählung ist hervorgegangen aus der Tradition einer älteren, rein episch-musikalischen Vortragskunst, dem Heikyoku, dem Vortrag des großen Epos *Heike-monogatari* aus dem frühen 13. Jahrhundert. Zu dieser Zeit wurden die Epen von der viersaitigen Kurzhalslaute Biwa begleitet. Gegen Ende des 16. Jahrhunderts wurde dieses Instrument durch das von den südlichen Ryukyu-Inseln nach Japan gelangte Instrument Shamisen ersetzt. Von diesem Instrument begleitet, erfreute sich die episch-musikalische Vortragskunst, die als Joruri bezeichnet wird, einer immer größeren Beliebtheit, und seine Verbindung mit der gewöhnlichen Puppenspielkunst führte zur vollen Blüte der musikalischen Puppenspielkunst im 17. und 18. Jahrhundert.
3. Die literarische Komponente ergibt sich aus den ausgeprägt poetischen Dramentexten (Joruri). Das Repertoire des Bunraku ist thematisch in zwei Gruppen eingeteilt, in bürgerliche Tragödien (Sewamono) und in Geschichtsdramen (Jidaimono). Der Kern eines Joruri-Dramas, sei es ein Jidaimono oder ein Sewamono, bildet das Leben des Menschen in einer feudalen Gesellschaft. Während beim Jidaimono der tapfere Samurai im Mittelpunkt steht, der seine geliebte Frau oder seine Kinder opfern muß, um seinem Herrn die Treue zu bewahren, handelt es sich bei den Sewamono-Stücken meistens um eine Liebesgeschichte zwischen einem einfachen, bürgerlichen Mann und einem bürgerlichen Mädchen, das oft eine Kurtisane ist. Sie leiden unter ihren jeweiligen sozialen Abhängigkeiten und Verpflichtungen, die für ihre individuellen Hoffnungen und Wünsche keinen Raum lassen. In diesen Sewamono-Stücken kommt der Widerspruch zwischen dem Individuum und den gesellschaftlichen Normen am deutlichsten zum Ausdruck. Eine Möglichkeit, sich aus der autoritären konfuzianischen Sozialordnung zu befreien, war der Ausweg der Verinnerlichung, der Weg des Buddhismus, der sich von der vergänglichen Welt trennt, indem er allem irdischen Verlangen entsagt.

Die vollständige Darbietung eines Bunraku-Stückes kann mehr als zehn Stunden dauern. Wird ein Stück in seiner gesamten Länge aufgeführt, so lösen sich mehrere Tayu- und Shamisen-Spieler in der Darstellung der einzelnen Szenen ab.

Die Bunraku-Puppen sind etwa 1,30–1,50 m groß und besitzen mehrere Köpfe und Gesichtsmasken, mit deren Hilfe man dieselbe Figur einmal mit einem freundlichen Gesicht und gleich darauf mit einem bösen zeigen kann. Bei vielen aus Paulowinaholz geschnitzten Köpfen sind die Augen, Augenbrauen und der Mund beweglich, der Rumpf ist elastisch. Dies ermöglicht dem Spieler, die Atembewegungen der Puppen naturgetreu nachzuahmen. Die Perücken der Puppen bestehen aus echtem Haar. Bei den Frisuren gibt es mehr als 50 verschiedene Haarformen, die auf den sozialen Status der Figuren hinweisen.

Der Bunraku-Dramatiker Chikamatsu

Der bekannteste Dramatiker des Bunraku-Theaters ist Chikamatsu Monzaemon (1635–1724), der noch immer als der „Shakespeare Japans“ gilt. In den ersten 20 Jahren seiner Tätigkeit als Stückeschreiber hat er vor allem für das Kabuki-Theater, in den folgenden Jahren fast nur noch für das Bunraku-Theater gearbeitet, für das er 110 Stücke schrieb. In der Theatergeschichte Japans ist er jedoch nicht nur aufgrund der Anzahl seiner Stücke, sondern vor allem aufgrund ihrer Qualität eine herausragende Gestalt.

Chikamatsu Monzaemon, der einer Samurai-Familie entstammte, machte aus dem Stückeschreiben für as Kabuki- und Bunraku-Theater einen eigenständi-

Chikamatsu Monzaemon, der „Shakespeare Japans". Er verfaßte etwa 100 Stücke für das Bunraku-Theater, die heute sogar durch die modernen Medien Film und Fernsehen Verbreitung finden.

gen Beruf, was zur damaligen Zeit für einen Samurai als unehrenhaft galt. Obwohl sich das Theater bei allen gesellschaftlichen Schichten, die Samurai eingeschlossen, großer Beliebtheit erfreute, besaßen die Theaterleute in der feudalistischen Gesellschaft keinen Platz. Sie galten als Außenseiter und wurden „Nicht-Menschen" genannt.

Chikamatsu, der das Theater als Spiegel der Gesellschaft betrachtete, suchte die Problematik der feudalen Zeit in das Empfinden seiner Mitmenschen zu legen. Die Leiden seiner Figuren, die bis zur äußersten Anspannung getrieben werden, sind in seelischen Konflikten begründet.

„Chikamatsu sah das Kommen und Gehen der Bürger, wobei er sich selbst nie als dritte Person, als beobachtender Stückeschreiber, sondern stets als Mitmensch gleicher Gefühle und Gedanken empfand. Was er schrieb, waren die komprimierten Abbildungen von Menschen in einer ambivalenten Kulturlandschaft, in der die konfuzianische Ordnung mit der Entfaltung der individuellen Sinnlichkeit im ständigen Widerstreit stand. Die buddhistische Weltanschauung half Chikamatsu, Verständnis und Überschaubarkeit seiner Umwelt gegenüber zu gewinnen, was ihn zu authentischen Abbildungen seiner Mitmenschen befähigte. Seine Werke sind zweifelsohne als Spiegel der Gesellschaft zu verstehen, lassen darüber hinaus aber auch seinen indirekten Widerstand gegen die Gesellschaft erkennen" (Japanisches Kulturinstitut, S. 33 f.).

Chikamatsus Dramenkunst war nicht sozial, sondern asozial, denn sie zeigt den unbedingten Egoismus und die Verherrlichung des Freitods, der den Liebenden als einziger Ausweg in der von der konfuzianischen Weltordnung beherrschten Gesellschaft blieb.

Bunraku-Aufführung in Osaka.

Zwischen dem Figurentheater Bunraku und dem Schauspieltheater Kabuki bestand eine einzigartige Wechselwirkung, die für die künstlerische Vollendung beider Theaterformen von großer Bedeutung war. Häufig schrieben Theaterdichter ihre Stücke sowohl für die eine als auch für die andere Gattung der Bühnenkunst.

Die Puppenmeister und ihre Spieltechnik

Im japanischen Bunraku-Theater gibt es neben den drei Puppenspielern einen Erzähler (Tayu) und einen Shamisen-Spieler. Es hängt im wesentlichen von der Zusammenarbeit der fünf Künstler ab, ob es ihnen gelingt, die Holzpuppen mit Leben zu erfüllen.

Der „Hauptspieler“ (Omo-zukai), der „Linkehandspieler“ (Hidari-zukai) und der „Beinspieler“ (Ashizukai) sind für die Führung der fast lebensgroßen Holzpuppen (150 cm) verantwortlich. Diese „Drei-Mann-Führungstechnik“ schuf im Jahr 1734 der Handpuppenspieler Yoshida Bunzaburô. Der „Hauptspieler“ führt die rechte Hand, den beweglichen Rumpf und den Kopf der Figur, wobei er auch Mund und Augen bewegen kann. Der „Linkehandspieler“ bedient die linke Hand der Figur, und der „Beinspieler“ die Füße bzw. Beine, die bei den weiblichen Figuren nicht sichtbar sind und nur durch die Rockbewegung simuliert werden. Da die Spieler als Halbfigur oberhalb der Brüstung der vorderen Bühnengasse zu sehen sind, tragen sie oft schwarze Kimonos, meist noch eine Kapuze sowie einen Schleier (Korogo). Nur in den historischen Dramen tritt der „Hauptspieler“ mit entblößtem Antlitz und in prächtige Seidengewänder gekleidet auf.

Ein Bunraku-Spieler beginnt seine Ausbildung als „Beinspieler“. Es folgen einige Jahre als „Linkehandspieler“, bis er dann schließlich kleine Rollen als „Hauptspieler“ übernehmen darf. Tamao, einer der bekanntesten zeitgenössischen Bunraku-Spieler, beschreibt seinen Weg als Puppenspieler als ein lebenslanges Studium: „Mit zunehmendem Alter spiele ich viele Rollen auf eine andere Art als vor zehn Jahren. Mein Verständnis für die Rollen hat sich weiterentwickelt, und dies wird sich fortsetzen. Lernen, lernen,

Kabuki-Aufführung.

mein ganzes Leben. Was ich als junger Mann mit physischer Kraft und Enthusiasmus geleistet habe, hoffe ich als alter Mann in Kunst und Feinheiten zu verwandeln. Dies ist die Begeisterung und Freude eines Puppenspielers...Bunraku ist tief, sehr tief. Bei jedem Spiel, das studiert werden muß, ist viel unterhalb der Oberfläche verborgen. Die Leute sagen, daß ich ein ‚lebender nationaler Kunstschatz' geworden bin. Schön, ich fühle mich geehrt, daß ich sozusagen schließlich den Mond erreicht habe. Es gibt noch ein ganzes großes Universum zu entdecken. Ich möchte zum Mars gehen. Ich möchte alle jene anderen Planeten sehen, die sich im Universum drehen. Es gibt so viel zu entdecken, die ganze große Welt des Bunraku. Ich bin noch nicht angekommen. Nein, noch nicht. Es gibt so viel zu lernen" (Adachi, Barbara C.: Backstage at Bunraku, S. 58).

Ein altes Buch mit Anweisungen dient den Puppenspielern als Grundlage für ihre Künste. Es enthält folgende Punkte, die der Spieler zu beachten hat:

1. Übertriebene Güte wird Schwäche.
2. Übertriebene Intelligenz wird Schlauheit.
3. Übertriebener Glaube wird Starrsinn.
4. Übertriebene Aufrichtigkeit wird Peinlichkeit.
5. Übertriebene Großzügigkeit wird Verschwendungssucht.
6. Übertriebene Höflichkeit wird Verherrlichung.
7. Übertriebene Stärke wird Arroganz.
8. Es gibt einen Unterschied zwischen Geiz und Sparsamkeit.
9. Animalischer Elan ist kein Mut.

Die Anweisungen enden mit folgender Ermahnung: „Um ein großer Puppenmeister zu werden, müssen zuerst diese Regeln befolgt werden."

Dasselbe Buch enthält auch die Grundprinzipien der Bewegungstechnik für das Bunraku-Spiel:

1. Tritt eine männliche Puppe nach vorn, so setzt sie zuerst den linken Fuß auf. Eine weibliche Figur setzt den rechten Fuß zuerst auf. 2. Ein General dreht sich um, wenn er aufsteht. Andere Puppen drehen sich nur um, wenn sie die Bühne verlassen. 3. Wenn eine Puppe einen Namen ausruft, deutet sie mit ihrer Hand auf den Himmel. 4. Um leise und sacht zu gehen, soll der Körper der Puppe gebogen und die Oberschenkel sollen erhoben sein. Spaziert die Puppe in der Dunkelheit, so sind ihre Hände ausgebreitet. 5. Stellt die Puppe eine Frage, so tritt sie nach vorn. Verweigert sie etwas, so tritt sie zurück. Um Angst auszudrücken, schaut das Gesicht nach rechts und links. 6. Der Samurai, der als ein Bote eines Adligen erscheint, legt sein Schwert ab. Der einfache Samurai betritt das Zimmer mit seinem Schwert. 7. Die weibliche Puppe wischt sich ihre Tränen vom Gesicht, indem sie ihr Gesicht bewegt, die männliche, indem sie die Hand bewegt. 8. Eine weibliche Puppe führt ihre ersten drei Schritte auf der Bühne sehr langsam aus, anschließend erhöht sie die Geschwindigkeit. 9. Tränen dürfen dreimal mit der linken Hand weggewischt werden. Befindet sich die Puppe jedoch mit dem Rücken zum Publikum, so darf dies nur einmal während des gesamten Spiels passieren. 10. Um Verständnis auszudrücken, wird der Kopf gebeugt, und um Erstaunen zu zeigen, wird er gehoben. 11.Um eine Geschichte zu erzählen, lehnt die Puppe sich zurück, und um zuzuhören, lehnt sie sich nach vorn. 12. Wenn zwei Puppen sich begegnen, verbeugt sich diejenige mit dem niedrigeren Rang, ohne ein Wort zu sprechen. 13. Lacht eine männliche Puppe, so bewegt sie die Schultern; eine weibliche Puppe beugt ihren Kopf und hält den Ärmel vor den Mund. 14. Zeigt eine Puppe im Zimmer auf jemanden, so deutet sie mit ihrer Hand unterhalb der Augen. 15. Wenn Kämpfe beginnen, herrscht Ruhe, aber wenn die ersten Schläge ausgetauscht werden, wird es laut. 16. Zu jeder Jahreszeit trägt die Puppe einen Fächer mit sich. Wird ein Schwert niedergelegt, so wird zur gleichen Zeit auch der Fächer abgelegt. Das Schwert befindet sich links und der Fächer rechts am Gürtel. Erhebt sich eine Puppe, so ergreift sie zuerst den Fächer und dann das Schwert. 17. Ein Untergebener schaut auf die Knie seines Herrn, wenn dieser zu ihm spricht. 18. Eine Puppe verbeugt sich dreimal, wenn sie einer shintoistischen Gottheit ihre Ehre erweist. Bei einem Buddha faltet sie ihre Hände zusammen und beugt ihren Kopf. 19. Ein großer Meister bewegt seine Puppe nicht, wenn dies nicht unbedingt erforderlich ist. 20. Es ist schlecht für eine Puppe, untätig herumzustehen, nachdem sie gesprochen hat, aber noch schlechter ist es, wenn sie sich unnatürlich bewegt.

Im Gegensatz zu anderen Traditionen des Puppentheaters, in denen jeder Spieler die von ihm geführte Puppe mit seiner eigenen Stimme sprechen läßt, bleiben die Puppenspieler des Bunraku stumm. Alle Textpassagen werden von einem einzelnen Rezitator bzw. Sänger (Tayu) vorgetragen. Dieser Vokalvortrag wird

Szenen aus dem Bunraku-Theater.

Während sich im Theater von Osaka ab Mitte des 18. Jahrhunderts die „Drei-Mann-Führungstechnik" für die Hauptfiguren des Bunraku durchsetzte, wurden in bestimmten Theatern der Provinz und ebenso in Tokyo die Figuren von einem Spieler bedient.

von einem Shamisen-Spieler musikalisch begleitet. Die beiden sitzen auf einem kleinen Podest, dem Yuka, das sich, vom Zuschauer aus gesehen, rechts neben der Hauptbühne befindet. Vor dem Podest steht ein kleines Pult, auf dem das Textbuch liegt, das neben Schriftzeichen auch Symbole verschiedenster Art enthält, die Hinweise auf die musikalische Gestaltung des Vortrags geben.

„Wünschenswert ist, daß die Stimme (des Tayu) tief, dunkel und kraftvoll klingt, daß sie gleichzeitig obertonrein ist und dadurch rauh und heiser tönt. Sie muß die ästhetische Qualität des Sabi haben – ein zentraler Begriff der japanischen Kunstästhetik, der hier soviel wie ‚Edelrost', ‚Patina' meint... Ein solch bewußt hervorgebrachter Stimmklang ist das Resultat langjährigen Trainings. Meist stellt er sich erst im Alter eines Tayu ein. In früheren Zeiten betrieb man zu diesem Zweck häufig sogenannte ‚Kälteübungen' (Samugeiko), die darin bestanden, daß man an kalten Wintertagen bei eisigem Wind in freier Natur so lange Singübungen veranstaltete, bis der volle Klang der Stimme gebrochen und ein rauhes Timbre erreicht war" (Japanisches Kulturinstitut, S. 43).

Voraussetzung einer guten Stimme ist eine kräftige Bauchmuskulatur. Aus diesem Grund ist eine geschulte Atmung, deren Quelle sich im Unterleib (Hara) befindet, der nach japanischer Vorstellung das Zentrum sowohl physischer wie auch spiritueller Kräfte ist, unentbehrlich für die Singweise. Das oberste Ziel des Gesanges ist es, mit stimmlichen Mitteln die verborgensten Gefühlsregungen der Figuren und die Atmosphäre der Szene zum Ausdruck zu bringen. Hierzu führt der Sänger Tsudayu aus: „Um völlig mit dem Spiel zu verschmelzen, um eins mit den Wörtern zu werden, muß ein Tayu den Zustand der Selbstlosigkeit erreichen, den die Buddhisten als mu bezeichnen. Der Spieler ist ein leeres Gefäß, das das Spiel enthält. Seine eigenen Gefühle sind zur Seite gedrängt, er ist der Kanal für das Spiel selbst. Wenn ich mich völlig mit den Leuten im Spiel identifiziere, werde ich sie selbst. Wenn diese Essenz durch den mu in mir fließt, werden die Emotionen den Leuten, die die Worte, die Melodie und den Rhythmus hören, übermittelt, ohne die Einmischung meines eigenen Bewußtseins. Am Ende eines Höhepunktes, bei dem ich in der Lage war, mu zu erleben, bin ich völlig erfüllt von Schmerzen oder Freude. Dann plötzlich am Ende der Szene bemerke ich, daß das Publikum auch diese Trauer und dieses Glück fühlt" (zitiert nach: Adachi, S. 65).

Bunraku-Aufführung. Drei Spieler, der „Hauptspieler", der „Linkehandspieler" und der „Beinspieler", sind für die Führung der fast lebensgroßen Holzpuppen verantwortlich.

Die dritte Kraft im japanischen Bunraku ist der Shamisen-Spieler. Das Shamisen gilt als das repräsentative Musikinstrument der bürgerlichen Musikkultur des 17.–19. Jahrhunderts. Es ist eine dreisaitige Spießlaute, die aus einem kleinen, rechteckigen Holzkorpus mit Katzen- oder Hundehautbespannung und einem langen, dünnen, durch den Korpus „gespießten" Hals, dem Saitenhalter und Griffbrett, besteht.

Dem Musiker stellt sich ebenso wie dem Puppenspieler und dem Tayu die Aufgabe, die verborgensten Gefühlsregungen der Figuren zum Ausdruck zu bringen. Seit Takemoto Gidayû, dem Begründer der Vortragskunst, gilt für den Musiker des Gidayû-bushi die Forderung „Jo wo ka taru", was so viel bedeutet wie „Darstellung der Affekte". Auf die Frage, welche Qualitäten der Shamisen-Spieler des Bunraku-Theaters besitzen müsse, gibt der Musiker Juzo folgende Antwort: „Die Antwort ist einfach, Kokoro-Herz. Das ist alles. Herz. Keine Kraft oder kein Geschick. Geduld ja und Ausdauer zum Üben, zum ständigen Wiederholen der Noten. Aber ohne Herz ist die Musik bedeutungslos, ist die Note tot, sie besitzt kein Kimochi (Gefühl). Wenn das Gefühl nicht vermittelt ist, hat es keinen Sinn herumzuklimpern, um den Tayu zu begleiten. Unsere Noten unterstreichen die Bedeutung und die Emotionen, die er zu vermitteln versucht. Herz und Gefühl können natürlich nicht gelehrt werden. Gefühle kann man aufnehmen, aber die beste Art ist es, mit einem guten Tayu zu spielen. Wenn man die Gefühle, die er in seiner Erzählung zum Ausdruck bringt, zu verstehen lernt, färbt sich das Gefühl auf das eigene Spiel ab. Es ist schwierig zu erkennen, wie es passiert, aber plötzlich erkennt man, was Liebe, Haß, Leidenschaft und Rache sind, und diese Gefühle spiegeln sich im eigenen Spiel wider" (zitiert nach Adachi, S. 80).

Für die Vortragskunst ist von Bedeutung, daß die gesungenen Worte vom Klang des Instruments nicht überlagert werden, da es in erster Linie auf die exakte Vermittlung von Sinn und Gehalt eines Joruri-Stückes ankommt. Ziel der fünf Bunraku-Spieler ist es, durch die Handlung, die Worte und die Musik eine dramatische und ästhetische Erfahrung zu schaffen, um mit dem Publikum die Tiefe der menschlichen Emotionen zu erleben. Außer den fünf Spielern gibt es eine

Anzahl von Personen, die „ungesehenen Leute" (Urakata). Dies sind die Männer hinter der Kulisse, die für das Bunraku-Theater unentbehrlich sind. Hierzu gehören weitere Musiker, die mit Hilfe von Trommeln, Gongs, Handglocken und Flöten hinter der Bühne für musikalische Effekte sorgen. Einige Zuschauer konzentrieren sich so stark auf die Puppen, den Tayu und den Shamisen-Spieler, daß sie diese Hintergrundmusik oft überhaupt nicht wahrnehmen.

Ein Mitarbeiter ist dafür verantwortlich, dem Hauptspieler für seine Aufführung die entsprechenden Köpfe auszuwählen, die nach verschiedenen Kategorien in großen hölzernen Truhen aufbewahrt werden. So gibt es Truhen für die Köpfe junger Mädchen, der Frauen mittleren Alters, der alten Frauen, der Krieger, der Männer, der häßlichen bzw. bösen Männer, der edlen Männer, der alten Männer, der komischen Typen und der speziellen Typen. Eine Truhe gilt nur der Samurai-Puppe Bunshichi, deren Kopf wohl der majestätischste aller Bunraku-Köpfe ist. Sein Gesichtsausdruck reflektiert die tragischen Emotionen eines typischen Samurai.

Der Perückenmeister ist verantwortlich für die Herstellung und das Frisieren der Perücken, die aus echtem Haar bestehen. Die Art, wie die Haare gekämmt sind, offenbart dem Bunraku-Publikum nicht nur das Geschlecht, das Alter und die soziale Stellung der Puppe, sondern weist auch auf den Charakter hin. Alle Frisuren stammen aus der Edo-Zeit (1603–1868), in der bestimmte Personengruppen ihren charakteristischen Haarstil besaßen.

Der Kostümdirektor ist verantwortlich für den Entwurf und die Aufbewahrung der Kostüme, die aus feinsten Stoffen mit der Hand genäht werden. Neben den Haarstilen weisen auch die Kostüme auf den sozialen Status und den Charakter der Puppe hin. „Im Bunraku ist die Puppe das Kostüm und das Kostüm der Charakter", sagt der Kostümdirektor Osama Ishibashi des Bunraku-Theaters in Osaka.

Für die Herstellung der Köpfe, häufig aber auch für die sämtlicher Glieder, ist der Kopfschnitzer zuständig. Für Reparaturen an den Puppen und für die Bemalung verfügt die Bunraku-Truppe über einen speziellen Mitarbeiter.

Durch die gemeinsame Anstrengung und Disziplin eines jeden Mitgliedes des Bunraku-Ensembles ist die Tradition dieses hochentwickelten Puppentheaters bis heute lebendig geblieben; Gastspiele haben es auch außerhalb von Japan bekannt gemacht.

Der Kopf des Monsters veranschaulicht den komplizierten Mechanismus der Bunraku-Figur. Durch das Ziehen einiger Fäden verwandelt sich die schöne Dame in ein Ungeheur mit Hörnern, weit aufgerissenen Augen und dem Gebiß eines Tieres.

Ein Puppenspiel von der Insel Sado

„Die lebende Jizo[1]-Statue"

Personen:
Denkurobe, ein alter Reicher auf Sado
Ohana, seine junge Frau
Bildhauer, in Kyoto
Kinosuke, Tölpel

(Mit Flöten- und Trommelbegleitung tritt Denkurobe auf.)

Denkurobe: Allerseits guten Tag, guten Tag allerseits! Ich bin der berühmte Denkurobe aus dem Shimo-Gebiet[2]. In diesem Dorf bin ich vielleicht der erste oder zweite unter den Reichen. Bei aller Arbeit, bei aller Überbeschäftigung wird man schnell alt. Daher denke ich jetzt an mein zweites Leben. Gestern abend habe ich darüber mit meinem Weib bis in die Nacht gesprochen. Es ist fast eine beschlossene Sache, aber sie soll noch einmal kommen, ich muß sie fest überzeugen. Komm her, Weib! Komm her, Weib! Ohana, Ohana!

Ohana: Jaa. *(Tritt von links auf.)* Was gibt's denn?

Denkurobe: Wie gestern abend besprochen, möchte ich eine Wallfahrt auf Shikoku[3] machen.

Ohana: Eine gute Sache, aber...

Denkurobe: Du mußt das Haus gut hüten!

Ohana: Ja, sicher, wenn du mir ein Geschenk mitbringst.

Denkurobe: Ha, wenn du mir das Haus sicher hütest, bringe ich dir ein großes Geschenk mit.

Ohana: Jawohl!

Denkurobe: Was für ein Geschenk soll ich denn kaufen?

Ohana: Ach, ich mag es nicht aussprechen.

Denkurobe: Es gibt nichts Unaussprechliches mehr, wir sind doch schon lange Jahre zusammen.

Ohana: Ja, dann sage ich es. Ich möchte die Freudenstatue des Ikijizo[4].

Denkurobe: Was? Das Kankibutsu[5] des lebenden Jizo?

Ohana: Hm, hm, den will ich.

Denkurobe: Gut, das ist zwar ein schwieriger Wunsch, aber weil du es verlangst, werde ich die Freudenstatue des Ikijizo kaufen.

Ohana: Hm!

Denkurobe: Hüte das Haus gut!

Ohana: Doch aber einen Kankibutsu des Ikijizo, der stark ist und alles ißt... *(2–3 stumme Gebärden.)*

Denkurobe: Erstens Vorsicht vor dem Feuer, zweitens vor „Jenem"...

Ohana: Mach dir keine Sorgen! Wenn die Wallfahrt zu Ende ist, komm' gleich nach Haus!

Denkurobe: Sobald die Wallfahrt beendet ist, komme ich sofort zurück.

Ohana: Also mach dich auf den Weg.

Denkurobe: Ich breche gleich auf, mein Liebes. *(2–3 Gebärden mit verschiedenen Abschiedsworten.)* – Da mein Weib einverstanden ist, gehe ich auf der Stelle fort.
(Ohana tritt nach links ab.)

Denkurobe: Sassa, sassa![6]
(Denkurobe beschreibt auf der Bühne einen Kreis)

Denkurobe: Ah, das ging schnell, schon bin ich in Kyoto. Hier gibt es wahrscheinlich viele Bildhauer, wo so viele Jizo gehauen werden. – Ach, auch hier stehen welche! Hier will ich meinen Buddha bestellen. Guten Tag! Darf ich einmal stören?

Bildhauer: Ja, ja! Was wünschen Sie?

Denkurobe: Ich bin ein Wallfahrer von Sado.

Bildhauer: Von Sado? Aus weiter Ferne sind Sie hergekommen!

Denkurobe: Nun habe ich aber einen Wunsch mitgebracht. Wie steht's damit?

Bildhauer: Ich kann nichts sagen, bevor ich nicht über Ihren Wunsch Bescheid weiß.

Denkurobe: Also, könnten Sie mir die Freudenstatue des lebenden Jizo hauen?

Bildhauer: Was denn...?

Denkurobe: Das Kankibutsu des Ikijizo!

Bildhauer: Das ist aber etwas schwierig!

Denkurobe: Ich möchte Sie unbedingt darum bitten. Was soll der Auftrag kosten bei der heutigen (Inflations-)Lage?

Bildhauer: Da es mich sehr viel Mühe kosten wird ... trotz möglichstem Rabatt kostet es noch 25 Ryo, 25 Ryo[7].

Denkurobe: 25 Ryo? Das ist etwas teuer!

Bildhauer: Teuer, aber angesichts der heutigen Weltlage ist nichts anderes zu machen.

Denkurobe: Ja sicher, ja ... es soll ein Geschenk für mein Weib sein, ich muß ein bißchen freigiebig sein. Ich zahle die 25 Ryo! Zuerst gehe ich auf die Wallfahrt, bis dahin muß alles in Ordnung gebracht sein.

Bildhauer: Ja, das ist sicher klug gedacht! Aber ich möchte eine Anzahlung.

Denkurobe: Ich zahle Ihnen also 10 Ryo jetzt. Die übrigen 15 Ryo werde ich bei der Aushändigung bezahlen. – Aber ich muß Sie noch einmal bitten...

Bildhauer: Ja, ich bin mit allem einverstanden!

Denkurobe: Von jetzt an gehe ich auf Rundreise in Shikoku, bis dahin sollte alles fertig gehauen sein.

Bildhauer: Ja, das ist klug bedacht. Also, gute Reise!

Denkurobe: Also auf Wiedersehen! (allein) Jetzt habe ich das Geschenk für mein Weib bestellt und will nun zuersten den Reisanji-Tempel in Awa[8] besuchen, und zwar auf der Stelle. Sa, sa, saa! *(Denkurobe geht nach links ab.)*

Bildhauer: *(allein)* Ach Gott, ach Gott! Geld habe ich zwar bekommen, aber eine Freudenstatue des lebenden Jizo herzustellen, das kann ich sicher nicht allein! Auf dann, ich muß den Kerl von Nachbarn, den es hier gibt, auch hinter's Licht führen, um (mit seiner Hilfe) dem Wallfahrer von Sado die 25 Ryo zu entreißen. Deshalb schauen wir einmal nach ihm. Sassa, sassa! *(Er kommt zum Nachbarhaus, wo Kinosuke noch schläft.)*

Kinosuke: *(schnarcht)* Grr, grr...

Bildhauer: Mahlzeit! Der Nachbar ist nicht da!

Kinosuke: *(schnarcht)* Gu, gu, gu ...

Bildhauer: Wie? Ich höre ja ein Schnarchen. – Ohne Schlagen kann ich ihn ja wohl nicht wecken! Auf! Du, Kerl, Du! *(Schlägt ihn.)*

Kinosuke: Au, au, au! Wer schlägt mich?

Bildhauer: Das bin ich!

Kinosuke: Ist das nicht der Herr Nachbar?

Bildhauer: Auch für das Schlafen gibt es eine Grenze in der Welt. – Wegen eines Wunsches bin ich gekommen. Kannst du mal zuhören?

Kinosuke: Ach, du lieber Gott! Nichts zu machen!

Bildhauer: Ich habe noch nichts darüber gesagt, und du schreist schon Nichts zu machen!?

Kinosuke: Wenn du's sagst, dann ist's wohl so. Was ist denn los?

Bildhauer: Ein Wallfahrer von Sado hat mich besucht.

Kinosuke: Das war wohl ein fetter Braten!

Bildhauer: Nee, von Verdienen war noch keine Rede. Ich allein kann diese Arbeit nicht machen.

Kinosuke: Wie, ich kann diese Sache machen...?

Bildhauer: Äußerst schwierig ist diese Arbeit, aber wollen wir es nicht einmal versuchen? Wie steht's?

Kinosuke: Hm ... Versuchen können wir's ja, aber was soll ich machen?

Bildhauer: Du sollst zum Kankibutsu des Ikijizo werden. Es gibt 1 Ryo.

Kinosuke: 1 Ryo? Dann geht's nicht.

Bildhauer: Also, noch ein wenig freigiebiger; wie steht's mit 7 Kan, 7 Kan![9]. Tust Du's jetzt?

Kinosuke: 1 Ryo mag ich nicht. Gegen 7 Kan ist nichts zu machen. Ich tu's!

Bildhauer: „Gutes tue bald!" Also, um eine schöne Jizo-Statue zu werden, muß du dich im Fluß hier vorne waschen.

Kinosuke: Dann warte auf mich!

Bildhauer: Ich warte auf dich.

Kinosuke: „Gutes tue bald!" Sa, sa, sa, sa. *(Kinosuke geht ab.)*

Bildhauer: Gott sei Dank! Der Kerl von Nachbar hat alles gern übernommen und ich bekomme 25 Ryo vom Wallfahrer aus Sado. Das ist ein voller Gewinn! Aber was dauert das wieder so lange. Er muß sehr schmutzig sein. – Aha, da scheint er zu kommen.

(Kinosuke tritt auf.)

Kinosuke: So, ist das sauber genug?

Bildhauer: Das hast du gut gemacht! Du siehst genau aus wie ein Jizo! Und jetzt kommt das! *(Der Bildhauer versieht Kinosuke mit dem Latz und der Kappe des Jizo[10].)*

Kinosuke: Soll ich was sagen?

Bildhauer: Nein, es ist besser, du sagst nichts. Ich bin es, der spricht!

Kinosuke: Auch wenn ich pinkeln muß?

Bildhauer: Dann sollst du es gefälligst aushalten. Und jetzt gehen wir. *(2–3 Aktionen, die zwei Figuren bewegen sich auf der Bühne.)*

Beide: Sassa, sassa!

Bildhauer: An dieser Stelle sollst du ganz unbeweglich stehenbleiben.

Kinosuke: Kein Wort reden?

Bildhauer: Nichts sprechen ist am besten!

Kinosuke: Gut, gut!

(Denkurobe tritt auf.)

Denkurobe: Das ging schnell! Nach der Rundreise auf Shikoku bin ich schon wieder nach Kyoto gekommen. Ich will jetzt zum vorigen Ort des Bildhauers gehen und den lebenden Jizo abholen. Sassa, sassa! – *(Er geht.)* – Ich bin der Wallfahrer aus Sado von damals. Ist der lebende Jizo schon fertig?

Bildhauer: Ja, er ist sehr schön geworden.

Denkurobe: Gut, gut! Jetzt zahle ich 15 Ryo, Vorauszahlung 10 Ryo, insgesamt 25 Ryo.

Statue (Kinosuke): Aha! Der Nachbar verdient so viel!

Bildhauer *(bestürzt)*: O, still, still, still!

Denkurobe: Darf ich einmal zu dieser Statue beten? Ah, wirklich schön geworden! *(Er betet vor Kinosuke.)* On akakami onmai sowaka, kakakami, kakakami...

Bildhauer: Und wie gesagt, das ist die Freudenstatue des lebenden Jizo. Vergessen Sie daher nicht, ihm dreimal Speisen zu opfern.

Statue (Kinosuke): Wichtig, wichtig, wichtig!

Bildhauer: Halt, still, still, still!

Denkurobe *(ohne es zu bemerken)*: Ja, weil es ein lebender Jizo ist, werde ich ihm fromm Speisen opfern. Und jetzt will ich ihn auf den Rücken nehmen.

Bildhauer: Versuchen Sie es einmal, Moment! *(Hilft Denkurobe, die Statue auf den Rücken zu nehmen.)*

Denkurobe *(etwas schwankend)*: Hopplalalala! Also, Herr Bildhauer, ich sage Ihnen vielen Dank für Ihre große Mühe!

Bildhauer: Also dann, Herr Pilger aus Sado, wollen Sie aufbrechen?

Denkurobe: Ja, jetzt mich ich so langsam aufbrechen! *(Denkurobe geht hinaus.)*

Denkurobe: Da Sado noch weit ist, spreche ich mal zum Zeitvertreib den Ikijizo an. (Singend mit Begleitung.) Ah, Herr Ikijizo, Herr Ikijizo! Was mögt Ihr denn gern?

Statue (Kinosuke) *(singend)*: Ich mag gern süße Reiskugeln!

Denkurobe (singend) Ah, Herr Ikijizo, Herr Ikijizo! Was magst du denn noch gern?

Statue (Kinosuke) *(singend)*: Ich mag sehr gern Mädchen von 17/18 Jahren.

Denkurobe (singend): Ah, Herr Ikijizo, Herr Ikijizo! Was magst du denn noch gern?

Statue (Kinosuke) *(singend)*: Ich mag Flußaalsuppe sehr gern!

Denkurobe: Was sagt dieser Jizo-Gott? Wie ich gerade höre: Mädchen von 17/18 Jahren mag er sehr gern, Aalsuppe mag er sehr gern. Das ist eine verdächtige Sache. Aha! Der Bildhauer von vorhin war eine ganz schlaue Fratze! Das war eine Verschwörung. Den Alten aus Sado haben sie um 25 Ryo betrogen. So was, so was! Werfen wir ihn ab und schauen einmal nach! Hauruck, ohahaha! *(Er wirft Kinosuke ab.)*

Statue (Kinosuke): Auch für die Gottlosigkeit gibt es eine Grenze!

Denkurobe: Was verstehst du unter „gottlos"? Ha, komm her! Ich reiße dir die Larve ab! *(Mit Begleitmusik, die beiden balgen sich miteinander, Denkurobe jagt Kinosuke, schließlich zieht Denkurobe Kinosuke die Kleider vom Leib.)*

Kinosuke: Das geht zu weit! Ich dachte, etwas zu verdienen, doch nackt wie sieben Kan mit einem Fundoshi[11] von einem Kan, ist mir nicht mehr zu helfen.

Unter Musik bleibt der nackte Kinosuke zurück, ein hölzernes Glied wird hervorgebracht und Wasser herausgeblasen – Vorhang.

(Entnommen aus: Zobel, Günter: Sekkyo Bushi und Noroma, Japanisches Puppenspiel von der Insel Sado, S. 31–37.)

Anmerkungen zum Spiel „Die lebende Jizo-Statue"

1. Ein Jizo wird von den Japanern als ein buddhistischer Boddhisattva betrachtet, der im japanischen Volksglauben die Seelen verstorbener Kinder sicher über den Totenfluß der Unterwelt ins Paradies geleitet. Noch heute stehen zum Dank an die Kinder-Schutzgottheit überall auf der Insel Sado steinerne Figuren mit kindlich lächelnden Gesichtern, die dem Jizo als Opfergabe gebracht wurden.
2. Ein Shimo ist die vornehme Wohngegend eines japanischen Ortes.
3. Shikoku ist die viertgrößte Insel Japans.
4. Ikijizo ist die lebende Schutzgottheit (iki = lebend, jizo = Schutzgottheit verstorbener Kinder).
5. Kankibutsu heißt wörtlich „Freudenbuddha" und ist eine Anspielung auf den Phallus.
6. sassa, sassa ist eine Lautmalerei für die fehlenden Schrittgeräusche.
7. Ryo ist eine alte japanische Goldmünze.
8. Reisanji in Awa ist ein berühmter Tempel auf Shikoku, der zu den 88 heiligen Stätten gezählt wird.
9. Kan bedeutet 1 Ryo.
10. Latz und Kappe des Jizo sind ein feuerrotes Mützchen und ein Lätzchen, mit denen die Jizo-Statue versehen wird, um den Charakter des Kindergottes zu betonen.
11. Fundoshi ist ein japanischer Lendenschurz. Bei dieser Textstelle handelt es sich um eine Anspielung auf die japanische Redensart „hadaka ikkan", was soviel wie „splitterfasernackt" bedeutet.

Korea und Vietnam

Das koreanische Puppenspiel

Der Ursprung des Puppenspiels (Hyong-guk) in Korea liegt bis heute im dunkeln. Die wenigen verfügbaren Dokumente stammen aus chinesischen Quellen. Sie lassen darauf schließen, daß das Puppenspiel, beeinflußt von China und Japan, seit dem 10. Jahrhundert in Korea heimisch ist. Aus den Texten geht hervor, daß es sich kaum um wirkliches Puppenspiel bzw. Puppentheater gehandelt hat, sondern lediglich um den Umgang mit Puppen ohne besondere Handlung und einen bestimmten Text.

Von dieser Art Puppenspiel sind bis heute folgende vier Stile erhalten geblieben:

1. Das Puppenspiel zum Geburtstag Buddhas, das auf einen berühmten buddhistischen Mönch aus dem 16. Jahrhundert zurückgehen soll, dessen Tugenden als fragwürdig galten. Hauptperson dieses Spiels ist die Figur eines Mönches, die aus Holz geschnitzt und mit einem buddhistischen Zeremonialgewand bekleidet ist. Daneben treten Tierfiguren auf, die aus Karton oder Papier gefertigt sind.
2. Das Spielzeug-Puppenspiel dient anläßlich von Markttagen den Kindern als Unterhaltung. Ein Spieler führt auf dem Marktplatz seine verschiedenen Puppen vor, mit denen die Kinder gegen ein kleines Entgelt selbst spielen dürfen.
3. Das Brautspiel ist ein Spiel von Kindern, die mit ihren „Grasbrautpuppen", bestehend aus einem Stock mit Haaren aus getrocknetem Gras und mit Stoffetzen bekleidet, die traditionelle Hochzeitszeremonie des Landes nachspielen.
4. Das Schattenspiel wird ebenfalls von Kindern vorgeführt, die in einem Zimmer, meist nur durch eine Laterne erhellt, mit dem Schatten ihrer Hände Tiere formen und diese an der Wand bewegen.

Khoktu kaksi norum („Das Spiel von der Puppenfrau") gilt als das einzige, das den Anspruch erfüllt, wirkliches Puppentheater zu sein. Dieses Spiel, dessen Wurzeln in die Zeit des koreanischen Teilstaates Koguryo (32 v. Chr.–668 n. Chr.) zurückgehen, handelt von der Arroganz der konfuzianischen Beamtenschicht, von moralischen Verfehlungen und den Problemen der Polygamie. Als rein dagegen gilt die Lehre des Buddha, zu dessen Verehrung im Epilog des Stückes aufgefordert wird.

Die Puppen dieses Stückes sind Stabpuppen, die von zwei Spielern bedient werden. Während ein Spieler die Puppe hält, bewegt ein zweiter das Kinn und die Arme, die durch Schnüre in Bewegung gesetzt werden. Das Führen der Puppe erfordert besonders bei den Tänzen, die denen des koreanischen Maskentanzes ähneln, große Kraft und Geschicklichkeit.

Die Zahl der etwa 30–90 cm großen Puppen eines Theaters ist nicht festgelegt; oft wird ein und dieselbe Puppe zum Spielen mehrerer Rollen verwendet, wobei ein anderes Kleidungsstück auf die veränderte Rolle hinweist. Von großer Bedeutung ist die Kleidung, die die Zugehörigkeit zu den verschiedenen Klassen andeutet. Interessant ist, daß diese Unterschiede eher in der Garderobe der männlichen als der weiblichen Puppen festzustellen sind. Je höher ihre Gesellschaftsschicht ist, desto farbenfreudiger ist ihre Kleidung.

Aufgeführt wurde das Stück früher von Wandertruppen, meist mit sechs oder sieben Mitgliedern, drei oder vier davon Musiker, die vom Frühling bis in den Herbst oft zusammen mit Akrobaten, Sängern und Tänzern im Lande umherzogen, um das Publikum auf den Straßen und Marktplätzen zu unterhalten. Text und Musik wurden improvisiert.

Chu Teu (Wasserpuppe aus Vietnam) gilt als Ansager und Stimmungsmacher des vietnamesischen Wasserpuppen-Theaters, das eng mit dem Leben des Dorfes verbunden ist. Früher setzte sich die Truppe aus Amateurspielern, meist Reisbauern, zusammen, die auf dem lebensspendenden Wasser ihr kunstvolles Spiel darboten.

„Das Spiel von der Puppenfrau“

3. Szene (Kkoktu Kaksi)

Pak *(tritt auf)*: Ah, ah, du! Laß uns ein bißchen Spaß machen!
Musiker: Ist gut.
Pak: Was wollen wir denn diesmal anstellen? Ja ... möchtest du meine Frau mal sehen? Du hast sie doch noch nicht gesehen, oder?
Musiker: Nein.
Pak: Jaa ... Du wirst es schon sehen, wenn sie kommt. Ich bin sicher, du wirst dich wundern, wenn sie kommt. Hallo! Frau! Frau!
Musiker: He alter Mann! Wie du nach deiner Frau rufst, das klingt gerade so, als ob man jedemanden ruft, der die Straße fegen soll.
Pak: Na ja, ich sollte sie vielleicht nicht so rufen. Hör zu, ich ruf meine Frau. Ha ---lo! Fra--u!
Kkoktu Kaksi: Hallo! Mann! Ich glaube, ich hör' die Stimme meines Mannes.
Pak: Ich glaube, ich hör die Stimme meiner Frau.
(singt) Chóri chóri chólsigu
chihwaja chólsigu
Wer ruft nach mir,
da kann doch keiner sein,
wer ruft nach mir?
Hallo Frau!
Kkoktu Kaksi: Hallo, Mann!
(singt) Um dich zu suchen,
erstens, war ich einen Tag in Irwónsan,
zweitens, war ich zwei Tage in Igang-gyóng,
drittens, war ich drei Tage in Samp'oju,
viertens, war ich vier Tage in Sabopsóng,
fünftens, war ich fünf Tage in Oganghwa.
Aber ich habe nirgendwo was von meinem Mann gehört. Und jetzt, ich glaube, ich glaube, ich höre die Stimme meines Mannes. Hallo! Mann!
Pak: Oh, bist du meine Frau?
Kkoktu Kaksi: Bist du mein Mann?
Pak: Was für eine Überraschung! Als du jung warst, hattest du so ein hübsches, wirklich hübsches Gesicht. Wie konnte das nur, um alles in der Welt, so verknittert, so faltig, so voller Pockennarben werden?
Kkoktu Kaksi: Ach Mann. Sagt doch bitte sowas nicht. Um dich zu suchen, bin ich durch das ganze Land gelaufen, als ob ich durch alle Zinken eines Kames gelaufen wäre. Und ich hab natürlich nichts zu essen gehabt. Als ich in Inch'on Koemit'al gewesen bin, hab' ich Eicheln statt Reis gegessen, deshalb sieht mein Gesicht heute so aus.
Pak: Wie schamlos du daher redest. Ich hab' hier dreieckige und viereckige Portionen Buchweizenpudding gegessen, aber mein Gesicht ist noch immer glatt.
Kkoktu Kaksi: Ja, Mann, aber als du jung warst, hast du auch ein hübsches Gesicht gehabt. Warum hast du denn heute so viele weiche Flaumfedern im Gesicht, wie eine junge Eule?
Pak: Du Weibstück du! Hör mir mal zu. Für einen Mann, der mit den fünf Segnungen beglückt ist, der langes Leben hat, Reichtum, Gesundheit und Tugend, der einen friedlichen Tod haben wird – für einen solchen Mann gehört es sich, einen langen Bart zu haben.
Kkoktu Kaksi: Ob fünf Segnungen oder sechs, was macht das schon aus.
Pak: Was es ausmacht, ob sechs Segnungen oder sieben oder acht? Bist du hierher gekommen, um mir ein Lied über Segnungen vorzusingen? Ja, Weib. Nachdem du mich verlassen hast, lebte ich lange, lange Zeit allein. Aber weil ich alt bin, nicht mehr gebraucht werde, hab' ich mir ein kleines Haus gekauft.
Kkoktu Kaksi: Recht so, ich verstehe, was du sagen willst: nachdem ich dir davongelaufen war, hast du jeden Pfennig gespart und dir ein Haus gekauft, ich muß dir danken.
Pak: Machst du dich lustig über mich, weil ich kein Haus mit Ziegeldach habe? Du Weibstück! Sowas wie du sollte man den Wölfen zum Fraß geben!
Kkoktu Kaksi: Was meinst du denn wirklich?
Pak: Was ich wirklich meine? Ich habe mir einen kleinen Frauenbauch zugelegt.
Kkoktu Kaksi: Recht so! Verstehe schon.
Du meinst, damit ich Wintergemüse einlegen kann, hast du feinen Knoblauch gehegt!
Oder?
Pak: Und Pfeffer und Ingwer? Du Närrin!
Kkoktu Kaksi: Wovon redest du dann?
Pak: Ich will sagen, daß ich eine kleine Frau habe.
Kkoktu Kaksi: Recht so, recht so! Du willst sagen, daß du eine Nebenfrau hast, weil du dachtest, ich komme nie mehr zu dir zurück?
Pak: Das ist richtig. Jetzt fängst du an, die Dinge zu verstehen, wie ein drei Tage alter Hund, dem gerade die Augen aufgehen.

Kkoktu Kaksi: Wenn du eine Nebenfrau hast, bin ich dann nicht die Hauptfrau? Dann mußt du die andere dazu bringen, mich zu begrüßen.

Pak: Dich zu begrüßen? Schau dir doch mal dein Gesicht an. Oh, wie schmutzig du bist! Du, mach, daß du wegkommst, sag kein einziges Wort mehr!

Kkoktu Kaksi: Hör mir zu. Du bist im Unrecht. Selbst wenn ein Drache aus einem kleinen Tümpel auftaucht, bleibt er noch immer ein Drache. Und auch wenn ein Tempelwächter aus Stroh ist, bleibt er nach den Regeln doch immer noch ein Tempelwächter. Also mußt du sie dazu bringen, mich zu begrüßen, oder?

Pak: He!

Musiker: Was ist los?

Pak: Meine erste Frau verlangt von mir, ich soll meine kleine Frau dazu bringen, sie zu grüßen. Was soll ich machen?

Musiker: Sie ist nun mal deine Hauptfrau, also mußt du die andere wohl dazu bringen, sie zu grüßen...

Pak: Nach der Sitte muß ich das wohl...

Musiker: Ach, das ist doch selbstverständlich.

Pak: Ich bring' sie dazu, daß sie dich grüßt. Aber du mußt dich umdrehen und dort drüben hinstellen.

Kkoktu Kaksi: Warum soll ich mich umdrehen? Meinst du nicht, sie und ich, wir sollten uns ansehen, wenn wir uns begrüßen?

Pak: Nein, Nein! Dieses Weibstück! Dein Gesicht! Sie wird sich anstecken.

Kkoktu Kaksi: Oh, mein ... Wie hübsch ist denn ihr Gesicht? Du sagst, mein Gesicht wird sie anstecken?

Pak: Kein Wort mehr! Dreh dich endlich um!

Kkoktu Kaksi: Dann dreh ich mich ganz kurz um. Will sehen ... ganz kurz.

Pak: Bleib du ja so stehen! Du darfst dich auf keinen Fall umschauen!

Kkoktu Kaksi: Nun gut, mach dir deshalb keine Gedanken.

Pak *(singt)*: Ja, soll ich sie gleich küssen?
Soll ich sie verführen?
Oh, sie ist eine Schönheit!
Weil sie eine schöne Frau ist,
muß die Mutter, die sie geboren,
auch eine schöne Frau gewesen sein!

Ha, ha! *(zu Kkoktu Kaksi)* Du Weibstück! Jetzt ist sie da. Wenn du ihren Gruß nicht angemessen erwiderst, kommst du in Schwulitäten. (Zu Tolmori) Meine kleine Frau, grüß doch mal kurz meine erste Frau.
(zu Kkoktu Kaksi) Du sollst dich doch nicht rumdrehen! *(zu Tolmori)* Sie ist nun mal meine erste Frau. Auch wenn es dich erniedrigt, auch wenn es dich anwidert, du mußt sie grüßen.
(zu Kkoktu Kaksi) Du Weibstück, nimm dich zusammen, nimm ihren Gruß entgegen!

Kkoktu Kaksi: Ein Gruß ist nicht mehr als ein Gruß. Warum soll ich mich da zusammennehmen? Wenn ich nur ihren Gruß entgegennehmen soll? *(Tolmori stößt ihren Kopf gegen den von Kkoktu Kaksi)* Oh, mein Kopf! Was für ein Gruß soll das denn sein?

Pak: Deshalb hab' ich dir gesagt, du sollst dich zusammennehmen. Das ist es, was ich einen eindringlichen Gruß aus Mukden nenne. Einen Donnerkeilgruß...

Kkoktu Kaksi: Wenn sie mich ein zweites Mal gegrüßt hätte, ich glaube, mein Kopf wäre mir zersprungen. Oh, ich fürchte, mein Gehirn ist gespalten! Oh, hab' ich Kopfschmerzen!

Pak: Ja, du Weibstück du! Du hast mich nun mal verlassen, deshalb denke ich nicht mehr daran, mit dir zusammenzuleben. Ich werd' bei meiner kleinen Frau bleiben... Wenn du willst, kannst du gehen.

Kkoktu Kaksi: Ich kann das nicht länger aushalten. Ich muß gehen. Laß uns unsere Habe teilen.

Pak: Unsere Habe teilen? Was hast du denn mitgebracht von unserer Habe? Alles teilen?

Kkoktu Kaksi: Hör mal her. Erinnerst du dich nicht daran, daß ich vom Augenblick unserer Hochzeit an Korn gemahlen habe, genäht habe, um Geld zu verdienen? Mit diesem Geld haben wir unser Land gekauft, ein Haus gebaut. Ich will meinen Anteil von unserem Besitz.

Pak: He, du da!

Musiker: Warum rufst du nach mir?

Pak: Meine erste Frau verlangt, daß wir unseren Besitz teilen.

Musiker: Du mußt teilen. Gleichgültig, was die Leute sagen, du mußt teilen.

Pak: Ach, wenn das so ist ... dann muß ich halt teilen. Übrigens – wieviel Geld hast du eigentlich mitgebracht?

(singt) Laß uns teilen,
laß uns teilen!
Die Truhen, die Truhen, alle Truhen,
und die Schränke mit Perlmutt...

(zu Tolmori)
Alles sollst du kriegen,
doch was kriegt nur die erste Frau?
Suchen wir kaputte Töpfe,
ein paar Aschetöpfe
aus dem Hinterhof.
(zu Kkoktu Kaksi)
Das alles ist für dich.
Was geb' ich meiner kleinen Frau?
Alle Reisfelder,
die vor und auch die hinterm Haus,
und den Garten noch dazu,
wo die Hunde kacken.
(zu Tolmori)
Das alles, das kriegst du,
Was kriegt nur die erste Frau?
Es gibt etwas, das sie bekommt –
die drei Fuß Land hoch dort am Berg!
(zu Kkoktu Kaksi)
Jetzt hast du, was du willst1
Wenn es dir gefällt, kannst du jetzt gehen, du dummes Weibstück, du!

Musiker: Deine erste Frau, die ist schon zu bedauern.

Kkoktu Kaksi: Mann, Mann! Dies will ich nicht, und das auch nicht. Ich geh in die Provinz Kangwón, in die Diamantberge, und werde Nonne. Gib du mir nur ein bißchen Reisegeld.

Pak: Reisegeld? Reisegeld? *(zum Musiker)* He, du! Sie sagt, sie braucht Reisegeld.

Musiker: Reisegeld steht ihr zu. Eigentlich müßtest du das Haus verkaufen und ihr das ganze Geld geben.

Pak: Das Haus verkaufen? Ihr das ganze Geld geben? Du Weibstück! Wieviel willst du haben für die Reise?

Kkoktu Kaksi: Wenn du mir schon Geld gibst, müssen es mindestens Tausend sein...

Pak: Gut, gut. Obwohl sie kein einziges Barthaar im Gesicht hat, spricht sie doch so gut. Warum bringst du mir nicht zweitausend, denn geb ich dir tausend dafür. Und dann, wenn du willst, kannst du gehen. Liegt jetzt alles ganz bei dir.

Kkoktu Kaksi *(singt)*:
Ich will kein Geld mehr,
ich will gar nichts von dir,
ich geh schon, ich geh...
(Geht tanzend ab.)

Pak: Geh nur, geh! Ich wünsch dir, daß du auf deinem Weg in die Berge in einen Hundehaufen fällst und dir damit die Nase beschmierst! (...)

(Entnommen aus: Zaborowski, Hans-Jürgen: Traditionelles Puppentheater in Korea.)

Die vietnamesischen Wasserpuppen Con múa r'ôi

Eine Besonderheit unter den verschiedenen Arten des Puppenspiels stellt das einzigartige Spiel mit den Wasserpuppen dar, das aller Wahrscheinlichkeit nach von China nach Vietnam gelangt ist. Aus Dokumenten geht hervor, daß die Chinesen zur Zeit der Song-Dynastie (960–1279) Puppen kannten, die von einem Boot aus von Spielern auf dem Wasser bewegt wurden. Die Stücke basierten auf historischen und mythologischen Begebenheiten. Während der Ming-Dynastie (1368–1644) fand das Spiel mit diesen Puppen sogar im Palast des Kaisers statt.

Obwohl diese Art Puppenspiel in China ausgestorben ist, besteht die Möglichkeit, daß das Wasserpuppenspiel während der chinesischen Kolonialzeit in die ländlichen Regionen des Nordens von Vietnam gelangte. Augenzeugen aus dem Jahr 1945 berichteten, daß Wasserpuppenvorführungen eine wichtige Rolle bei Festen in den in der Nähe von Hanoi gelegenen Dörfern Cat Lu und Dam spielten.

Anlaß für die Aufführungen war die Verehrung der Geister einiger verstorbener Nationalhelden durch Feste. Die meisten von ihnen waren militärische Führer, wie der im 13. Jahrhundert lebende General Tran Hung Dao, der in Vietnam als der erfolgreichste Krieger gilt. Diese Feste, die genaugenommen am Todestag der Helden gefeiert werden sollten, fanden jedoch aus landwirtschaftlichen Gründen häufig an anderen Tagen statt. Die Häufigkeit und Dauer dieser Feste hing von der finanziellen Situation des Dorfes ab. Während sich ein armes Dorf etwa alle zwei Jahre ein Fest mit Wasserpuppen erlauben konnte, besaß ein reiches Dorf die Möglichkeit, mehrere Male im Jahr eine solche festliche Aufführung zu organisieren. Während heute das Puppenspiel an einem nationa-

Die Spieler geleiten ihre Puppen zur Bühne.

Das Wasser verwandelt sich zur Bühne.

Die Bühne für das Wasserpuppentheater besteht aus einer Wasserfläche in den Abmessungen 15 mal 10 Metern. Die Spieler befinden sich während der ganzen Zeit der Vorführung mit halbem Körper im Wasser. Versteckt hinter einem sichtdurchlässigen Bambusvorhang können die Spieler ihre Puppen sehen, die oft über das Wasser bis zum Ufer gleiten, wo sich das Publikum befindet.

len Institut für Marionetten gelehrt wird, setzte sich früher die Spieltruppe traditionsgemäß aus Amateurspielern, meist Reisbauern, zusammen. Als Spieler waren nur Männer zugelassen, da die Frauen bei einer eventuellen Heirat mit einem Bewohner eines fremden Dorfes die Geheimnisse des Puppenspiels hätten verraten können. Der Leiter der Truppe war für die Herstellung, die Aufbewahrung der Puppen, die Vorbereitung der Vorführungen, die Verwaltung der Einkünfte und die jährliche Aufnahme neuer Kandidaten verantwortlich.

Die statischen Puppen, deren Arme als einzige Glieder beweglich sind, sind etwa 40–90 cm hoch. Als schönste Puppe gilt der lustige Ansager Chu Teu, der die Szenen für das Publikum vorbereitet und kommentiert.

Die Spieler stehen mit halbem Körper im Wasser und bewegen ihre Figuren mit Hilfe langer Bambusstäbe, die in einer Plattform enden, auf der die Puppe befestigt ist. Wie Fahnenschwenker hantieren die Spieler mit ihren Marionetten im Wasser, das hoch aufspritzt, wenn die Figuren im Spiel miteinander kämpfen. Rechts und links des „Wassertempels", der Bühne, befinden sich die Musiker, die den Bewohnern nicht nur den Beginn der Aufführung ankündigen, sondern auch die Szenen musikalisch untermalen. Bei den Instrumenten handelt es sich um Trommeln, Flöte, Klarinette, Zimbel und um das traditionelle vietnamesische Instrument Don co, eine Kokosnußschale mit zwei Saiten.

Beim Spiel der Wasserpuppen spielt der visuelle Aspekt die wichtigste Rolle. Die Musik, Deklamation und die Lieder stehen an zweiter Stelle. Jede Szene beginnt mit der Präsentation eines Verses oder einer rhythmischen Prosa, der die Deklamation und die Lieder folgen.

Die Vorführungen spiegeln das tägliche Leben der Dorfbewohner wider. Genau wie diese führen die Puppen ihre Büffel auf die Felder, arbeiten auf dem Reisfeld, nehmen an athletischen Wettkämpfen teil etc. Neben den gewöhnlichen Personen treten historische Persönlichkeiten und Fabeltiere wie der Drache, das Einhorn oder die Schildkröte auf der Wasserbühne auf.

Als einer der großen zeitgenössischen vietnamesischen Spezialisten des Wasserpuppenspiels gilt To Sanh, der sich an mehr als hundert Orte in Vietnam begeben hat, um alte Texte, Manuskripte und Inschriften auf Stelen zu entziffern. In seinem Werk über die Wasserpuppen *Nghê thuât múa róti nuóc Thai bin* („Die Kunst der Marionetten auf dem Wasser", 1976) hat er etwa 200 Szenen gesammelt, die das Spiel der Puppen beschreiben. Es handelt sich um Büffelkämpfe, Pferderennen, Feuerwerk, Froschfang, Fischfang, Tanz des Löwen, Tanz des Einhorns, Tanz der vier mythischen Tiere, Kampf zweier Athleten, Sieg der Schwestern Trung über den Gouverneur To Dinh etc. (vgl. Trân Vân Khê: Marionettes sur eau, S. 24–34).

Trotz einer Periode des Verfalls des Wasserpuppenspiels während der französischen Kolonialherrschaft hat es sich bis heute in Vietnam erhalten können. To Sanh zitiert in seinem Werk allein 16 traditionsreiche Truppen, die heute in Vietnam ihre Spiele veranstalten. Im Juni 1978 beschloß der Minister der Sozialistischen Republik von Vietnam, ein „Haus der Puppen" zu gründen, um diese einzigartige Kunst zu erhalten und neu zu beleben.

Wasserpuppe, die einen jungen Bauern darstellt. Die Stücke wie „Der Bauer auf dem Reisfeld", „Reisverarbeitung" und „Fischfang" des Wasserpuppen-Theaters spiegeln das harte Leben der Bauern und Fischer wider.

Die Figuren werden mit langen Bambusstäben gehandhabt; sie enden in einer Plattform, auf der die Puppe befestigt ist.

Türkei: Geschichte im Spiegel des Schattenspiels

Das Karagöz-Schattenspiel

Die Wurzeln des osmanischen Schattenspiels

Viel ist über den Ursprung des türkischen Schattenspiels geschrieben worden. So nehmen einige Forscher an, daß das Schattenspiel von Indien über China zu den asiatischen Türken gelangte. Nach Ansicht von Richard Pischel haben Zigeuner vor rund tausend Jahren auf ihrer Wanderung nach Westen das Schattenspiel von Indien in den Nahen Osten und nach Kleinasien gebracht. Für diese Theorie sprechen der Name und der Beruf des Hauptdarstellers des türkischen Schattenspiels. Karagöz, wie die Hauptperson der Stücke heißt, bedeutet nämlich „Schwarzauge" und ist eine alte Bezeichnung für Zigeuner. Außerdem übt er den für dieses Volk typischen Beruf des Schmiedes aus. Ähnlichkeiten mit dem indischen Schattenspiel bei der Darstellung der komischen Figuren deuten auch auf einen eventuellen Ursprung in Indien hin. So gleicht das Aussehen von Karagöz bis auf einige kleine Abweichungen dem des Hauptspaßmachers des indischen Schattenspiels.

Andere Forscher, die von der ästhetisch-stilistischen Beschaffenheit der Figuren ausgehen und Verbindungen zwischen den hethitischen und assyrischen Reliefs und dem türkischen Schattenspiel herzustellen versuchen, nehmen den Mittleren Osten als das Ursprungsland des Schattenspiels an. Georg Jacob unterstützt die Theorie, daß die Türken das Schattenspiel in Ägypten kennengelernt haben, das sie 1517 eroberten. „In dem genannten Jahre 1517, einem der bedeutungsvollsten für die osmanische Geschichte, verleibte bekanntlich Sultan Selim I. Ägypten seinem Reiche ein, nahm den letzten Mameluckensultan Tuman Bey gefangen und ließ ihn aufknüpfen. Als der Eroberer noch in seinem Palaste bei Miquias auf der Insel Roda weilte, ließ er einmal einen Schattenspieler kommen, der ihm die Erhängung Tuman Beys am Tor Zuuele mit zweimaligem Reißen des Stricks zu seinem größten Ergötzen vorführte. Der Sultan beschenkte ihn mit 80 Goldstücken sowie mit einem goldgestickten Sammetkaftan und sagte zu ihm: Wenn wir nach Stambul reisen, so komm mit, damit sich auch mein Sohn daran ergötzt." (Fritz-Hüser-Institut: Karagöz, Kasper-Karagiosis, S. 28). Demzufolge kamen die schwarz-weißen Schattenfiguren von Kairo nach Istanbul, wo sie sich in den folgenden Jahren großer Beliebtheit erfreuten.

Zahlreiche Quellen bestätigen, daß es bereits im 12. Jahrhundert Schattenspielaufführungen in Ägypten gab. Das älteste Werk der arabischen Literatur, das auf das Schattenspiel Bezug nimmt, sind folgende Verse des *Uagiheddin Diia*, der im 13. Jahrhundert in Kairo gelebt haben muß:

„Und ein Mädchen, die Geliebte des Scherzes,
naht in Schönheit wie die Blume der Auen
unter der Blütenhülle.
Wenn sie singt, sagst du: Liebesklage!
Und wenn sie tanzt, sagen wir: eine Weinblase
(hababu mudami).
Sie läßt uns das Schattenspiel sehen, während der Vorhang sich
diesseits von ihr befindet,
da zeigt sie das Sonnenbild
hinter leichten Wolken.
Sie läßt die Figuren hinter ihrem Vorhang spielen,
wie ihre Taten mit den Menschen spielen."

(Jacob, G.: Geschichte des Schattentheaters, S. 31)

Karagöz, die Hauptfigur des gleichnamigen türkischen Schattenspiels, verkörpert die Moral und Instinkte des Volkes. Bis zum Beginn des 20. Jh. war das Karagöz-Spiel im ganzen Osmanischen Reich bekannt und erfreute sich sowohl beim Volk als auch im Serail großer Beliebtheit. Das Figurenarsenal des türkischen Schattenspiels spiegelt das bunte Völkergemisch des Osmanischen Reiches wider.

Zur Entstehung des Schattenspiels in Ägypten sind weder historische Quellen noch Legenden bekannt. Es mag sein, daß arabische Händler und Seeräuber, lange bevor Ibn Batuta im Jahr 1345 auf Java Stützpunkte errichtete, das Schattenspiel dort kennengelernt und mit in ihre Heimat zurückgebracht hatten.

Auch wenn die Grundkonzeption des türkischen Schattenspiels von Ägypten übernommen wurde, so sind die Inhalte und die Figuren von den im Osmanischen Reich seit langer Zeit bekannten Marionettenbühnen, Gauklern und Tänzern übernommen. So ähneln sie in ihren Bewegungen und ihrer Kleidung den auf den Miniaturen des 16.–18. Jahrhunderts dargestellten Gauklern und Groteskтänzern.

Für eine Entstehung des Schattenspiels im mediterranen Kulturkreis, wie lange angenommen wurde, finden sich jedoch keine Beweise. Westliche Einflüsse haben möglicherweise später auf das bereits bestehende türkische Schattentheater eingewirkt. Durch die engen politischen und kulturellen Beziehungen, die das Osmanische Reich im 16. Jahrhundert mit Venedig unterhielt, ist es möglich, daß Elemente der Commedia dell'Arte in das Schattentheater eingedrungen sind. Auch die aus Spanien vertriebenen Juden, die in der Türkei Asyl fanden, haben das türkische Schattenspiel sicherlich beeinflußt. „Welches auch sein Ursprungsgebiet sein mag, die Tatsache, daß Karagöz ein Weltname für das Schattenspiel wurde, liegt darin, daß es die inhaltliche Synthese geschaffen hat, die Elemente des dramatischen Schattenspiels des fernen und der Mythologien und Märchen des Nahen Ostens und des Mittelmeerraums in sich zu vereinigen" (Fritz-Hüser-Institut, S. 27).

Über den Ursprung des türkischen Schattenspiels gibt es auch eine populäre Legende, in der die besondere Bedeutung der „Schatten" als Repräsentanten der Toten sichtbar wird. Zur Zeit des Sultans Orhan (1326–1395) wurde in Bursa eine Moschee errichtet. Der Bau kam nur langsam voran, weil zwei Arbeiter, Karagöz, der Schmied, und Hacivad, der Maurer, den ganzen Tag Witze rissen und Possen trieben. Durch ihre Späße hielten sie die anderen Arbeiter, die sich prächtig über die beiden amüsierten, von ihrer Arbeit ab. Der Sultan war so erbost, daß er befahl, Karagöz und Hacivad zu erhängen. Da ihn seine Tat später mit Reue erfüllte, baute Seyhi Küsteri, einer seiner Vertrauten, eine Schattenbühne und ließ die beiden Hingerichteten hinter dem Schirm zu neuem Leben erwachen. So wurde die „Leinwand der Lehre" seither auch nach ihm „Küsteri-Platz" genannt.

Seit dem 16. Jahrhundert fand das Schattenspiel, das sich als selbstständige türkische Kunstform entwickelte, im gesamten Osmanischen Reich Verbreitung. Obwohl es nach den Vorschriften des Islams eigentlich keine Schattenspiel-Aufführungen geben dürfte, wurden die Figuren mit theologischer Begründung aus dem Verbot der bildlichen Darstellung von Menschen ausgenommen. „Figuren, die zur Befestigung von Schnüren und Führungsstäben ein Loch im Körper haben, sind keine Geschöpfe aus Fleisch und Blut. Ihre Herstellung steht bei allem Realismus der Darstellung nicht in Konkurrenz zur Schöpferkraft Gottes" (Dunkel, S. 148).

Die Karagöz-Spieler benutzten ihre Stücke als politisches Vehikel, um bestehende Mißstände anzuprangern und um Angehörige aller Schichten ironisch zu karikieren. Als sich die ökonomische und politische Krise des Osmanischen Reiches im 19. Jahrhundert verschärfte und die Kritik der Karagöz-Spieler an staatlichen und religiösen Autoritäten immer bissiger wurde, führten die despotisch regierenden Sultane eine Zensur ein, durch die das Spiel viel an Schärfe und Witz verlor. Unter der Herrschaft des Sultans Abd ul Hamid wurde das Spiel sogar verboten. Danach konnte es nie wieder die satirisch-politische Kritik früherer Zeiten erreichen. „Unter den Karagödschi machte sich ein lähmender Konservativismus breit, der jede Neuerung ablehnte. Immer weniger Männer waren bereit, die lange Lehrzeit in Kauf zu nehmen, die das Erlernen der Texte und Führen der Figuren erfordern. Hinzu kommt, daß die altertümliche Form nicht mehr dem Zeitgeschmack entspricht. Beides, veraltete Aufführungspraktiken und Mangel an Nachwuchsspielern lassen das Schattentheater aussterben" (Dunkel, S. 148). Erst in neuerer Zeit läßt sich im Zuge der Rückbesinnung auf alte kulturelle Traditionen eine Tendenz zur Wiederbelebung des Karagöz-Spieles feststellen.

Durch die Herrschaft der Türken im Nahen Osten, in Nordafrika und auf dem Balkan gelangte Karagöz auch nach Syrien, Ägypten, Tunesien, Algerien und Griechenland, wo er sich großer Beliebtheit erfreute. Von geringen Unterschieden abgesehen gleichen der nordafrikanische Karagöz (Karaguz) und Hacivad (Haziwaz) ihren türkischen Vorbildern. Der nordafrikanische Figurensatz ist im großen und ganzen durch die Übernahme der türkischen Schattenfiguren entstanden. Figuren, die nur zum türkischen Kulturkreis gehörten, wurden durch entsprechende nordafrikanische ersetzt. Auch die Stücke sind weit-

Die beiden Hauptdarsteller des türkischen Schattenspiels. Karagöz kommt immer von rechts und Hacivad von links auf die Spielfläche.

„Die beiden wichtigsten Figuren des Schattenspiels sind Hadjivad (Hacivad), der Typ des gebildeten Efendis, der stark karikiert ist, und sein Antipode Karagöz, unser Kasperl, der Naturbursch, der sich in seinem Charakter so völlig mit diesem deckt, daß man ihn einem Deutschen nicht weiter zu erklären brauch" (Bericht von Carl Endres über seine Reise durch die Türkei 1915).

Araber

Matiz (Betrunkener)

Albaner

gehend mit den türkischen identisch. Das Schattentheater im Magreb setzte sich jedoch hauptsächlich aus Kindern zusammen und stand, „da die Vorstellungen obszön waren, bei europäischen Betrachtern im traurigen Ansehen einer Lasterschule" (Hoenerbach, Wilhelm: Das nordafrikanische Schattentheater, S. 20). Mit dem Verfall der türkischen Herrschaft in Nordafrika verlor das Schattenspiel langsam an Bedeutung. Im Jahr 1843 wurde es von den Franzosen in Algerien ganz verboten, da es antifranzösische Elemente enthielt. Trotz dieses Verbots soll es bis 1914 noch Aufführungen gegeben haben. In Tunesien sind Spiele bis 1936 belegt.

In Griechenland erhielt das türkische Schattenspiel ein neues Profil. Der Emigrant „Karagiosis" wurde hellenisiert und dem griechischen Kulturkreis angepaßt. Viele Stücke basieren auf den heroischen Taten der Helden während der Befreiungskämpfe gegen das Osmanische Reich. Während das Schattenspiel auf dem Land seine Bedeutung verlor, ist es in Athen und Umgebung bis heute sehr lebendig. Bekannte Spieler besitzen ihre eigenen Theaterhäuser.

Im Rumänischen hat das von „karagöz" abgeleitete Adjektiv „caraghios" die Bedeutung „lächerlich".

Die Karagöz-Figuren als Repräsentanten des Osmanischen Reiches

In fast allen Stücken wird die Handlung von denselben Figuren getragen, die alle am Küsteri-Platz im alten Istanbuler Viertel Mahalle wohnen: „Schon ‚die Stadt' selbst barg und birgt in ihren Mauern in bunter Fülle Angehörige der verschiedensten völkischen Einheiten, deren Väter sich ‚im Schatten' des Padischah dort niedergelassen hatten, um im Schutz der osmanischen Macht ihren Beschäftigungen, ihren Gewerben nachzugehen. Dazu kamen häufig Besucher aus den Provinzen des mächtigen Reiches, aus dem Nachbarlande Iran, aus Arabien, aus den Ländern der Franken, Gäste, die mit ihrem fehlerhaften Akzent, ihrer sonderbaren Tracht und ihren fremden Sitten den Herren der Stadt, den Türken, wunderlich und komisch genug vorkommen mußten" (Ritter, Helmut: Türkische Schattenspiele, S. IX).

Die Bevölkerung, die das bunte Völkergemisch des Osmanischen Reiches mit seinen verschiedenen Sprachen, Dialekten, Sitten und Trachten widerspiegelt, „mußte für den spottlustigen Bewohner der Hauptstadt eine unerschöpfliche Quelle der Erheiterung

Bebe Ruhi (Zwerg)

Baba Himmet (Holzfäller)

Perser

sein. Es lag nahe, die verschiedenen Typen mit ihren Sonderbarkeiten komisch zu nehmen, ihre Sprechweise und ihr Benehmen zum Spaß nachzuahmen – so machten es die Meddahs – oder sie, leicht karikiert, in ein einfaches, dem Leben eines Istanbuler Stadtviertels entnommenes, dramatisches Geschehen zu verwickeln, in einer Reihe hintereinander oder nebeneinander auf die Schattenbühne zu bringen. Dazu bedurfte es freilich der Gabe des Humors, der Fähigkeit zu witziger Karikatur und einer besonderen Begabung für dramatische Darstellung. Diese Fähigkeiten sind nun aber den Türken in hohem Maße zu eigen, in höherem Maße als irgend einem anderen Volke des vorderen Orients. Diese Begabung ist bis heute nicht ausgestorben" (Ritter, S. X).

Folgende Gruppen von Figuren aus dem Schmelztiegel Istanbul können im türkischen Schattentheater unterschieden werden:

1. Die beiden Hauptcharaktere Karagöz und Hacivad

Sie sind unzertrennlich, obwohl sie sich ständig streiten. In beiden Figuren hat man typische Vertreter des türkischen Kleinbürgertums sehen wollen. „Das mag für Hadschiwad angehen, für Karagöz trifft es nur in bedingtem Maße zu. In diesem lustigen, dem Augenblicke hingegebenen, recht hemmungslosen Triebmenschen, dessen Triebhaftigkeit in alter Zeit noch viel offener in Erscheinung trat, spiegelt sich nicht der Durchschnittstyp des gesetzten türkischen Kleinbürgertums. Er ist ein in der Mahalle seßhaft gewordener Zigeuner, und man sollte ihn Zigeuner sein lassen" (Ritter, S. X).

Karagöz , der keinen festen Beruf hat und meistens arbeitslos ist, zeigt sich als großzügig, leichtgläubig und impulsiv. Da er immer sagt, was er denkt, gerät er in tausend Schwierigkeiten. Er ist ein ausgesprochener Realist, der in der harten Schule des Lebens ausgebildet wurde. Er lebt in permanentem Streit mit seiner geschwätzigen Frau zu Hause, die ihn gelegentlich mit anderen Männern betrügt. Karagöz trägt meistens einen riesigen Turban, der lose auf seinem Hinterkopf sitzt. Er kann von dem Spieler mit einer leichten Drehbewegung abgeworfen werden, so daß sein kahlgeschorener Kopf zum Vorschein kommt. Alte Abbildungen zeigen ihn oft mit einem riesigen Penis, mit dessen Bewegungen er seine obszönen Reden begleitet.

Zenne (Frau mit Kindern)

Zenne im Hausgewand

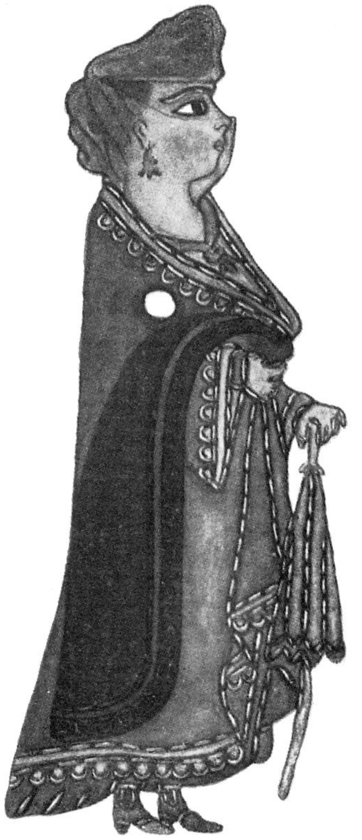

Verschleierte Zenne im Straßengewand

Hacivad, der genau wie Karagöz keinen festen Beruf hat, tritt als feiner, vielseitig gebildeter Herr mit guten Manieren auf. Er, der intellektuelle Wortspiele liebt, eine Ahnung von Kunst und Poesie besitzt und die aus dem Arabischen und Persischen zusammengesetzte Hofsprache des Osmanischen versteht, ist stets darum bemüht, Karagöz seine intellektuelle Überlegenheit zu zeigen. Er liebt es, sein Wissen in Form von kleinen Zitaten aus berühmten Gedichten in die Konversation einfließen zu lassen. Trotz seiner Bildung wird er von dem schlagfertigen, völlig ungebildeten Karagöz immer wieder übers Ohr gehauen. Hacivad ist, ähnlich wie Karagöz, durch einen Turban gekennzeichnet und durch einen Vollbart, der in einer nach oben gebogenen Spitze endet.

„Der Gegensatz zwischen Karagöz und Hacivad ist ein origineller soziokultureller Gegensatz, der in seinem Kern auch im heutigen Leben seine Kontinuität hat. Es ist der Gegensatz zwischen der harten Schule des Lebens und dem sich diesem Leben entfremdeten Intellektualismus mit seiner ausgeprägten sprachlichen Komponente. Die Darstellung dieses Gegensatzes ist das Objekt der Volksbelustigung. Die Schläge und Ohrfeigen, die Karagöz dem Hacivad erteilt, stehen symbolisch für die Wünsche des Volkes. Der Gegensatz ist aber auch in sich komplementär. Beide leben unter den Bedingungen des theokratischen Staates mit dem Sultan an seiner Spitze als dem alleinigen und absoluten Herrscher. Sie streiten sich immer, sie versöhnen sich aber auch. Sie kommen miteinander nicht aus, sie können sich aber auch nicht auseinander leben. Der eine braucht den anderen" (Fritz-Hüser-Institut, S. 35).

2. Die weiblichen Figuren (Zenne)

Hierzu gehören Ehefrauen, Haushälterinnen, Greisinnen, Tänzerinnen, Ammen, Zigeunerinnen, Kurtisanen, Prostituierte und Frauen aus Legenden und Märchen. Diese weiblichen Figuren, die alle bis zu den Füßen herabreichende Kleider tragen, sind häufig in Intrigen verwickelt und sorgen für Skandale in der Nachbarschaft.

Die meisten Frauen tragen einen dünnen Schleier, durch den die Gesichtszüge jedoch zu erkennen sind. Die verführerischen Kurtisanen sind an ihrem weit ausgeschnittenen Dekolleté mit halb oder ganz entblößten Brüsten zu erkennen.

Zenne (Kurtisane)

Celebi (Dandy im Kostüm des 18. Jh.)

Tiriyaki (Opiomane)

3. Typen mit Istanbuler Mundart

Celebi, ein vermögender, galanter Jüngling aus gutem Haus, der stets in Liebesaffären verwickelt ist. Während ältere Darstellungen ihn in türkischer Tracht darstellen, ist er in neueren Karagöz-Spielen nach modernster europäischer Mode gekleidet.

Tiriyaki, ein Opiumsüchtiger, der den größten Teil seines Lebens opiumrauchend im Kaffeehaus verbringt. Oft schläft er mitten in der Unterhaltung ein. In seiner linken Hand hält er sein Attribut, die Opiumpfeife, und in seiner rechten eine Blume.

Bebe Ruhi, ein Zwerg mit spitzer Nase, der seine Umgebung langweilt, weil er immer die gleichen Fragen stellt. Er hat einen Sprachfehler, ist prahlerisch, großschnauzig, affig und gefräßig.

4. Typen aus verschiedenen Teilen Anatoliens

Baba Himmet, ein bärenstarker Holzfäller, der aus Nordanatolien kommt, wo er in einem Dorf gelebt hat. Er ist schwerfällig, bärbeißig, schwerhörig und leicht auf den Arm zu nehmen. Gern erzählt er von seiner Liebsten daheim im Dorf.

Laz kommt aus dem östlichen Schwarzmeergebiet (Trapezunt) und ist Seemann, Wollweber oder Blechschmied. Er ist sehr jähzornig, geschwätzig, hört selbst niemandem zu und tanzt leidenschaftlich gerne.

Kürt (der Kurde) kommt aus Ostanatolien und ist Nachtwächter oder Gepäckträger. Er ist überheblich und ein wenig dümmlich. Seine Sprache ist mit kurdischen Wörtern durchsetzt.

Kayserili, der aus Kayseri stammt, handelt mit gewürztem Trockenfleisch. Stets protzt er mit seiner geschäftlichen Gerissenheit.

5. Einwanderer, die von außerhalb Anatoliens kommen

Acem, der Perser, ist ein Geldverleiher oder reicher Kaufmann, der mit Schals, Teppichen oder Frauenkleidern handelt. Er ist prahlerisch, überheblich und sehr nervös. Er gibt sich als Kenner der persischen Dichtkunst aus und wird deshalb von Hacivad bewundert.

Kara Arap, der schwarze Araber, tritt als Sklave, Diener, Erzieher oder Kabak-Spieler auf.

Armenier

Jude

Frenk

Ak Arap, der weiße Araber, der als Händler, Reisender, Bettler, Süßwarenverkäufer oder Kaffeemahler auftritt, ist schwerfällig und stellt immer wieder dieselben stereotypen Fragen. Er spricht mit ägyptischem oder damaszenischem Akzent.

Arnavut, der Albanier, der unwissend, aufrichtig und impulsiv ist, tritt als Gärtner, Viehhändler, Parkwächter oder Hirsebierverkäufer auf.

Rumelili kommt aus dem Balkan und ist Ringer oder Fuhrmann. Er spricht gerne von seinem Dorf und prahlt mit seinen Erfolgen als Ringer.

6. Die nicht-islamischen Minderheiten

Ermeni, der Armenier, ist entweder Diener in einem herrschaftlichen Haus oder als Kellner angestellt. Er ist von beschränkter Intelligenz und ohne Sinn für Humor.

Yahudi, der Jude, tritt als Geldverleiher, Altwarenhändler oder Hausierer auf. Er wird als geizig, feige, arglistig und heimtückisch dargestellt. Stets beklagt er sich mit hoher lauter Stimme über die Preise.

Rum, der Grieche, ein unaufrichtiger Typ, ist entweder als Schneider oder als Gastwirt tätig. Seine schlechte türkische Aussprache führt oftmals zu Mißverständnissen.

Frenk ist ein unsympathischer Franzose, der in europäischer Kleidung, mit Hut und Spazierstock, Polka tanzend dargestellt wird. Auch bei ihm hat die schlechte türkische Aussprache häufig Mißverständnisse zur Folge.

7. Raufbolde und Angeber

Matiz oder Zeybek, der Trunkenbold und Angeber, der in manchen Stücken die Funktion des Gendarms übernimmt. Dolchschwingend prahlt er mit Morden, die er begangen hat, und droht Karagöz, ihm den Kopf abzuschneiden. In Wirklichkeit ist er jedoch harmlos und feige. Er, der stets für die Moral eintritt, lebt mit Frauen, die keinen guten Ruf genießen. Andere des gleichen Typs sind Tuzsus Deli Bekir (der ungehobelte Verrückte) und Sarhos (der Betrunkene).

8. Die körperlich und geistig Behinderten

Der Stotterer, der Bucklige, der Lahme, der Verrückte, der Taube und der Dumme.

Kekeme (Stotterer)

Imam (Vorbeter)

Zeybek (Betrunkener)

9. Die Unterhaltungskünstler

Der Tänzer, die Tänzerin, die Sängerin, der Zauberkünstler, der Seiltänzer und der Gaukler.

10. Die überirdischen Figuren

Zauberer, Hexen, Geister, Ungeheuer und Schlangen.

11. Weniger wichtige Figuren, Legendenfiguren, Fabelwesen und Kinder

Imam (Vorbeter), Tablaci (Tabletträger), Tahir, Zühre, Fehrad, Shirin und die Kinder der verschiedenen Figuren.

12. Tierfiguren

Affe, Hund, Esel, Ziegenbock, Schaf, Kuh, Kamel, Eber, Pferd, Bär, Giraffe, Schlange, Fische, verschiedene Vögel, Biene und Seeungeheuer.

„Der Weg, den das farbige Schattenspiel Asiens bis zum Farbfilm unserer Tage zurückgelegt hat, ist ein Gleichnis des Weges, den das menschliche Bewußtsein vom träumerischen Unbewußten der frühen Völker bis zum ichbewußten Tagessinn unserer Gegenwart gegangen ist" (Soeroto und Veltheim-Ostrau, S. 106).

Die Karagöz-Aufführung

Als Bühne dient ein Vorhang oder eine Bretterkonstruktion, in der sich in Augenhöhe ein Ausschnitt für die Bildfläche befindet. Für diese wird gern ägyptische Baumwolle verwendet, da sie das Licht am wirkungsvollsten durchscheinen läßt. Hinter der Leinwand befindet sich ein Tisch, auf dem der Spieler (Karagödschi) die Figuren und Führungsstäbe ablegen kann. Während früher eine Öllampe als Lichtquelle diente, werden heute nur noch elektrische Glühlampen benutzt, die direkt unterhalb der Spielkante angebracht werden.

Der Spieler preßt die aus zwei oder mehreren Teilen zusammengesetzten Figuren mit Hilfe von Führungsstäben, die in runden Löchern in der oberen Körperhälfte verankert sind, gegen die Leinwand, damit der Zuschauer Konturen und Farben der Figuren gut erkennen kann. Die Beweglichkeit der Schattenfiguren entspricht ihrem Charakter und Temperament. In den seltensten Fällen stehen dem Spieler Helfer zur Seite, um ihn bei Massenszenen zu unterstützen.

Luschan beschrieb 1889 die Spieltechnik einer türkischen Schattenspielvorführung sehr eindrucksvoll auf folgende Weise: „In irgendeinem Cafe-Locale wird eine Ecke, gewöhnlich die linke hintere, durch einen dichten Vorhang oder festen Bretter-Verschlag von dem übrigen Raume abgetrennt; hinter jenem ist die ‚Bühne‘, vor demselben der Zuschauerraum. In dem Vorhange oder Verschlage selbst befindet sich etwa in Augenhöhe ein rechteckiger Ausschnitt, von der Grösse eines Quadratmeters ungefähr, durch einen starken Rahmen ausgefüllt, über den eine weisse Leinwand stramm gespannt ist. In gleicher Höhe mit dem unteren Rande dieses Rahmens befindet sich hinter demselben ein Tisch, auf oder hinter welchem, unsichtbar für das Publicum, der Künstler sich aufhält. Außer den Figuren selbst und den dünnen Holzstäbchen, mit denen diese bewegt werden, gehören nur noch eine hellbrennende Lampe und einige castagnettenartige Metallscheibchen zur vollständigen Bühneneinrichtung. Die Lampe ist gewöhnlich aus Eisenblech, von der Form einer grossen viereckigen Untertasse mit 10–30 und mehr Schnäbeln für ebensoviele Dochte und mit gutem Olivenöl gefüllt, so dass sie ein sehr intensives Licht giebt und, weil die einzelnen Dochte weit auseinanderliegen, die weisse Leinwand fast gleichmäßig erhellt. Wird nun von hinten her eine durchscheinende bunte Figur fest an die Leinwand angedrückt, so erscheint sie dem ausserhalb befindlichen Zuschauer in grellen bunten Farben, ja es bildet sich, besonders auch durch die ganz dunkle Umgebung der Bildfläche unterstützt, leicht die Illusion aus, dass die Figur plastisch ist und weit grösser als in Wirklichkeit. Kommt dann noch hinzu, dass, wie dies häufig genug der Fall, der ‚Karagösdchi‘ ein wahrer Künstler ist, seine Rollen gut spielt und mit wechselnder Stimmlage spricht, so kann die Illusion so vollständig werden, dass man manchmal meinen könnte, eine wirkliche Bühne und richtige Schauspieler vor sich zu haben. Die Figuren selbst sind aus scharf getrockneter, glatt abgeschabter und sehr durchscheinender Haut, gewöhnlich aus Kamelhaut, geschnitten und sehr sorgfältig bunt bemalt. Besonders die älteren unter ihnen, die wohl noch aus dem vorigen Jahrhundert stammen dürften, sind in ihrer Art wahre Kunstwerke, richtig in der Zeichnung und in den Gelenken, mit scharfen Binnen-Conturen und häufig portraitartig individualisierten Gesichtszügen“ (Luschan, Felix von: Die Kunst des türkischen Schattentheaters, Bd. II, S. 1 ff.).

Schattenspielaufführungen fanden hauptsächlich während des Fastenmonats Ramadan statt. Jeden Abend, wenn mit Sonnenuntergang das Fastengebot aufgehoben war, strömten Erwachsene und Kinder nach dem Abendgebet auf die Straßen oder in die Kaffeehäuser, um die beliebten Karagöz-Aufführungen zu sehen. Während die Männer und Knaben das Schattenspiel im Café bewundern durften, konnten junge Mädchen es auf den öffentlichen Plätzen genießen. Nach der Gründung der Republik waren auch Schulen und Volkshäuser beliebte Spielorte.

Seit der Zeit Sülimans des Prächtigen (1520–1566) galt das Schattenspiel nicht nur als Unterhaltung des Volkes, sondern war auch sehr beliebt im Serail. Aufführungen fanden in den Ramadan-Nächten und bei den mit großem Pomp gefeierten Beschneidungsfesten statt. Im Harem konnten auch Frauen das Schattenspiel erleben.

Der Aufbau der Stücke

Alle Karagöz-Stücke folgen einem bestimmten, genau festgelegten Schema, das vier Teile umfaßt:

1. Prolog (mukaddeme): Er besteht aus einem Lied und einem Gedicht (gazel). Das vierstrophige Lied

(semai), das aus der arabischen Musiktradition stammt, wird von Hacivad mit rythmischen Bewegungen im Takt des Tamburins vorgetragen. Das gazel, ein Gedicht aus der Diwanliteratur, schließt sich an. Es weist auf die philosophisch-mystische Bedeutung des Schattenspiels hin. Die Leinwand wird der Welt gleichgesetzt, auf der das Schicksal aller Wesen von ihrem Schöpfer gelenkt wird:

> Auf des Vorhangs weißem Grunde
> bunte Zeichen sind gemalt,
> Wär's wohl wert, wenn nur in Seide und in
> Atlas er erstrahlt!
> Zeigt er auch der Welt der Kinder bunte
> Schattenspiele nur,
> Wird der Weise doch erkennen innren Sinns
> geheime Spur.
> Jedes Stück ein Blumengarten, der im
> Frühlingslicht erglüht,
> Jedes Spiel ein Beet von Rosen, wunderherrlich
> aufgeblüht.
> Spielt Schwarzaug und Hadschi Auhad
> auf der Bühne im Verein,
> Wird der Vorhang frohem Kreise
> heller Freude Bote sein.
> Herr, dem größten Weltbeherrscher
> langes Leben du verleih!
> Dies, oh Raschid, auf der Bühne dein Gebet
> zum Höchsten sei!

2. Dialog (muhavere): Er entwickelt sich meistens zwischen den beiden Hauptdarstellern. In den seltensten Fällen sind mehrere Darsteller verwickelt. Aus einem Repertoire von ca. 60 thematisch unterschiedlichen Dialogen greift der Spieler eine Vorlage auf und setzt sie nach Belieben ein. Die Dialoge gewinnen ihren Witz durch Wortspiele, die in Form von Wettstreiten zwischen Karagöz und Hacivad ausgetragen werden. Teile dieser Dialoge sind der Diwanliteratur des 16. und 17. Jahrhunderts entnommen.

3. Haupthandlung (fasil): Sie ist das Kernstück der Handlung. Außer den beiden Hauptfiguren treffen hier die Charaktere des Spiels aufeinander. Die Mehrzahl der Stücke, die in Istanbul oder in der unmittelbaren Umgebung spielen, spiegeln Ereignisse, Gewohnheiten, Sitten und Bräuche des Alltagslebens im Osmanischen Reich wider. Die wissenschaftliche Forschung ordnet den Hauptteil nach fünf verschiedenen Themengruppen:

a. Karagöz auf Arbeitssuche („Der Schreiber", „Die Schaukel", „Das Boot", „Der Koch")
b. Karagöz auf verbotenen Wegen („Das Bad", „Der Garten", „Der einfältige Nachtwächter")
c. Karagöz findet durch einen Wettbewerb eine Arbeit („Der Sängerwettstreit", s. u.)
d. Karagöz in komischen und schwierigen Situationen („Die falsche Braut", „Die Schenke", „Der Ausflug nach Yalova", „Die Schäferei")
e. Karagöz-Stoffe aus Volksmärchen, Sagen, Romanen oder Legenden, die den Bedürfnissen des Schattenspiels angepaßt wurden (Stücke wie „Fehrad und Schirin", „Tahir und Zühre", „Leila und Mecnun")

4. Epilog (bitis): Er besteht aus wenigen Sätzen, in denen sich Karagöz und Hacivad für ihre Fehler und Mängel im Spiel entschuldigen und auf die nächste Aufführung hinweisen. Hacivad beschimpft ein letztes Mal Karagöz, meistens folgendermaßen: „Den Vorhang hast du abgerissen und zerstört. Ich geh, daß gleich ihr Herr es hört."

In der Erwähnung des nicht existierenden Vorhangs sehen einige Autoren eine mystische Bedeutung des türkischen Schattenspiels. Diese Bemerkung Hacivads ist vermutlich im Zusammenhang mit dem Glauben islamischer Theologen und Mystiker zu sehen, für die die Welt eine Bildfläche ist, auf der die Schöpfungsgeschichte aufgeführt wird. Der Schöpfer der romantischen Epik Persiens, Nizami, trennt in seinem Werk „Schatzkammer der Mysterien" den Vorhang bewußt von den vielfältigen Schattenbildern, um das Geheimnis der Welt zu begreifen:

„Der Puppenspieler (Gott) ist hinter diesem Vorhang: wenn nicht durch ihn alle diese Puppen existieren, wer sind sie? Verwehr dem geistigen Auge diesen Vorhang, damit, was dieser Vorhang vorführt, Geheimnis bleibe" (Zitiert nach: Mayer, S. 17).

Die Karagödschi

Die türkischen Schattenspieler, Karagödschi genannt, waren traditionsgemäß in einer Zunft zusammengeschlossen, die ihren Sitz meistens in einem Kaffeehaus hatte.

Die Aufnahme in eine Zunft wurde von folgender Zeremonie begleitet:

„Die Zunft beauftragt einen Spieler, die Zeremonie des Umbindens der Arbeitsschürze (pestamal kusanma töreni) in rechtem Stile zu organisieren. Der

Vorschlagende ist meistens derjenige, der den Prüfling vorgeschlagen hat, weil er von seiner ausgereiften Kunst überzeugt ist. Er ist sich bewußt, daß sein Kandidat, wenn er durchfällt, seinen Ruf ruinieren kann. Deshalb muß sein Vorschlag wohl überlegt sein. Er stellt den Kandidaten dem Rat der Karagöz-Spieler mit ihrem Oberhaupt an der Spitze vor und erzählt über ihn und seine künstlerischen Fähigkeiten. Dann kommt der Prüfling. Er spielt und zeigt, was er kann. Nach dem Spiel berät der Rat unter sich und gibt seine Entscheidung bekannt. Hat er, was die Regel ist, zugestimmt, steht das Oberhaupt auf und wickelt dem Kandidaten eine Schürze um die Hüften, die symbolisch seine Arbeitsschürze darstellt. Dann streichelt er ihm den Rücken und gibt ihm Ratschläge, wie er seinen Beruf auf dem rechten Wege ausüben soll. Der Prüfling, der nun Spieler ist, küßt dem Oberhaupt die Hand und bietet den anwesenden Spielern meistens eine Süßigkeit (lokum) an" (Fritz-Hüser-Institut, S. 30).

Die Kreise, aus denen sich die Spieler rekrutierten, sind höchst unterschiedlich. Neben den gebildeten Schülern, die ihre Ausbildung in der Serail-Schule oder in der Schule für islamische Geistliche erhalten hatten, gab es auch die ungebildeten Schüler aus dem Volk, die keine besondere Ausbildung genossen hatten. Die Spieler, die für das einfache Volk spielten, wurden halk karaközcüleri (Volksspieler) und diejenigen, die im Serail spielten, saray karagözcüleri (Serailspieler) genannt.

Ein guter Karagöz-Spieler zeichnete sich durch ein Höchstmaß an Konzentration, Fingerfertigkeit und dramatischem Können aus. Neben einem umfangreichen Repertoire an Stücken erwartete man von einem guten Spieler Kenntnisse der Literatur und Musik. Besonders hoch in der Gunst des Publikums standen Anspielungen auf politische oder soziale Verhältnisse, Zitate und parodistische Einlagen. Einige Spieler zeichneten sich durch ihre scharfe Zunge aus, vor der selbst der Sultan nicht verschont blieb. Die satirischen Sticheleien gegen die Doppel- und Scheinmoral der oberen Schichten führten dazu, daß ab den 60er Jahren des 19. Jahrhunderts die Spiele zunehmend eingeschränkt wurden und das Karagöz-Spiel seine politisch-satirische Komponente verlor.

Dem Spieler stand häufig ein Gehilfe zur Verfügung, der „während seiner Lehre ein Leib und eine Seele mit seinem Meister ist. Wie Hayali Torun Celebi (Tundcay Tanboga) es bezeichnet, soll ein Gehilfe bei allen Aufführungen mit absoluter Konzentration in ‚völligem Kontakt' mit seinem Meister stehen. Er muß seine Kunst vollständig beherrschen lernen, um dann, wie die türkische Redensart es bezeichnet, ihn überholen zu können" (Fritz-Hüser-Institut, S. 30). Die das Stück begleitende Schalmai- und Tamburinmusik wurde von zwei Musikern dargeboten. Heute ersetzen Schallplatte und Tonband die Musiker.

Um ihren Lebensunterhalt zu verdienen, waren die Spieler meistens verpflichtet, einen zweiten Beruf auszuüben, da sich die Aufführungen auf den Fastenmonat Ramadan und auf gelegentliche Aufführungen in Kaffeehäusern und Einladungen zu Familienfesten beschränkten.

Heute gibt es in der Türkei nur noch wenige Männer, die bereit sind, die lange Lehrzeit in Kauf zu nehmen, die das Erlernen der Texte und Führen der Figuren erfordert.

Ein Karagöz-Spiel: Der Sängerwettstreit

Im folgenden werden Auszüge aus einem Karagöz-Spiel der Sammlung Helmut Ritters wiedergegeben. Zu Beginn jeder Vorstellung befestigt der Spieler zunächst an der erleuchteten Spielfläche ein Göstermelik, eine Art Schaubild, das an den Lebensbaum des javanischen Schattenspiels erinnert. Dann ertönt ein schriller Ton einer Rohrflöte (nareke), das Eröffnungsbild verschwindet, und Hacivad tritt von links auf die Spielfläche. Er eröffnet den Prolog mit einem Lied (semai):

Du Plage für der Erde Rund!
Wollt sterben für dich diese Stund.
Dein Herz ist Feind, Freund nur dein Mund.
Ach laß doch dies Gebahren sein!
Ach, stell doch dieses Quälen ein!
Ein Sklave bin ich deiner Huld
seit Ewigkeit; hab ich Schuld?
Ich liebe; hab mit mir Geduld!
Ach laß doch dies Gebahren sein!
Ach, stell doch dieses Quälen ein!
In Gottes Namen!

Es folgt ein religiös-mystisches Gedicht (gazel), das darauf hinweisen soll, daß das Schattenspiel als ein Gleichnis mit philosophisch-religiöser Bedeutung zu verstehen ist (siehe S. 145).

Nun ruft Hacivad seinen Freund Karagöz (Karagös), dessen Kopf schon mehrere Male am oberen rechten Bühnenrand zu sehen war. Nach der üblichen Prügelszene beginnt der Dialog (muhavere) zwischen den beiden Freunden.

Es folgen die Anrede an das Publikum, in der Hacivad (Hadschiwad) den Wunsch nach einem Gefährten äußert, dann sein Gesang, der Karagöz aus dem Hause locken soll, und endlich die Prügelei, an deren Ende Karagöz am Boden liegen bleibt und sich über seinen Leibeszustand verbreitet, mit allerhand verdrehten Worten.

K.: Au weh! Au Weh! Ich bin tot! Ich bin aller Kraft beraubt! Am Ende der ganzen Keilerei muß ich mich am Boden wiederfinden! Au weh, meine Kniefensterscheiben! Infolge Getretenwordenseins mit dem Fuße muß ich röcheln wie ein Esel! Au weh, meine Schulterblätter! Meine infolge ohrfeiglicher Perkussion haarlos gewordenen Halbmondbrauen! Mein mit Schlägen übersäter Leib! Voller Löcher ist er wie ein Küchensieb! Au, mein rechter Flügel! Er scheint Neigung zum Einsturz bekommen zu haben, und ich ahne nichts davon!
(Hacivad tritt wieder auf und versucht ein friedliches Geplauder anzuknüpfen, wird aber zunächst von Karagöz hart angelassen.)
Ich meine, wir wollten uns schön friedlich unterhalten? Aber du bist ja kein vernünftiger Mensch! Sobald du einem vor die Augen trittst, weißt du nichts als Prügelei!

K.: Mensch, sage ich dir nicht stets und ständig: Komm nicht immer vor meine Tür und belästige mich mit deinem asinalischen Geschrei? Wenn du schon kommst, so nimm den Klopfer in die Hand und klopf an die Tür, so! *(Ohrfeige.)* Siehst du, daß drinnen niemand antwortet, so klopf noch einmal, so! *(Ohrfeige.)* Wenn du siehst, daß wieder niemand antwortet, so gib der Tür einen Fußtritt, du Halunke, so! *(Fußtritt.)*

H.: Nicht doch, Brüderchen...! Ein Spaß mut gute Art haben.

H.: Karagös! So lange rede ich nun schon mit dir und bin gut Freund mit dir, und doch weiß ich immer noch nicht deinen Namen!

K.: Hadschiwad, heute abend scheinst du wieder etwas Opium zu viel geschluckt zu haben!

H.: Wieso?

K.: Wieso? Mensch, heiße ich denn nicht Karagös?

H.: Nein Brüderchen! Karagös, das ist ein Beiname.

K.: Was soll das bedeuten?

H.: Mein Lieber, als du aus des Mutterleibes friedvollem Port herabfielst...

K.: Du irrst dich Hadschiwad, dein Bruder ist neulich abend herabgefallen, als er ohne Laterne hinausging.

H.: Wohin ist er hinabgefallen?

K.: In den gestrichen vollen Abort.

H.: Schweig still, du Schwätzer! Du bist doch von der Mutter geboren worden?

K.: Nein!

H.: Ja, schön, wer hat dich denn geboren?

K.: Ich selber habe mich geboren.

H.: Und wer hat deine Mutter geboren?

K.: Meine Mutter habe ich auch geboren.

H.: Und wer hat deinen Vater geboren?
K.: Meinen Vater habe ich auch geboren.
H.: Und wer hat Frau und Kind geboren?
K.: Frau und Kind habe ich auch geboren.
H.: Und wer hat deines Vaters Bruder geboren?
K.: Meines Vaters Bruder habe ich auch geboren.
H.: Und wer hat deiner Mutter Bruder geboren?
K.: Meiner Mutter Bruder habe ich auch geboren.
H.: Und wer hat deines Vaters Schwester geboren?
K.: Meines Vaters Schwester habe ich auch geboren.
H.: Und wer hat deiner Mutter Schwester geboren?
K.: Meiner Mutter Schwester habe ich auch geboren.
H.: Deine ganze Sippschaft und Ahnenreihe...
K.: Gleich werd ich mit deiner Ahnenreihe anfangen!
H.: So laß doch den Unsinn! Auf welche Weise habt Ihr denn diese Welt mit Eurer Gegenwart beehrt?
K.: Mit der Eisenbahn!
H.: Aber nein doch! Der Mensch wird doch von seiner Mutter geboren, nicht wahr?
K.: Ja, das wird er.
H.: Nun, als du geboren wurdest, hat dich da nicht die Wehmutter eingesalzen und gewickelt?
K.: Mensch, die werden mich wohl einpökeln!
H.: Brüderchen! Wenn ein Kind geboren wird, so streut ihm doch die Wehmutter Salz in die faltigen Teile, damit es keinen schlechten Geruch gibt.
K.: Schön, und dann?
H.: Dann wickelt sie dich und schnürt dich zu und legt die Wickel deinem Vater in den Schoß.
K.: Wenn sie die Wickel meinem Vater da hineinsteckt, fängt dann mein Vater denn nicht lichterloh zu brennen an?
H.: So eine Wickel ist das nicht. Eine Kinderwickel. Hat dir dein Vater denn nichts ins Ohr gesagt?
K.: Das hat er.
H.: Nun und was hat er gesagt?
K.: Mein Sohn! Gott gebe, daß du mir keine Schande machst! Werde mir gleich an Frechheit und Schamlosigkeit! Werde wie ich! – hat er gesagt.
H.: Aber mein Lieber, hat dir denn dein Vater nicht deinen Namen ins Ohr gesagt?
K.: Nein, das hat er nicht getan.
H.: Aber Karagös! Wenn sie dich riefen, wie haben sie dich denn dann gerufen?
K.: Karagös!
H.: Das ist dein literarischer Name. Hast du denn keinen richtigen Namen?
K.: Weder einen Rahmen habe ich, noch Spiegelglas.
H.: Ach Karagös, halt mich doch nicht so zum Narren!
K.: Meinen Namen willst du wissen?
H.: Ja, deinen Namen will ich wissen.
K.: Mein Name ist Kohl.
H.: Ha, du Landstreicher! Seit wann tragen denn die Menschen Pflanzennamen?
K.: Warum willst du das nicht glauben? Mein Vater ist Gärtner gewesen, und statt Petersilie im Garten zu setzen hat er eben Kohl gesetzt. Da bin ich aufgegangen.
H.: Ei doch, Karagös, ich habe in diesem Jahr noch gar keinen Kohl zu essen bekommen; gebt mir doch ein Stück von Euren Blättern ab!
K.: Bei dem dauernden trockenen Wetter sind mir die Blätter vertrocknet.
H.: Wenn Euch die Blätter vertrocknet sind, so gebt mir von Eurem Mark!
K.: Mein Mark ist auch verfault.
H.: Habt Ihr sonst keine Teile?
K.: Wenn Ihr von meinem Strunk essen wollt, so greift zu!
(Ohrfeige, H. ab, kommt aber gleich wieder.)
H.: Gut, sagen wir, du hießest „Kohl". Du hast doch einen Vater?
K.: Ja, habe ich.
H.: Wie heißt denn der?
K.: Lauch.
H.: Und wie heißt deine Mutter?
K.: Rübe.
H.: Und wie heißt deiner Mutter Schwester?
K.: Sellerie.
H.: Was? Gallerie?
K.: Nein, Menagerie!
H.: Und wie heißt deine Schwester?
K.: Artischocke.
H.: Kinder sind wohl auch da; nicht wahr. Brüderchen?
K.: Ja.
H.: Wie heißen denn die?
K.: Salat, Zwiebel, Fenchel, Petersilie, Pfefferminz.
H.: Wenn man euch sucht, wo seid ihr denn dann zu finden, Karagös?
K.: Im Gemüseladen.
H.: Sitzt (wohnt) ihr da alle zusammen oder jedes für sich?

K.: Jedes sitzt für sich.
H.: Ist der Platz, wo ihr sitzt, mit Samt unterlegt oder mit Tuch?
K.: Du Schafskopf! Dicken Teer legt man uns unter.
H.: Warum legt man euch denn Teer unter?
K.: Wir machen unsere Unterlage naß, deswegen.
H.: Hei du alter Unkrautskerl!
K.: Hei du alte Stromkrabbe! *(Ohrfeige, H. ab.)* Eh, was schert's mich, ob du gehst! Wenn du gehst, bin ich dann vielleicht mit Baumwollfaden angebunden? Da geh ich auch auf den Festplatz zur Luftschaukel, den Schönen nachzuschauen. Laßt sehen, was der Zeitenspiegel uns für Bilder zeigt!
(Geht nach Hause und klopft an die Tür, seine Frau macht auf.)

Am Ende des Dialogs treten Karagöz und Hacivad von der Bühne ab, und die Haupthandlung (fasil), das Kernstück des Schattenspiels beginnt.

Frau Karagös *(hinter der Szene)*: Ha, du Lump! Kommst du wieder und schlenkerst die Arme?
K. *(hinter der Szene)*: Nein, ich komme mit den Händen in den Hosentaschen.
Frau K.: Du Lump! Mag kommen was da will, ich kann es nicht mehr aushalten, was du mir antust! Ich bin es müde, ich habe es satt!
K.: Was ist denn los? Was willst du denn?
Frau K.: Was ich will, du alter Lump? Schau nur mal, wie diese Kinder aussehen! Nichts haben sie anzuziehen von oben bis unten!
K.: Weil ich dich von oben bis unten ..., bleibt für die eben keine Zeit.
Karagös' Junge: Du hast ganz Recht, Papa! Alles, was du hast, läßt du dir von der Mama wegessen, und dann behandelt sie dich noch wie einen Einfaltspinsel.
Frau K.: Siehst du, alter Lump, auch den Jungen läßt du noch frech werden! Er steigt uns über den Kopf.
Der Junge: Wer steigt über den Kopf? Du steigst dem Papa über den Kopf!
Frau K.: Wirst du dich gleich hinsetzen, du Strolch!
Der Junge: Wieso bin ich ein Strolch?
Frau K.: Mach doch nur mal, daß dieser Junge stillschweigt!
K.: Junge, geh ins Bett!
Der Junge: Ich gehe schon, Papa.
Frau K.: Eine Schande ist es, in was für einem Aufzug du herumläufst! Wenn dich einer so sieht, wird er dich sicherlich wunder was für einen Gentleman halten!
K.: Ich gefalle dir wohl nicht? So ein Mann wie ich ist noch viel zu gut für dich!
Frau K.: Ehem! Lieber gar keinen als so einen!
K.: Warte ab, du wirst noch mit der Laterne nach mir suchen.
Frau K.: Daß ich nicht lache! Ha ha! Ich sehe mich schon, wie ich vor Schmerz über den Bey Efendi sterbe! So ein Kerl mit einem Gesicht wie ein Schafiihund!
K.: Frau, halt den Mund, sonst werf ich dich zur Tür hinaus!
Frau K.: Ha, ich schlafe, wo sich's grade trifft! Macht mir das was aus? Wo den Abend, da den Morgen!
K.: Ob Morgen oder Hektar, das wirst du dann schon merken.
Frau K.: Ha, ha, ha, daß ich nicht lache! Solche Männer wie dich gibt's mehr als ich Haare auf dem Kopf habe! Verschieb nur ja nicht auf morgen, was du heute tun kannst, du Pavianaffe du!
K.: Der Pavianaffe bist du, du alte Schminkpuppe!
Frau K.: Dein Leben, dein Tag soll schwarz werden, du Triefnase!
K.: Frau, bläh dich nicht so auf, du Leichenbrett-hahn, du alte Vettel!
Frau K.: Scher dich weg, du Vierzighäuserkatze, du Aasgeier!
K.: Quassel nicht so viel, du dreckiges Übel!
Frau K.: Das Übel, das bist du, und dreckig bist du auch, du Kehrichthaufenkrähe!
K.: Frau, wer von uns beiden ist die Kehrichthaufenkrähe? Nimm nur mal den Spiegel und schau dir ins Gesicht!
Frau K.: Ja, jetzt bin ich so geworden. Wie du in Kjathane und Göksu um mich herumstrichst, das hast du wohl vergessen? Als ich dich nahm, da fielen sie alle in Ohnmacht wegen meiner Halbmondbrauen. Voll und drall wie frische Molke war ich.
K.: Scher dich weg, du übler Gestank!
Frau K.: Der üble Gestank, das bist du! Als ich aus dem Hause meiner Mutter kam, da brachte ich neun Wagen voll Sachen mit. Verkauft und vertan hast du mein Hab und Gut, auf den Bettelpfennig hast du mich heruntergebracht, und jetzt bin ich nichts mehr wert, nicht wahr?

K.: Wo sind die neun Wagen voll Sachen? Die Frau, die du als deine Mutter rühmst, verkauft Schweißkappen bei der Neuen Moschee!

Frau K.: Scher dich weg, du Lump mit dem halben Pantoffel!

K.: Mit dem halben Pantoffel das bist du! Ich habe mir eben erst die Schuhe besohlen lassen.

Frau K.: Quatsch nicht, du alter Lump! Ich lasse dich nicht mehr bei mir anlegen.

K.: Dann werf ich das Tau aus und hole mich doch ran.

Frau K.: Solch dummes Gerede hat gar keinen Zweck.

K.: Frau, wenn ich bose werde, dann wirds schlimm!

Frau K.: „Wer sich vor den Spatzen fürchtet, sät keine Hirse". Wenn du ein Feuer wärst, könntes du doch nicht weiter brennen, als deine Kraft reicht.

K.: Das meinst du so! Laß mich nur mal einen Feuerbrand an dich ranstecken, dann schlägt dir die Lohe zum Hirn heraus!

Frau K.: Die Berge, auf die du hoffst, du Lump, die sind eingeschneit.

K.: Laß nur schneien, wenns schneit! Dann laß ich das Besenbinden und werde Eismann.

Frau K.: Dummkopf, glaubst noch immer, es wäre Spaß? Wenn ich mich aufmache und davon gehe, dann bleibst du allein wie die Pfeife von Dıral Dede. Dann fällt dir der Stein auf den Kopf, aber dann ist der Pferdedieb schon über Skutari hinaus!

K.: Laß ihn nur darüber hinaus sein, ich setz mich aufs Fahrrad und hol ihn doch ein.

Frau K.: Ich sage dir ja, du Lump, du wirst nie ein ordentlicher Mensch. Lös mir die Fußfessel!

K.: Das könnte dir so passen, ich soll dir die Fußfessel lösen, damit du mir den Garten drunter und drüber machst!

Frau K.: Laß das Gefasel! Wahr und gewiß, ich werde dir das Nest schon machen!

K.: Sieh nur zu, daß du nicht zu nahe ans Nest herankommst, sonst hackt der Storch mit dem Schnabel nach dir!

Frau K.: Männchen, wollen wir uns wieder vertragen?

K.: Ja, wir wollen uns wieder vertragen!

Frau K.: Ach, mein liebe Männchen mit dem kugelrunden Bart!

K.: Ach, mein liebes Frauchen mit dem gewehrlangen Gesicht!

Tschelebi *(tritt auf mit folgendem Lied)*:

Herz, was soll dies Klaggestöhn?
Sprich, was ist dir denn geschehn?
Mag dich nciht so traurig sehn!
Sprich, was ist dir denn geschehn?
Wes Liebe hat dich so betört?
Wer hat dein Flehen nicht erhört?
Warum bist du so sehr verstört?
Sprich usw.

Hadschiwad: Ei der Tausend, gnädiger Herr, seid uns hochwillkommen!

Tschelebi: Danke für die Beehrung, Hadschiwad Tschelebi!

K. *(aus dem Fenster)*: „Danke für die Bescherung", sagt er!

H.: Euer Gnaden lassen sich gar nicht mehr blikken. Wo steckt Ihr denn die ganze Zeit?

T.: Ach, Ihr wißt ja, man hat so viel zu tun.

H.: Nach meiner unmaßgeblichen Annahme seid Ihr diesmal nicht ohne Grund hergekommen!

T.: Gewiß, nicht ohne Grund. Ihr wißt ja, daß ich von jener ein Liebhaber der Dichtkunst gewesen bin.

H.: Höchst bewundernswert! Wie sollt ich das nicht wissen? Haben doch zur Zeit Eures seligen Vaters nicht wenige Dichter in Eurem hohen Hause verkehrt. Euer Diener hat sogar selbst ein wenig Neigung zur Dichtkunst.

T.: Nun also, der Grund meines Herkommens ist der, daß ich gern ein Preisrätsel aufhängen und einen Dichterwettstreit veranstalten möchte. Habt Ihr unter Euren Freunden nicht irgend einen Dichter?

H.: Gewiß, gnädiger Herr, Euer Gnaden kennen ihn ja auch.

T.: Wer ist das, Hadschiwad?

H.: Mein Gefährte, der verzückte Karagös.

K. *(hinter der Szene)*: Verfluchter Schwätzer! Jetzt streicht er mich wohl gar heraus!

T.: Schön, Hadschiwad, so sagt ihm bitte Bescheid! Ich gehe; da ist aus Saloniki ein Sänger gekommen, mit dem muß ich sprechen. Was wird das wohl kosten, so ein Preisrätsel aufzuhängen?

H.: Wenn, wenig gerechnet, vier Sänger kommen, wird es wohl zwanzig Pfund Ausgaben machen.

T.: Schön, Hadschiwad Tschelebi! Dann nehmt bitte dies Geld und besorgt alles Nötige! Ich suche Euch nachher wieder auf. Gott befohlen!

H.: Gott befohlen! *(Tschelebi ab.)*

K.: Du, Hadschiwad, vier Körbe Reisbrezel für 20 Pfund, ist das nicht ein wenig teuer?
H.: Doch nicht Reisbrezel! Preisrätsel!
K.: Na, das Geld lasse ich dich nicht allein verzehren. Ich kalkuliere, auf einen Erbschaftsverprasser gehören mindestens zwei, die ihm um den Bart gehen.
H.: Scherz beiseite! Ich will dir die Sache erklären.
K.: Gut, also erkläre!
H.: Alle diese Sänger haben ihren Dichternamen. Der eine nennt sich Mahzuni (der Traurige), der andere Hemrahi (Weggenosse), der dritte ƒjahi (Wanderer), ein anderer wieder Dschevheri (Kleinod). Mein Dichtername ist Mesruri (der Frohe).
K.: Wenn ich mich nun Maimuni (Affe) nennte, ginge das nicht? Dann wärest *du* dann der Zigeuner.
H.: So ein Name geht doch nicht!
K.: Dann sagen wir Serdali (Aprikose).
H.: Ein Name vom Obst geht nicht.
K.: Sehr richtig. Dann würden mich die Fruchthändler erwischen.
H.: Karagöz, du mußt dir einen Namen suchen!
K.: Was soll ich denn für einen finden? Meinetwegen will ich Gelberi (Ofenkratzer) heißen.
H.: Gut, also heiß Gelberi.
K.: Was ist denn da drin in dem Reisbrezel? Was steht denn darauf geschrieben?
H.: Das rätst du nicht und findest du nicht.
K.: Nun, so sag es doch!
H.: „Ich habe es, du hast es, die Welt hat es nicht, alle haben es, aber der Mensch hat es nicht."
K.: Ich weiß es!
H.: Nun, was ist es denn?
K.: „Leere Taschen", was soll es sonst sein!
H.: Karagöz, laß das dumme Geschwätz! Die Sänger, die gekommen sind, können einen nämlich schachmatt setzen!
K.: Ich kriege sie alle mit Prügeln unter, Hadschiwad!
H.: Gut also! Jetzt such dir eine Laute und zieh dich um!

(K. und H. ab. Tschelebi kommt mit folgendem Lied:)

Das, was mein Herz in dieses Leid gebracht,
Schwarzauge, ach, mein schwarzes Schicksal hat's gemacht,
Daß ich nun klag und jammre Tag und Nacht!
Schwarzauge, ach, mein schwarzes Schicksal hat's gemacht!
Du willst ja nicht, daß ich so elend bin,
Im Feuer deiner Liebe schmachte hin,
Das Aug in Tränen, wund im Busen bin!
Schwarzauge, ach, mein schwarzes Schicksal hat's gemacht!

T.: Nun, wie steths, Hadschiwad Tschelebi?
H.: Seid unbesorgt, Herr! Das Preisrätsel ist aufgehängt, und auch mein Freund Karagös Agha wird sich beteiligen. Er zieht sich um und wird gleich kommen. Wir erwarten das Kommen der Sänger.
T.: Sehr schön! Die Sänger kommen gleich. Ich werde vom Pavillon aus zuhören. Bitte kommt Ihr doch auch, dann können wir zusammen hören.
H.: Bitte, geht nur voraus, ich komme gleich.
T.: Gott befohlen!
H.: Ich habe die Ehre! *(Tschelebi ab.)*
K.: *(hinter der Szene)*: Alte! Gib doch mal den Mehlsack!
Frau K.: Was willst du denn mit dem Mehlsack, Alter? Ich habe schon lange Appetit auf Fleischpasteten, du willst wohl Mehl kaufen, nicht wahr?
K.: Frau, was bist du für ein gefräßiges Weib! Gib den Sack her! Gib auch die Eierpfanne und bring die Löffel aus dem Löffelkorb!
Frau K.: Den ganzen Hausrat schleppst du weg, Alter! Da nimm!
K.: So, jetzt schling die Wäscheleine ein paar mal um die Pfanne herum, bind die Enden an die Löffel fest und gib her!
Frau K.: Was soll denn das werden?
K.: Was gehts dich an? Mach du nur das zurecht, was ich gesagt habe! Ich will mir derweil dies auf den Kopf setzen.
Frau K.: Ach, Alter, wie siehst du komisch aus!
K.: Mach dich nicht lustig, du Hundebrut!

(Karagös tritt auf, zugleich Hadschiwad.)

K.: Wie gefällt dir meinh Anzug, Hadschiwad?
H.: Sehr schön, Brüderchen! Die verzückten fahrenden Dichter werden sich gleich hier zusammenfinden.
K.: Was, die verrückten tranigen Lichter soll ich hier zusammenbinden?
H.: Ich füg dir großen Schaden zu,
Hab dich erwischt, Ausreißer du!
K.: Kommst her, du großes Eselsvieh,
Kriegst eine runter wie noch nie!

H.: Es soll gleich ein Sänger aus Saloniki kommen, nimm dich zusammen!
K.: Laß ihn nur herkommen, ich werd es ihm schon zeigen!
H.: Er soll ein großer Meister sein.
K.: Mach dir deswegen keine Sorge, sei unbekümmert!
H.: Ach, lieber Karagös, zeig was du kannst! Mach mir keine Schande!
K.: Laß dir nur keine grauen Haare wachsen, sie sollen nur herkommen.
H.: Ich gehe, Karagös. *(Ab.)*
K.: Na, wo bleiben diese fahrenden Dichter, diese tranigen Lichter?
(Der Sänger Hasan tritt auf mit folgendem Ghasel:)
Ach, wer hätte vom Geliebten dieser Härte sich versehen?
Bin zur Mondensichel geworden, er erhörte nicht mein Flehen!
Nicht einmal in meinen Träumen darf ich seine Füße küssen!
Ach, ich kann nichts tun als weinen über das, was mir geschehen!
Hasan: Guten Tag Kollege!
K.: Guten Tag, du Flegel.
Hasan: Kannst du dichten, Väterchen?
K.: Nein, aber kalfatern.
Hasan: Was sagst du?
K.: Kloßsuppe.
Hasan: Was? Schoßpuppe?
K.: Nein, Teddybär!
Hasan: Siehst du, ich habe deinen Namen gehört, habe mich von Seres aufgemacht und bin von Saloniki bis hierher gekommen.
K.: Gerade wie ich.
Hasan: Woher bist du denn gekommen?
K.: Ich habe mich von Selamsis aufgemacht und bin von Skutari hierher gekommen.
Hasan: So, dann wollen wir doch ein wenig warm miteinander werden.
K.: Das möchte ein wenig schwierig sein.
Hasan: Warum?
K.: Na, du weißt doch! Du aus Saloniki, ich aus Selamsis! Wenn wir vierzig Jahre zusammen sötten, so würde unser Fleisch und Knochen doch wieder auseinanderfallen, du verstehtst?
Hasan: Ich finde Euer Wesen ganz sonderbar!
K.: Ja, ja, ich binde meine Besen ganz wunderbar!
(Der Sängrer schlägt nun Karagös verschiedene Gedichtarten vor, in denen sie sich messen wollen, aber K. versteht alles falsch. Endlich beginnt Hasan mit einem Lied in Divanform und Karagös dichtet, aus dem Stegreif singend, die Antwortstrophe.)
Hasan: Sänger, ich werde jetzt ein Divan vortragen.
K.: Na, dann leg mal los!
Hasan *(singt)*:
Dem Liebeskranken Arzenei
Anzubefehlen bracht man nicht,
Den hoffnungslosen Kranken ncoh
Mit Ärzten quälen braucht man nicht.
K.: Der Sänger liebt das harte Ei,
Ihms zu empfehlen braucht man nicht,
Der Apfelstrudel köstlich roch,
Ihn einzumehlen braucht man nicht.
Hasan: Der Liebe stehet übel an
Viel Reden, wozu nützt es auch?
Wer liebt, der weiß, wie Liebe tut,
Es zu erzählen braucht man nicht.
K.: Das Knoblauchfleisch mit Zwiebeln dran
Ist schön, wqas soll die Grütze auch?
Dem Sänger schmeckt die Zwiebel gut,
Sie extra schälen braucht man nicht.
Hasan: Such aufzubauen nur das Herz,
Reiß es nicht ein, fürcht dich vor Gott!
Der Herr wünscht heil sein Eigentum,
Nur Trümmer zählen braucht er nicht.
K.: Ich such zu klauen – nur im Scherz –
Den Pfirsich aus dem Pfirsichkorb,
Wer eine saftge Birne hat,
Noch Rüben stehlen braucht er nicht.
Hasan: Das Herz mit einem Male nicht
Dem schönen Liebestraum entsagt.
Ließ ich auch ab, das trotzge Herz
Will weiter lieben unverzagt.
K.: Die Blinden und die Scheelen sind
Treulos, dem Himmel seis geklagt!
Dem Händler mit den Früchten da
Stehl ichz die Mispel ungefragt.
Hasan: Ein Frömmler hat die Liebe zu
Den Schönen uns verboten heut.
War denn kein Dichter da? Er hätt
Vom Polster ihn herabgejagt.
K.: Das Opiumstündchen war vorbei,
Und als ich grad im Schlummer lag,
Da gab man einen Fußtritt mir,
Ich fiel vom Polster, schwer geplagt.
Hasan: Das Himmelsrad kreist um die Welt,
Drum täusch dich nicht, o Gelberi!

Bist du ein noch so starker Held,
Du wirst doch durch den Reif gejagt.
K.: Aus Prügeln mach ich gar nichts mir,
Vom Laster hält mich nichts zurück,
Den Braten aus der Schüssel klaun,
Das ist es, was mir wohlbehagt.

Hasan wird schließlich von Karagöz mit einer Ohrfeige abgefertigt, und an seine stelle tritt ein Sänger aus Kayseri auf, der seine Geschichte in seiner Dialektsprache vorträgt. Auch er wird am Ende mit einer Ohrfeige davongejagt. Nicht besser ergeht es dem Opiumraucher, dem Zwerg Bebe Ruhi und dem Negermusikanten, die alle ebenfalls eine Ohrfeige erhalten.
Nachdem Karagöz alle glänzend besiegt hat will er zusammen mit seinem Freund den Preis in Empfang nehmen.

H.: Nun Karagös, wohl überstanden? Der Bey erwartet Euch, laß uns gehen und das Geld in Empfang nehmen.

(Beide ab, dann treten sie in ihrer gewöhnlichen Tracht wieder auf.)

Am Ende jeder Vorstellung im Epilog (bitis) entschuldigt sich Karagöz, daß er nun müde sei und sich ausruhen wolle. Als Abschluß versetzt er Hacivad noch eine Ohrfeige. Hacivad entgegnet, daß er zum „Herrn des Vorhangs" gehen wolle, um ihm zu sagen, daß Karagöz diesen abgerissen und zerstört habe.
K.: Ich bin müde geworden, Hadschiwad, laß uns ein wenig verschnaufen!
H.: Gedankt sei Gott, daß wir noch fröhlich leben!
K.: Gott möge dem Röhricht von Kjathane Gedeihen geben!
H.: Die Bühne hast du abgerissen und zerstört. Ich geh, daß gleich ihr Herr es hört! *(Ab.)*
K.: Wenn unsre Zunge sich versah, so sei's vergeben! Wenn ich dich aber morgen abend im Spiel „Die Niedergeschlagenen" zu packen kriege, so wart, was ich dir dann für Streiche spiele! *(Ab.)*

Das türkische Puppenspiel

Die Türken kennen neben ihren weltbekannten Schattenfiguren auch Hand-, Stab- und Faden- sowie die „Riesenpuppen", die im Westen so gut wie unbekannt sind.

Als Hauptquelle für den Ursprung des türkischen Puppenspiels gelten die Bücher über die Festlichkeiten des Jahres 1582. In einem dieser Bücher über ein Fest, das mehr als fünfzig Tage und Nächte gedauert haben soll, finden sich Hunderte von Miniaturen, die sowohl die Puppenspieler als auch die Puppen selbst darstellen. In einem Manuskript aus dem 16. Jahrhundert, das sich im Topkapi-Museum in Istanbul befindet, werden sogar die Namen der Spieler, die an diesem Fest teilgenommen haben, aufgelistet.

Es ist sehr wahrscheinlich, daß die meisten Theateraufführungen jener Zeit eine Kombination aus Auftritten von Schauspielern und Puppen waren. Der folgende Augenzeugenbericht eines deutschen Reisenden aus dem Jahr 1582 macht deutlich, wie früher Schauspiel- und Puppenspielkunst in der gleichen Aufführung zur Anwendung kamen: „Eine kleine Hütte war da, in der winzige kleine Männer (Puppen genannt) in einer sehr feinen und lustigen Art spielten, indem sie sprachen und herumsprangen; unter anderem führten sie eine ganze Hochzeitszeremonie auf, bei der auch türkische Jungen auftraten, die ihre kleinen Holzstücke zusammenschlugen und tanzten; dann spielten sie mit den Puppen mit und behandelten sie so, als ob sie lebendig wären und alles sahen. Dadurch wollten sie für Unterhaltung sorgen und den Eindruck entstehen lassen, daß es sich um keine Puppen, sondern um lebendige Wesen handelte" (And, Metin, Karagöz – Turkish Shadow Theatre, S. 111).

Eine andere Art von Stabpuppenspiel finden wir bei einem Fest des Jahres 1720, das auf einer Miniatur dargestellt und von einem erklärenden Text begleitet wird. Zu sehen sind eine Art Stabpuppen, unter denen sich die Spieler versteckt halten. Die Spieler befinden sich zusammen mit ihren festlich gekleideten Puppen in einer vergoldeten Kutsche. Jedes Mal, wenn sich die Räder der Kutsche in Bewegung setzen, schwingen die Puppen ihre Arme, klappern mit ihren Holzstücken und fangen an zu tanzen. Die Kutsche wird von verschiedenen maskierten Narren und einem flügelschlagenden, mechanischen Strauß, der seine Flügel so bewegt, als ob sie lebendig seien, begleitet.

Neben diesen Puppen erwähnen die Bücher über die Festlichkeiten Riesenpuppen, die von den verschiedenen Zünften während des Festes getragen wurden. Auf den Köpfen dieser Puppen befanden sich kleinere, die durch die Bewegung der großen in tänzerische Bewegung versetzt wurden.

Aller Wahrscheinlichkeit nach haben die türkischen Stämme die Puppen (nicht die Schattenfiguren), die unter dem Namen Kukla bekannt sind, von Zentralasien mitgebracht, bevor sie sich in Anatolien niederließen. Im Jahre 1000 n. Chr. überschritt eine Anzahl dieser Stämme den Oxus in Zentralasien und drang in den nördlichen Teil des Abbasidenreiches, den heutigen Iran, ein. Dort fanden sie andere Türken, die bereits vor ihnen gekommen waren, teils als Provinz-Gouverneure, teils als Kommandanten arabischer Garnisonen. Aus diesem Grund änderten sie wahrscheinlich ihren Weg und drangen über die Bergketten vom Iran nach Anatolien vor. So kam vom Ende des 11. bis zum Anfang des 12. Jahrhunderts der größere Teil Anatoliens unter die Herrschaft der Seldschucken, wie sie sich nach dem ersten Führer Seldschuk nannten. Bevor diese nomadischen Stämme Zentralasiens islamisiert wurden, praktizierten sie entweder den buddhistischen Glauben oder den Schamanismus. Dessen Grundlage ist der Kontakt mit der Geisterwelt durch einen Medizinmann (Schamanen). Im Osten von Turkestan war es seine Aufgabe, Krankheiten abzuwehren und der dürren Region Regen zu bringen.

Eine wichtige Rolle spielten in diesem Ritual auch die magischen Puppen, denen geheimnisvolle Kräfte zugesprochen wurden und die auf das Wohlergehen der Lebenden großen Einfluß hatten. Noch heute finden sich in Anatolien Spuren der magischen Puppen. So sollen z. B. die „Regenpuppen“, die in einigen Dörfern von Haus zu Haus getragen und von den Bewohnern mit Wasser bespritzt werden, für den herbeigesehnten Regen sorgen. Neben den magischen Puppen, den Handpuppen und den Marionetten gibt es in Anatolien noch eine andere Art von seltenem Puppenspiel, bei dem der Spieler eingewickelt in eine Wolldecke auf dem Boden liegt und zwei Puppen, eine weibliche und eine männliche, in seinen Händen hält. Auf seinen Knien ist außerdem eine größere Puppe befestigt. Jedes Mal, wenn sich die männliche und weibliche Puppe umarmen wollen, zieht der Spieler seine Knie hoch, um die größere Puppe als Hindernis zwischen das Liebespaar zu bringen. Dieses Spiel, das bis zu 45 Minuten dauert, gilt noch heute in vielen Gebieten Anatoliens als beliebte Unterhaltung.

Die reiche Tradition des türkischen Puppenspiels, das bis zum Ende des 18. Jahrhunderts in vielen Teilen der Türkei blühte, wurde schließlich vom westlichen Puppenspiel verdrängt. Der englische Puppenspieler Th. Holden, der 1882 das erste Mal Istanbul besuchte, machte die Türken mit dem europäischen Handpuppenspiel bekannt, das sich später besonders in Istanbul großer Beliebtheit erfreute.

Glossar

Amar Sing Rathor
Rajputenherrscher, dessen Leben und Heldentaten als Grundlage für das Marionettentheater in Rajasthan gelten.
Amir Hamzah (= Ménak)
Islamischer Held, der zur Zeit Mohammeds gelebt haben soll.
Arjuna
Hauptheld aus dem Mahabharata und einer der fünf Pandava-Prinzen.
Ashi-zuzkai
Puppenspieler des Bunraku-Theaters, der die Füße bzw. die Beine der Puppe führt.
Bagong
Dienerfigur im indonesischen Schatten- und Stabpuppenspiel
Bangarakka (= Nakali-Sundari)
Tanzmädchen bzw. weibl. Spaßmacherfigur im indischen Schattenspiel.
Belengtjong
Öllampe beim javanischen Schattenspiel.
Bhagavadgita
Indisches Lehrgedicht.
Bharata
Verfasser des Natyashastra, des ältesten nd einzigen Tanzkodex auf der ganzen Welt, der auch heute noch den indischen Tänzern als Lehrbuch dient.
Bharata-Natyam
Einer der ältesten indischen Tänze.
Bhat
Angehörige der Kaste der Shudras; Hersteller und Spieler der Kathputli-Marionetten aus Rajasthan.
Bhava
Indischer Begriff für eine Gefühlsregung, die vom darstellenden Künstler ausgedrückt wird.
Bitis
Epilog im türkischen Schattenspiel.
Bommalattam
Marionette aus dem indischen Bundesstaat Tamil Nadu.
Brahma
Indische Hauptgottheit, Gott der Welterschaffung.
Buddha
Indischer Religionsstifter, um 560 v. Chr.
Bunraku
Die künstlerischste Form des japanischen Figurentheaters.
Bunrakuken Uemura
Künstlername eines Puppenspielers, auf den das Bunraku-Puppenspiel zurückgeführt wird.
Bunraku-za
Literaturvergnügungshaus (bun = Literatur, raku = Vergnügen, za = Haus), ein Theater für das Bunraku-Puppenspiel.
Bunya Ningyô
Stabpuppenspiel auf der Insel Sado.
Buta
Indonesische Riesen, Dämonen.
Caranan
Possenreißer im indischen Schattenspiel (Kerala).
Chang-chung k'uei lei
Chinesische Handpuppe.
Chang-t'ou k'uei lei
Chinesische Stabpuppe.
Chayanataka
Bezeichnung des indischen Schattenspiels.
Chikamatsu Monzaemon
Bekanntester Stückeschreiber des Bunraku-Theaters.
Chou
Clown in der chinesischen Oper und im Figurentheater.
Commedia dell'arte
Im 16. Jahrhundert in Italien entstandene Stegreifkomödie.
Con múa r'ôi
Vietnamesische Wasserpuppe.
Dalang
Spieler des indonesischen Schatten- und Puppentheaters.
Damar Wulan
Javanischer Hauptheld der im 16. Jahrhundert entstandenen islamischen Geschichten.
Dan
Weibliche Rollen in der chinesischen Oper.
Dhoti
Indische Beinkleidung für Männer.
Dodot
Indonesisches Hüfttuch.
Fasil
Haupthandlung des türkischen Schattenspiels.
Gambjongan
Tanzpuppe des javanischen Stabpuppenspiels.
Gamelan
Indonesisches Orchester.
Hyong-guk
Puppenspiel in Korea.
Gazel
Gedicht im türkischen Schattenspiel, mit dem sich Hacivad vorstellt.
Göstermelik
Türkisches Schattenbild, das vor Beginn des Spiels am Bildschirm befestigt wird.

Chou (Clown) in der chinesischen Oper und im chinesischen Figurentheater (Schattenfigur des Luanzhou-Stils). Die Clowns besitzen eine spitze Nase, einen geöffneten lachenden Mund und eine rote Kreisfläche auf der Wange. Die Augen sind oft von zwei hellen Kreissegmenten umgeben.

Alter Mann (chinesische Handpuppe), dessen expressive Gesichtszüge durch die Beweglichkeit des Unterkiefers, der Mund-, Nasen- und Augenpartie noch verstärkt werden.

Nakali-Sundari (weibliche Spaßmacherfigur aus Karnataka), die häufig als Tänzerin bzw. Prostituierte auftritt. Ihr männliches Pendant ist der Spaßmacher, der mit einem überdimensionierten Phallus ausgestattet ist.

Puah-Pon (Spaßmacher des thailändischen Schattenspiels Nang-talung). Er ist in seiner Funktion mit dem javanischen Semar vergleichbar.

Gunungan
: Javanisches Schattenbild des Himmelsbaumes.

Hacivad (Hadschiwad)
: Hauptfigur im türkischen Schattenspiel, Freund des Karagöz.

Hanuman
: Affengott, Anführer des Affenheers aus dem Ramayana.

Harijans
: Die Unberührbaren, die Kastenlosen, die in Europa unter dem Namen Parias bekannt sind.

Hidari-zukai
: Linkehandpuppenspieler im Bunraku-Theater.

Hun
: Puppenspiel in Thailand.

Hun-krabok
: Thailändisches Stabpuppenspiel.

Hun-lakon-lek
: Eine thailändische Marionettenspielart.

Hun-luong
: Höfisches Marionettenspiel aus Thailand.

Jagennath
: Indische Gottheit, die besonders im indischen Bundesstatt Orissa verehrt wird.

Jatakas
: Episoden aus dem Leben Buddhas.

Jia-li xi
: Marionettentheater des „günstigen Rituals", beheimatet in der chinesischen Provinz Fujian.

Jing
: Das geschminkte Gesicht in der chinesischen Oper.

Joruri
: Poetische Dramentexte des Bunraku.

Karagödschi
: Spieler des türkischen Schattenspiels.

Karagöz (Karagös)
: Hauptfigur des türkischen Schattenspiels.

Kathakali
: Tanzdrama im indischen Bundesstaat Kerala.

Kathputli
: Indische Fadenpuppe aus Rajasthan.

Kauravas
: Die fünf Gegenspieler der fünf edlen Brüder aus dem Mahabharata.

Kayonan
: Balinesisches Schattenbild des Himmelsbaumes.

Khoktu kaksi norúm
: Koreanisches Puppenspiel von der Puppenfrau.

Khon
: Thailändisches Maskentheater.

Kotak
: Kiste zur Aufbewahrung der indonesischen Schattenfiguren.

Kresna (javanisch)
: Inkarnation des Gottes Vishnu.

Krishna (indisch)
: Inkarnation des Gottes Vishnu.

Kundhei-nacha
: Handpuppe aus dem indischen Bundesstatt Orissa.

Kyogen
: Komische Einlage zwischen zwei Nô-Stücken.

Lakshmi
: Göttin des Glücks, Gemahlin des Gottes Vishnu.

Luanzhou-Stil
: Berühmte Form des chinesischen Schattenspaiels, das nach dem Material der 25–30 cm großen Figuren auch als „Eselhautspiel" bezeichnet wird.

Mahabharata
: Altindisches Epos in 100 000 Doppelversen.

Ménak
: Siehe Amir Hamzah.

Mridanga
: Indische sanduhrförmige Trommel.

Mukaddeme
: Prolog im türkischen Schattenspiel.

Muhavere
: Vorspiel im türkischen Schattenspiel.

Nadagama
: Singhalesisches Volksdrama.

Nakali-Sundari
: Weibliche Spaßmacherfigur im indischen Schattenspiel (Andhra Pradesh und Karnataka).

Nala Gareng
: Spaßmacherfigur im indonesischen Schatten- und Stabpuppenspiel.

Nang-nai
: Thailändischer Puppenspieler.

Nang-sbek-thom
: Große Schattenfiguren aus Kambodscha.

Nang-sbek-touch
: Kleine Schattenfiguren aus Kambodscha.

Nang-talung
: Thailändisches Schattenspiel mit Einzelfiguren.

Nang-yai
: Thailändisches Schattenspiel mit großen Lederbildern.

Nata
: Sanskritbezeichnung für einen Künstler.

Nata sutras
: Lehrbücher der verschiedenen indischen Künste, wie Drama, Pantomime und Tanz.

Natya-guda
: Stabpuppe aus dem indischen Bundesstaat Orissa.

Natyashastra
: Indisches Tanzlehrbuch.

Ningyo-joruri
Bezeichnung des japanischen Puppenspiels.
Ningyô-Kyogen
Bezeichnung für die lustigen japanischen Puppenspielpossen, die in Anlehnung an das Kyogen entstanden sind.
Noroma
Japanisches Puppenspiel, das in enger Beziehung zum Nô-Theater steht.
Omo-zukai
Handpuppenspiel des Bunraku.
Pak-Dogal
Spaßmacherfigur im malaysischen Schattenspiel.
Panakawan
Diener- und Spaßmacherfigur im indonesischen Schatten- und Stabpuppenspiel.
Panini
Sanskrit-Grammatiker aus dem 4. Jh. v. Chr.
Panji
Javanischer Held aus Ritterspielen.
Pantanjali
Sanskrit-Grammatiker aus dem 2. Jh. v. Chr.
Parvati
Gemahlin des Gottes Shiva.
Pava-kathakali
Handpuppe aus dem indischen Bundesstaat Kerala.
Penasar
Spaßmacher im balinesischen Schattenspiel.
Petruk
Spaßmacher im indonesischen Schatten- und Stabpuppenspiel.
Pi-ying
Chinesische Schattenfigur.
Pi-ying xi
Chinesisches Schattenspiel.
Pohun Kepuh
Unterweltbaum im balinesischen Schattenspiel.
Puah-Pon
Spaßmacher des thailändischen Schattenspiels (Nang-talung).
Puranas
Quelle der indischen Mythologie.
Putul-nach
Indische Stabpuppe aus Westbengalen.
Radha
Hirtin, Gemahlin Krishnas.
Raga
Indisches Musikstück; Melodie mit bestimmtem Ausdrucksgehalt.
Rama
Held des Ramayana und 7. Inkarnation des Gottes Vishnu.
Ramadan
Fastenzeit der Mohammedaner.
Ramakien
Thailändische Version des Ramayana.
Ramayana
Indisches Epos in 24 000 Doppelversen.
Rasa
Indischer Begriff für eine Gefühlsregung, die vom darstellenden Künstler auf den Zuschauer übertragen werden soll.
Ravana
Gegner des Rama aus dem Ramayana.
Ravanachaya
Schattenspiel im indischen Bundesstaat Orissa.
Ream Ker
Version des Ramayana in Kambodscha.
Rishi
Einsiedler.
Rudaka
„Miniatur-Figur", Bezeichnung für das Marionettenspiel auf Sri Lanka.
Sakhi-kundhei
Fadenpuppe aus dem indischen Bundesstaat Orissa.
Sanskrit
Klassische altindische Hochsprache für Literatur und Wissenschaft.
Sarong
Indonesischer, eng gewickelter Frauenrock.
Satra Miruda/Serta Centini
Javanische Handbücher mit Vorschriften und Spielanleitungen für den Dalang.
Sekkyo-bushi
Japanisches Puppenspiel mit buddhistischer Thematik.
Semai
Vierstrophiges Lied im türkischen Schattenspiel.
Semar
Figur im javanischen Schatten- und Stabpuppenspiel; Spaßmacher und Ratgeber der Helden im Ramayana und Mahabharata.
Shaanxi-Stil
Stilrichtung des chinesischen Schattentheaters. Das Gesicht der Figuren dieses Stils ist oft von expressiv gesteigertem Ausdruck.
Shamisen
Japanisches Musikinstrument, Spießlaute.
Shiva
Indische Hauptgottheit, Gott der Weltzerstörung.
Sheng
Die männlichen Rollen in der chinesischen Oper.
Shudras
Unterste Kaste Indiens.

Edles Gesicht (Luanzhou-Stil). Positive Gesichter dieser Richtung werden mit mandelförmigen Augen dargestellt, die in die lang geschwungenen Bogen der Brauen einbezogen sind. Die Nasen-Stirnlinie verläuft ohne Übergang von der Nasenspitze bis zum Haaransatz. Ohne Kopfschmuck können die Gesichtszüge der männlichen und weiblichen Figuren nicht voneinander unterschieden werden.

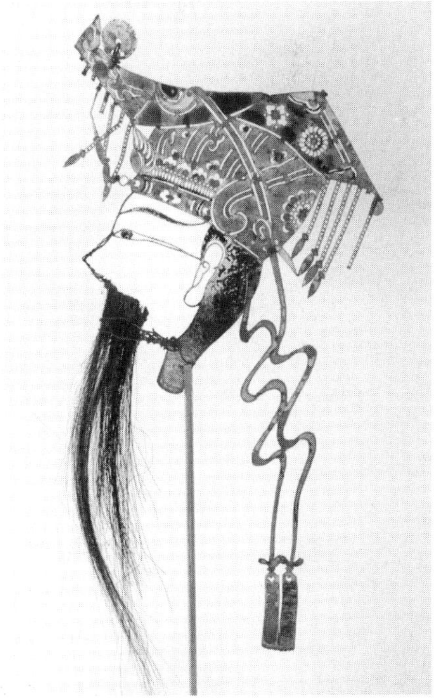

Kaiser des Himmels (Shaanxi-Stil). Augen- und Augenbrauenlinie verlaufen meist unverbunden parallel von der vorderen Gesichtslinie aus nach hinten.

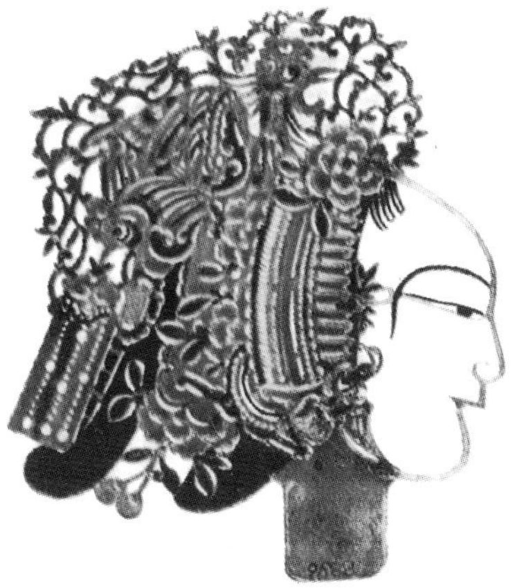

Prinzessin (Sichuan-Stil). Bei den Gesichtern des Sichuan-Stils ist die meist stark gewölbte Stirn von der Nasenlinie deutlich abgesetzt, während das Kinn nach hinten versetzt ist.

Sichuan-Stil
: Stilrichtung des chinesischen Schattentheaters. Die 70–80 cm hohen Figuren gehören zu den größten des chinesischen Schattentheaters.

Sita
: Gemahlin von Rama und Göttin der Erde, Fruchtbarkeitsgöttin.

Sukha
: Spaßmacherfigur im indischen Schattentheater (Kerala).

Sutradhar
: Bezeichnung für den Direktor des indischen Theaters in den Lehrbüchern über die verschiedenen Künste.

Tao
: Weg, ein Schlüsselwort des chinesischen Taoismus.

Tayu
: Erzähler bzw. Sänger des Bunraku-Puppenspiels.

Thol Pava-kuthu
: Indisches Schattenspiel aus Kerala.

Tholu-Bommalattam
: Indisches Schattenspiel aus Karnataka und Tamil Nadu.

Tieh-hsien k'uei lei
: Chinesische Drahtstabpuppe.

T'i-hsien k'uei lei
: Chinesische Fadenpuppe.

Togalu-Gombe-atta
: Indisches Schattenspiel aus Karnataka.

Togog
: Dienerfigur im indonesischen Schatten- und Stabpuppenspiel.

Tou-shou
: Die führende Hand, Hauptspieler des chinesischen Handpuppenspiels.

Uraka
: Männer hinter der Kulisse im japanischen Bunrakutheater.

Vidusaka
: Männlicher Possenreißer im indischen Schattentheater (Karnataka und Andhra Pradesh).

Vidusaki
: Weiblicher Spaßmacher, Tänzerin im indischen Schattentheater (Karnataka und Andhra Pradesh).

Vishnu
: Indische Hauptgottheit, der Gott der Welterhaltung.

Wak Long
: Spaßmacher im malaysischen Schattenspiel.

Wayang
: Indonesischer Sammelbegriff für Figuren-, Masken- und Menschentheater.

Wayang-Adam-Ma'rifat
: Javanisches Schattenspiel nach der gleichnamigen islamischen Sekte zur Propagierung ihres Glaubens.

Wayang-Beber
: Javanische Vorführung mit Rollbildern und erläuternden Texten.

Wayang-Calonarang
: Balinesisches Schattenspiel, benannt nach der Hexe Calonarang.

Wayang-Cupak
: Balinesisches Schattenspiel, Geschichte zweier verfeindeter Brüder.

Wayang-Gedong
: Javanisches Schattenspiel, Heldentaten und Liebesaffären des Prinzen Panji.

Wayang-Golek
: Javanisches Stabpuppenspiel.

Wak Long (Spaßmacher des malaysischen Schattenspiels). Im Unterschied zu den anderen Figuren des Wayang-Siam sind seine Arme sowie der Unterkiefer und die Nase beweglich.

Wayang-Java
: Javanisches Schattenspiel mit Themen aus dem Java-Krieg (1825–1830).

Wayang-Kancil
: Javanisches Schattenspiel für Kinder.

Wayang-Klitik
: Javanisches Figurenspiel mit flachreliefierten Holzpuppen.

Wayang-Kulit
: Indonesisches Schattenspiel mit Lederfiguren.

Wayang-Madja
: Javanische Schattenspiele nach Erzählungen des im 19. Jahrhundert lebenden Dichters Kanggawarsita.

Wayang-Lemah
: Balinesische Schattenspielaufführung ohne Publikum zu Ehren der Götter.

Wayang-Pancasila
: Javanisches Schattenspiel, das die fünf staatstragenden Prinzipien Indonesiens erläutert.

Wayang-Perucuangan
: Javanisches Schattenspiel mit Themen aus der holländischen und japanischen Besatzungszeit.

Wayang-Purwa
: Indonesisches Schattenspiel mit Themen aus dem Mahabharata und Ramayana.

Wayang-Sasak
: Javanisches Schattenspiel aus Lombok mit Themen aus der islamischen Geschichte.

Wayang-Siam
: Form des thailändischen Schattenspiels.

Wayang-Sulu
: Javanisches Schattenspiel mit Themen aus den Kämpfen der Indonesier gegen die holländischen Herrscher.

Wayang-Topeng
: Javanisches und balinesisches Maskentheater.

Wayang-Wahja
: Javanisches Schattenspiel mit Themen aus dem Alten und Neuen Testament.

Wayang-Wong
: Javanisches und balinesisches Tanztheater.

Yakshagana
: Rituelles Tanzdrama in Südindien.

Yokthe pwe
: Bezeichnung des Marionettenspiels in Burma.

Za
: Verschiedene Typen in der chinesischen Oper.

Zhu
: Die helfende Hand, Assistent im chinesischen Handpuppenspiel.

Literaturverzeichnis

Adachi, Barbara:
Backstage at Bunraku. Published by John Weatherhill Inc., New York and Tokyo 1985.

Allen, B. S.:
Chinese Theatre Handbook. Tientsin 1930.

And, Metin:
Karagöz – Turkish Shadow Theatre. Dost Yayinlari, Istanbul 1979.

Baird, Bill:
The Art of Puppet. Maximilian Company, New York 1965.

Bhagavad Gita:
Dt. v. Leopold und v. Schroeder, Eugen Diederichs, Jena 1919.

Böhmer, Günter:
The Wonderful World of Puppets. Plays Inc., 1971.

Bührmann, Max:
Ying Hsi. Das chinesische Schattenspiel, in: Ethnologische Zeitschrift, Zürich 1972.

Buurman, Peter:
Wayang Golek – The Entrancing World of Classical Javanese Puppet Theatre. Oxford University Press Pte Ltd., New York 1988.

Brandon, James R.:
On Thrones of Gold. Harvard College 1970.

Centre de Relations Culturelles Franco-Indien:
Inde-Théâtre d'ombres-nécessaires à bétel. Impremerie EDIP, St. Etienne-du-Rouvray 1991.

Chesnais, Jacques:
Histoire Générale des Marionettes. Éditions D'Aujourd'hui, 1980.

Chikamatsu:
Les Tragédies bourgeoises. Publications Orientalistes de France, 1991.

Coudrin, Gildas-Louis:
Wayang Golek-Tradition Vivante. Édition C. E. P. M. A., La Gaubretière 1986.

Cuisiner, Jeanne:
Le Théâtre d'Ombres à Kelantan. Gallimard, Paris 1957.

Damianakos, Stathis:
Théâtres d'Ombres, Tradition et Modernité. Editions L'Harmattan, Paris 1986.

Dolby, William:
The Origins of Chinese Puppetry. Bulletin of the School of Oriental and African Studies Vol. X LI, 1, London 1978.

Dunkel, Peter F.:
Schattenfiguren-Schattenspiel. DuMont, Köln 1984.

Fritz-Hüser-Institut:
Kasper-Karagöz-Karagiosis, Politisches Theater auf der Puppenbühne. Ararat Verlag, 1985.

Gamper, Werner und Armand de Guéménée:
Materialien zu javanischen Stabpuppen. Katalog zur Ausstellung Stabpuppenspiel auf Java. Museum Rietberg, Zürich 1982.

Gee, Tom:
Stories of Chinese Opera. The Liberal Arts Press. Printed in the Republic of China.

Glasenapp, Helmuth von:
Die Philosophie der Inder. Kröner Verlag, Stuttgart 1949.

Gontard Denis:
Nô Kyogen. Hitzeroth Verlag, Marburg 1987.

Grube, Wilhelm:
Religion und Kultus der Chinesen. Rudolf Haupt Verlag, Leipzig 1910.

Hoenerbach, Wilhelm:
Das nordafrikanische Schattentheater. Rheingold-Verlag, Mainz 1959.

Jacob, Georg:
Geschichte des Schattentheaters. Mayer und Müller, Berlin 1907.

Jacob, Georg:
Neue Studien über das chinesische Schattentheater auf Grund von Neuerscheinungen in Offenbach und Hamburg, Kiel 1933.

Japanisches Kulturinstitut Köln:
Klassiche Theaterform Japan. Böhlau Verlag, Köln–Wien 1983.

Luschan, Felix von:
Die Kunst des türkischen Schattentheaters. Internationales Archiv für Ethnologie, Bd. 2, Berlin 1889.

Maindron, Ernest:
Marionettes et Guignols. Felix Juven Éditeur, Paris 1900.

March, Benjamin:
Chinese Shadow-figure Plays and their making. Puppetry Imprints, Detroit 1938.

Mayer, Fred:
Schattentheater. U. Bär Verlag, Zürich 1979.

Mellema, R. L.:
Wayang Puppets. Royal Tropical Institute, Amsterdam 1988.

Müller, F. W. R.:
Nang, Siamesische Schattenspielfiguren im Kgl. Museum für Völkerkunde zu Berlin. Internationales Archiv für Ethnographie, Bd. 7, Berlin 1894.

Obraszow, Sergei:
The Chinese Puppet Theatre. Faber and Faber, London 1961.

Pani, Jiwan:
Living Dolls-Story of Indian Puppets. Publication Division Ministry of Information and Broadcasting Government of India, New Dehli 1986.

Pimaneau, Jacques:
Histoire de la Littérature Chinoise. Éditions Philippe Picquier, Paris 1989.

Pimpaneau, Jacques:
Des Poupées à l'Ombres: Jacques Pimpaneau et Centre de Publication Asie Oriental, Paris 1977.

Pimpaneau, Jacques:
Promenade au Jardin des Poiriers. L'Opéra chinois classique. Musée Kwok On, Paris.

Pimpaneau, Jacques: Fantômes Manipulés. Le théâtre de poupées au Japon. Pimpaneau et Centre de Publication Asie Orientale, Paris.

Purschke, Hans R.:
Über das Puppenspiel und seine Geschichte. Puppen und Masken, Frankfurt am Main 1983.

Quiquemelle, Marie-Claire:
Le théâtre traditionnel chinois: l'opéra de Pekin. Centre National de Documentation Pédagogique, Paris 1986.

Ramayana:
Dt. Claudia Schmölders. Eugen Diederichs, Düsseldorf–Köln 1981.

Rao Vijaya:
Bharata Natyam. Das klassische indische Tanz – Abbild des Göttlichen. Verlag Hermann Bauer KG, Freiburg im Breisgau 1987.

Rewi, Alley:
Opéra de Pekin. Éditions du Nouveau Monde, 1984.

Ritter, Hellmut: Karagöz – Türkische Schattenspiele. Franz Steiner Verlag, Wiesbaden 1953.

Scott, A. C.:
The Puppet Theatre of Japan. Charles E. Tuttle Company, Inc. of Rutland, Vermont and Tokyo 1963.

Seltmann, Friedrich, Werner Gamper:
Stabpuppenspiel auf Java. Wayang Golek. Selbstverlag: W. Gamper, Zürich 1980.

Seltmann, Friedrich, Wilhelm, Columba und Karin Schwedner:
Wayang-Puppenspiel auf Java und Bali. Katalog zur Ausstellung des Puppentheatermuseums in München, 1981.

Sequeira, Ronald A.:
Klassische indische Tanzkunst und christliche Verkündigung. Herder Verlag, Freiburg im Breisgau 1978.
Simon, Rainald:
Das chinesische Schattentheater. Druckerei und Verlag Gutenberg, Melsungen 1986.
Siyavusgil, Sabri Esat:
Karagöz, son histoire, ses personnages, son esprit mystique et satirique. Publication de la presse, de la radiodiffusion et du tourisme, Istanbul 1951.
Soeroto, Noto und Veltheim-Ostrau:
Göttliches Schattenspiel. Claasen Verlag, Düsseldorf 1976.
Spitzing, Günther:
Das indonesische Schattenspiel. Du Mont, Köln 1981.
Stalberg, Robert Helmer:
China's Puppets. San Francisco 1984.
Störing, Hans Joachim:
Kleine Weltgeschichte der Philosophie. Kohlhammer Verlag, Stuttgart 1950.
Tietze, Andreas:
The Turkish Shadow Theatre and the Puppet Collection of the L. A. Mayer Memorial Foundation. Gebr. Mann Verlag, Berlin 1977.
Till, Wolfgang:
Puppentheater. Universitätsdruckerei und Verlag Dr. C. Wolf und Sohn KG, München 1986.
Trân Vân Khê:
Marionette sur eau du Vietnam. Maison des Cultures du Monde, Paris 1984.
UCLA Museum of Cultural History:
Asian Puppets. Wall of the World. University of California, 1976.
UNIMA:
Puppentheater der Welt. Union Internationale des Marionettes. Henschel Verlag, Berlin 1965.
UNIMA:
Die Welt des Puppenspiels. Henschel Verlag, Berlin 1989.
Varadpande, M. L.:
Invitation to Indian Theatre. Gulab Vazitani for Arnold-Heinemann Publishers, New Dehli 1987.
Wilpert, Clara B.:
Schattentheater. Hg. anläßlich der Sonderausstellung „Schattentheater Asien", Hamburg 1982.
Zaborowski, Hans-Jürgen:
Traditionelles Puppentheater Korea. Deutsches Institut für Puppenspiel, Bochum 1981.
Zimmer, Heinrich:
Philosophie und Religion Indiens. Suhrkamp Verlag, Frankfurt am Main 1979.
Zobel, Günther:
Sekkyo-Bushi und Noroma. Japanische Puppenspiele von der Insel Sado. Deutsches Institut für Puppenspiele, Bochum 1980.

Bildnachweis

Fotografen, Museen, Sammlungen

Centre des Relations Culturelles Franco-Indien, Paris S. 24, 34
Centre for Puppetry Art, Atlanta (Georgia) S. 33(2)
Deutsches Ledermuseum, Offenbach S. 87, 99, 104, 106, 158o.
Linden-Museum, Stuttgart S. 46u., 51, 52(2)
Maison des Cultures du Monde (mit Sammlung Gründ-Khaznadar), Paris S. 31, 126, 131o., 132, 133o.
Musée Kwok On, Paris (Fotos: I. Ramm-Bonwitt) S. 8, 84o., 90o.(2)
Museum für Völkerkunde, Staatliche Museen Preußischer Kulturbesitz, Berlin S. 70, 72o., 156u.
Pansegrau, Erhard, Berlin S. 116, 117
Sammlung J. Lebrat, Gallerie Pinchinello, Paris S. 110
Sammlung Marionetten Theatre, Stockholm S. 11o., 47
Sammlung Ingrid Ramm-Bonwitt, Paris S. 14, 15(2), 17, 20(2), 21(4), 36, 38, 40, 41, 44, 45, 78, 79, 80, 89, 92, 93, 94, 96, 155u.
Steinlein, Jean-Marie, Paris S. 113, 120(2)
UCLA Museum of Cultural History, University of California S. 68, 75, 76, 103, 156o., 158u.

Publikationen (vgl. Literaturverzeichnis)

Böhmer, Günther S. 90u.
Buurmann, Peter S. 6, 56(6), 57(5)
Coudrin, Gildas-Louis S. 58(5), 59
Dunkel, Peter S. 53(8), 72u.
Gamper, Werner S. 64(3), 65(3)
Kölner Geschichtsjournal, Historische Museen, Köln 1976 S. 11u.
Mellema, R. L. S. 46o.(2)., 47o.(4)
Pani, Jiwan S. 16, 191.
Pimpaneau, Jacques, 1977 S. 84u.(2), 101
ders., Fantômes Manipulés S. 115, 119(4)
ders., Promenade au Jardin des Poiriers S. 91(2)
Quiquemelle, Marie-Claire S. 100(5)
Salvin, Milena S. 18r.
Siyavusgil, Sabri Esar S. 137–143
Spitzing, Günther S. 67
Tietze, Andreas S. 135
Trân Vân Khê S. 131u., 133u.(2)
Wilpert, Clara B. S. 28(2), 102